创客客社区

实践指南

THE
STARTUP
COMMU-
NITY WAY

［美］ **布拉德·菲尔德**（Brad Feld）
伊恩·哈撒韦（Ian Hathaway） / 著

程方 张鹏 田丹露 任倩文 郭家宝 / 译

How to Build an
Entrepreneurial
Ecosystem That Thrives

机械工业出版社
CHINA MACHINE PRESS

《创客社区实践指南》根植于复杂系统理论和多种情境下的创业社区建设实践，建立了一个强大的框架，并分享了来自世界各地的经验教训，说明如何在任何地方创建一个蓬勃发展的创业生态系统。书中内容涵盖了创业社区建设的每一个关键方面，如创业社区的组织原则、领导的特质、创业社区的目标和价值观、系统思维的应用，以及改变行为和思维方式的方法，等等。

图书在版编目（CIP）数据

创客社区实践指南 /（美）布拉德·菲尔德（Brad Feld），（美）伊恩·哈撒韦（Ian Hathaway）著；程方等译. —北京：机械工业出版社，2023.5

书名原文：The Startup Community Way: How to Build an Entrepreneurial Ecosystem That Thrives

ISBN 978-7-111-73029-3

Ⅰ．①创…　Ⅱ．①布…　②伊…　③程…　Ⅲ．①创业-社区建设-指南　Ⅳ．①F241.4-62②C916.2-62

中国国家版本馆 CIP 数据核字（2023）第 065985 号

机械工业出版社（北京市百万庄大街 22 号　邮政编码 100037）
策划编辑：李新妞　　　　　责任编辑：李新妞　侯春鹏
责任校对：梁　园　张　薇　责任印制：邓　博
北京新华印刷有限公司印刷
2023 年 7 月第 1 版第 1 次印刷
170mm×242mm · 18.25 印张 · 1 插页 · 219 千字
标准书号：ISBN 978-7-111-73029-3
定价：79.00 元

电话服务　　　　　　　　　网络服务
客服电话：010-88361066　　机 工 官 　网：www.cmpbook.com
　　　　　010-88379833　　机 工 官 　博：weibo.com/cmp1952
　　　　　010-68326294　　金 书 　　网：www.golden-book.com
封底无防伪标均为盗版　　机工教育服务网：www.cmpedu.com

献给不遗余力地支持我的艾米（Amy）。

献给我最喜欢的创业公司的联合创始人苏西（Suzy）。

—— 序 ——

曾经在商业板块中像稀有动物一样的创业社区，时至今日已不再少见。正如你将在随后读到的许多引人注目的创业故事，当下，无论在美国还是全球，创业社区正不停地聚集在一起，它们充满活力和潜力以及对未来的渴望。这是一个至关重要的发展。简单来说，我们需要创业者和他们的想法来保证我们的社会在经济高速发展的同时，仍然可以保持更加公平地向前发展。培育创业公司，便是确保我们达到这个目标的最好方法。

创业社区能够如此蓬勃发展，在很大程度上要感谢布拉德·菲尔德。每次创业都是独一无二、不可预测且充满变数的，但只要管理方式正确，每个创业社区都能够通过管理来获得成功。

这便是布拉德所著《创客社区：构建一座城市的创业生态》（*Startup Communities: Building an Entrepreneurial Ecosystem in Your City*）的主题。它为管理创业社区的自下而上（相对于自上而下）结构制定了明确的实践理论及原则，因为它们是建立在信任网络之上，而不是传统公司的分层级管理控制之上的，创业社区无法像过去的公共产品和经济发展那样维持下去。它们不是一套僵硬、层次分明的规则和流程，而是一种反应迅速、灵活应变的工作方法，利用过往经验，以最小的失败成本做出决策。和创业者一样，创业社区建设者不能依赖直觉或假设开展工作；他们需要走出去，收集数据，看看自己会发现什么。只有这样，他们才能将各种各样积极参与的组织聚集在一起。这些组织利用彼此的能量和经验，由坚定的、以长期发展为导向的创业者领导。就像创业者使用的许多方法一样，布拉德希望世界上任何想要给他们的城市或小镇带来创新和增长的人都可以使用这个系统。

　　这就解释了为什么我们已经进入了创业的下一个阶段——社区发展，没有人比布拉德能够更好地解决其核心问题：当创业社区与其他传统的等级分明的机构共同存在时，会发生什么（或不会发生什么）呢？这些机构虽然很想与创新型邻居合作，但却为何无法摆脱旧的规则和管理风格？我们如何才能确保所有参与者在合作中尊重彼此的优势，并最大限度地发挥他们对我们周围世界的积极影响？布拉德在本书中再次清晰地列出能够影响这一变化的方法和工具。他和他的合著者伊恩·哈撒韦将丰富的经验与严谨、深入的研究和分析结合起来，为这条必要的前进道路搭建了一个框架。

　　每个创业者都在不断迭代他们的原始产品，布拉德也不例外。《创客社区实践指南》不仅仅是《创客社区：构建一座城市的创业生态》的后续；更是对最初想法的提炼与扩展。它涵盖了创业社区和传统机构（包括大学、政府地方和联邦）以及企业、文化、媒体、城镇和金融机构之间常见却复杂的相互依赖关系。布拉德和伊恩将创业社区放在更大的网络系统中，不仅让人看到了它们之间的相互联系，也让人们看到了它们与更大的社区和整个社会之间的联系。《创客社区实践指南》一书把视野变得更为聚焦并着眼于大局，它提供了对每个参与者、影响因素和发展条件的密切且极其详细的观察，这些因素可以结合起来创建一个成功的创业生态系统。它还研究了一些在创业社区发展过程中经常出现的错误，例如尝试将片面、直观、直接的线性思维方式应用于创业社区中明显动态的网络关系，并试图控制创业社区而不是让它们在合理的范围内自由运作。这本书的主要目的便是帮助创业生态系统中不同部分之间建立更深层次的联系，以便它们能够更好地朝着一个共同的目标合作前进。

　　我与布拉德有很强的共鸣，他的作品在许多方面与我对创业精神及其用途的思考相呼应。我在《精益创业》（*The Lean Startup*）一书中谈了建立成功的个人创业公司的方法，《创客社区实践指南》一书继续将这些经验教训大规模应用于大型机构、公司、政府和非营利组织。我和布拉德一样相信，创业心态不仅对改善我们现在的日常生活至关重要，而且对引领我们的世界走向未来至关重要，因为我们将它应用于各类机构和系统，包括那些涉及政策制定的机构和系统。

自《创客社区实践指南》一书出版以来，布拉德所做的一次修订特别引起了我的共鸣：他以前呼吁创业社区以 20 年为单位时间来运作，现在将其更改为"从今天起 20 年"时间表。创新的工作是持续的，拥有长远的战略才是能获取真正收益的诀窍。我所说长远战略是指持续、诚实和全面地思考：我们希望我们的公司——我们的国家和我们的世界——为子孙后代带来什么样的影响。为了实现我们所追求的未来，一个机会和资产得以公平分配的未来，注重环境保护、精细化的管理以及关爱与我们一起生活在地球上的所有人，便是发展核心，我们需要超越现在已达到的目标。这本书便是完美切入点。

埃里克·莱斯（Eric Ries）

《精益创业》作者

2020 年 4 月

—— 前　言 ——

许多人来到拉斯维加斯市中心时，都会到落日大道看一看，但实际上这里并不像人们想象的那样繁华。2014年，当我来到这里时看到，在美捷布（Zappos）创始人谢家华（Tony Hsieh）的带领下，这个历史悠久的商业区正在进行着大规模的翻修。老旧的建筑正在恢复生机，拉斯维加斯的尽头也不再是弗雷蒙特街。

UP Global，是一个致力于建立创业社区的非营利组织，如今是科技之星（Techstars）的一部分。其举办的年度峰会，吸引了70个国家和地区的500多名创业者出席。除此之外，来自全球的三大 UP Global 项目——Startup Weekend（创业周末）、Startup Week（创业周）和 Startup Digest（创业文摘）相聚于此，共同探讨如何管理项目、创立创业公司，以及如何传播创业和创新理念。活动如火如荼地进行着，创业公司散发着无限活力与激情。虽然这是一场以英语为主要语言的盛会，但与会者的肢体语言、激烈探讨和个人风格均为此次盛会带来了国际特色。此次盛会聚合多元文化，汇集了来自世界各地不同年龄段的创业者，让思想跨越国际，让理念互通互融。

随后，我参加了一些关于创业社区的讨论，并在我所写的《创客社区：构建一座城市的创业生态》一书上签名，之后与来自世界各地的创业社区创始人合影留念。在最后的晚宴上，活动的气氛达到了高潮，当我站在宴会厅角落，静静地观察着会场的时候。突然，一个素未谋面的人走到我面前，并说道："谢谢你改变了我的生活！"同时将一顶棒球帽戴在了我的头上。

我问道："为什么说我改变了你的生活？"

年轻人回答道：“看帽子！”

我摘下帽子，发现它来自"创业周末"在中东举办的活动。面前这位年轻人满含热泪，打开双臂，给了我一个大大的拥抱。

在拉斯维加斯市中心，一个 20 多岁的中东人和一个 40 多岁的美国犹太人，因为初创公司及其社群改变了人们的生活这件事，而拥抱在一起。

2008 年秋天，我的老朋友本·卡斯诺查（Ben Casnocha）为《美国人》（*The American*）杂志写了一篇题为《创业之城》（*Start-up Town*）的文章，开篇写道：[1]

> 在过去的 15 年里，博尔德已经从一座普通的嬉皮士之城变成了一座拥有令人印象深刻的、不断壮大的互联网创业者、早期风险投资家和博客作者群体的嬉皮士之城。博尔德是怎么做到的？如果其他城市的政府和创业者想要提高自己的创业商机以及当地的整体竞争力，又能从博尔德的成功中学到什么呢？

这篇文章再次证实了我对博尔德创业的预感。人们开始谈论创业这个话题，并认为这是摆脱 2007—2008 年金融危机以及随之而来的大衰退的一条出路。硅谷、纽约和波士顿等一些地方被描述为"创业生态系统"。在文章中，本·卡斯诺查提到了"硅谷、纽约、波士顿和博尔德"。是的，博尔德也在其中。

但与硅谷、纽约和波士顿大不相同，博尔德是一个拥有 10.7 万人口的小城，县总人口在郊县还有 31.5 万，其距离拥有 70 万人口（大都会区有 290 万人口）的丹佛只有 30 分钟的车程。但在 2008 年，人们对这两座城市的认知却大相径庭。自 1995 年搬到博尔德以来，我经常听到两个笑话："博尔德是被现实包围的 25 平方英里土地"和"在 US-36 公路上，要在博尔德和丹佛之间穿行，你必须通过一个警卫门和一个气闸"。在我看来，如果你把办公楼改造成公寓，整个博尔德的人口大概相当于下曼哈顿中城一个街区的人口。

在随后的几年里，我花了大量时间了解创业生态体系，阅读了所有我能读到的关于创新集群、国家创新系统、创新网络和创业孵化器的书籍与资料。2006 年，我与他人共同创立的科技之星公司开始扩张，先是到波士顿，然后到西雅图，再到纽约，我开始在创业文化的发展过程中看到类似的模式——有积极的，也有消极的。到 2011 年，我的脑海里形成了一个新的概念——"创业社区"。2012 年，我撰写并出版了《创客社区：构建一座城市的创业生态》一书。

我围绕"博尔德理论"（Boulder Thesis）撰写了这本书，它包括四项原则，定义了如何创建一个长久的创业社区。在"创业社区"问世后不久，考夫曼基金会制作了一个名为"创业小镇"的短视频，它出色地阐述了博尔德理论。[2] 为此我做了一个四分钟的即兴演讲，考夫曼基金会也将其制作成了视频。这使得博尔德理论成了随后几年许多以创业社区为主题的演讲的开端。不到一年时间，"创业社区"这个词成了现象级名词，而"你可以在任何城市建立一个至少 10 万人的创业社区"的假设，也成了全世界创业者的口头禅。

本·卡斯诺查在 12 年前才写了《创业之城》这篇文章，这对StartupVille 来说时间并不长。如果你读过《创客社区：构建一座城市的创业生态》，你就会知道博尔德理论的第二条原则是"你必须有至少 20 年的长远眼光"。随后，我把这句话调整为"你必须有从今天起至少 20 年的长远眼光"，以强调创业社区对一座城市的重要性，以及参与创业社区的所有人的长远眼光。

2014 年，在我们共同的朋友理查德·佛罗里达（Richard Florida）的介绍下，我认识了伊恩。多年来，我们经常交流，分享想法，讨论各自的工作和写作。除此之外，我还帮助伊恩为他在纽约大学教授的"创业城市"

（Startup Cities，）课程编写内容，加入了我对创业加速器的看法。）

2016 年，伊恩萌生了写作新书的想法。当时他的工作主要是为大型科技和媒体公司提供咨询服务，工作之余则用来思考、写作，以及探寻与创业公司合作的最佳方式。他向我寻求建议，并希望我们能够携手帮助创业者，于是我们开始共同创作此书。

到 2016 年，创业已经成为一种全球现象。"独角兽"也不单纯指神话中的野兽，"创业社区"这个词也变得常见起来。2017 年春天，伊恩来到博尔德，正式开启了我们的工作，我们为撰写这本书开始思考。

2016 年 11 月，特朗普当选美国总统，同期英国正式启动了脱欧程序。虽然这不应该让我们放慢脚步，但它却让我们退一步来反思西方社会的动态。作为美国侨民，伊恩目睹了英国脱欧。他回到美国后，美国的政治气候也已截然不同。有一些重要的、令人不安的、走向分裂的事情正在发生。在这样的背景下，我们希望《创客社区：构建一座城市的创业生态》的第二部不仅仅是对第一部进行完善，而是能够为更多的人解决当下问题。

伊恩做了大量的研究，阅读了许多文献，并研究了过去五年里所构想的一系列构建创业社区的方法。与此同时，他还与世界各地的创业社区创始人进行了深度的交流，并将观点进行了汇总整理，同时也对我以创业为中心的方法提出了不同见解。[4]

2017 年夏天，这本书的初稿在伊恩的笔下诞生，但我们发现新书的内容并没有解决当下的问题。在与创业者朋友的交流中，伊恩发现创业者和其他创建创业社区的人所采取的方法与那些越来越想要参与的参与者（如大学、政府、公司和基金会）所采取的方法之间存在着巨大的分歧。

虽然这种脱节众所周知，但如果只是将之解释为一方是正确的而另一方是错误的则过于简单粗暴。这种分歧造成了对抗，从而导致有意义的合作产生破裂——这就是问题持续存在的原因。这个简单的解释也是错误的。真正的问题是结构上的局限性，以及人类根深蒂固的渴望控制和避免不确定性的冲动。这种固定模式导致了可预见的错误并使创业社区错失机会。

我们的使命不仅仅是扩大创业社区并使之现代化，更要解决创业社区协作的问题。除了鼓励人们超越他们工作场所带来的或者他们内心强加给自己的限制，我们还想帮助改变他们的思考和行为方式。

我们需要一个框架来解释这一点。如果没有强有力的证据支持我们的想法，它们很容易被忽视，创业社区和想要参与其中的参与者之间的差距将持续存在。2017 年秋天，伊恩在一次意想不到的旅行中获取了灵感——当时伊恩在一个较为小众的环境可持续性网站上发现了一篇文章，随后驱车前往新墨西哥州的圣达菲研究所，并与同行业精英们展开交流探讨。[5]

2018 年 1 月，我们聚在一起回顾了以往收集和撰写的资料，商讨了伊恩撰写的新的大纲。他提出构建一个复杂的自适应系统，并使之成为针对创业公司的创业社区的核心。我熟悉复杂性理论和圣达菲研究所，并立刻认同了这个想法。我们对复杂的自适应系统概念进行了深入研究，并开始构思一本与我们最初打算写的书的内容完全不同的书。

在科技之星，我们的朋友兼同事克里斯·海夫利（Chris Heivly）是一名企业家、投资者和社区建设者，他正忙着为创业生态系统的发展开发一条新的业务线。他在北卡罗来纳州达勒姆（Durham）的创业社区担任领导者，同时活跃在其他一些地方。到目前为止，伊恩和克里斯已经定期讨论了将近一年的时间，而我也开始更多地与克里斯和科技之星的其他人就这个话题进行交流。克里斯的经历，再加上他在不同城市所收集到的见解，帮助我们把理论与实践联系起来。

在 2018 年和 2019 年，我们与科技之星和其他地方的同事一起写作、交谈和工作，我们自身的想法逐步走向成熟，并可以作为《创客社区：构建一座城市的创业生态》第二部的核心概念以供分享。

目　录

第二部分　创业社区是复杂系统

第一章

引言

1

过去十年对全世界的创业者来说都是十分具有变革性的。无处不在的链接与强大且价格合理的远程计算都极大地降低了创办数字化企业的成本，使创业者能够在更多地方创办新公司。在世界上的一部分地区，创业公司可以获得充足的资金。然而在另一部分地区，这种投资仍然匮乏。对比波士顿与奥兰多，抑或是伦敦与加拉加斯之间的区别便可知一二。尽管人才和技术无处不在，但事实上真实存在的机会却并不乐观。

通过以往经验的验证，我们发现创新驱动下的创业活动的增长和地域激增是深刻的，而且在全球普遍存在。[1]当下，我们了解到互助和知识共享的社区与其他投入和资源是可以携手并进的。合作和长远眼光的重要性已经得到创业者和创业社区建设者的广泛认可。这些观念已成为世界上许多创业社区的领导思想。

2012 年出版的《创客社区：构建一座城市的创业生态》是这种思维转变的一个重要原因。以科罗拉多州博尔德为例，创业社区为创业者和其他利益相关者提供了实践指导，以图改善。与该主题的大多数其他书籍不同，"创业社区"强调的是行为、文化和实践因素，这些因素对于当地企业合作系统尤为重要。

尽管近些年来我们取得了一定进展，但仍需要做更多的工作。大量的创业活动仍然高度集中在大型的、全球性的精英城市。政府和其他机构如大型公司和大学，并没有尽其所能地相互合作或与创业者合作。这些参与者常常试图自上而下地控制活动或强加他们的观点，而不是支持一个主要由创业者自下而上领导的环境。我们发现创业思维与许多希望参与和支持本地创业公司的个人和组织之间存在着脱节。这是有结构性原因的，但我们可以通过适当的聚焦和持续的实践来克服这些障碍。

我们撰写这本书的目的是让所有相关各方更好地团结在一起——从创始人到政府，到服务供应商，到社区建设者，到公司和其他机构。我们希望这本书能够在创业社区的建立以及各地创业社区的人们所做的工作的基础上带来变革。

下一代

《创客社区实践指南》建立在创业社区成功的基础上，在某些领域更为深入，同时还纠正了其他领域的错误。这本书不是《创客社区：构建一座城市的创业生态》的更新版或第 2 版。相反，它是一部续作，继续创业社区的发展。它对所取得的进展进行基准测试，开发新的研究和未探索过的领域，适时地进行调整，并将内容推向新的方向。

在创业社区中，博尔德是建立创业社区框架的基础。在这里，我们拓宽了地域和舞台，将现有的创业社区融入全球视野。我们试图让这些概念更为通俗，尤其是在解决这个问题时：现在我们已经有了一个创业社区，接下来应该做些什么？我们强调，没有两个创业社区是相同的，有着同等的需求，或运行在一个可比较的时间框架。在一个城市中某些因素起了作用，但这些因素在另一个城市却没有生效。这就是系统的本质。

当我撰写《创客社区：构建一座城市的创业生态》的时候，关于创业社区的文章几乎没有什么实质性的内容。这是一个新的短语，但现在已经变成一个专业词汇。在过去的八年里，创业社区进行了大量的探索。然而，我们观察到，对创业社区的建议和策略已经演变得过于复杂烦冗，反而起不到帮助的作用。过去几年，在与许多人的交谈中，我们听到了许多类似的说法："我的创业社区遵循'创业社区博尔德理论'，但我们却仍然不知道下一步该做什么。"

在这本书中，我们试图在为创业社区创建一个新的概念框架的同时，解决这个障碍，将其与创业生态系统先区分开来，再进行整合，并在过程中提供了实用的案例。

我们采取的方法

在这本书里我们采用了实际案例和理论案例相结合的方式，摆脱了自己的思维固化模式。通过用不同的视角来解决问题，我们能够纵观全局而不是固定在自己的某个框架中。我们每个人都像"盲人摸象"里所描述的一样：通过采取不同的视角、经验及技能，对彼此的观点查漏补缺。[2]

我们在创业公司、创业社区及其对当地社会和经济结构方面积累了数十年的实践和研究经验。我是一名拥有超过 30 年经验的技术企业家和风险投资家。同时还是两家风险投资公司的联合创始人，其中就包括 Foundry Group 集团，自 2007 年起，我一直是该公司的合伙人。与此同时还联合创办了科技之星，这是一家帮助创业者成功的全球性网络公司。通过这些工作、写作以及参与无数非营利性质的创业活动，目前我已经参与了世界各地创业社区的培育。

伊恩在创业、创新、城市建设和经济增长领域拥有丰富的研究和写作经验，为领先的智库、大学和政策机构工作。他还拥有管理咨询方面的背景，研究涉及分析、战略、创新和公共政策。他以研究人员、作家和教育家的身份开始了他的创业之旅，但随着时间的推移，他的角色也逐渐演变为从业者，首先是创业公司的员工，然后是创始人，现在是顾问、导师和投资者。

我们累积的经验和知识只是本书内容的一小部分，因为这本书还涵盖了很多前人的经验。[3] 在过去的几年中，我们参考了数千页的分析和文章，涵盖了与创业社区相关的广泛主题。我们与世界各地数以千计的创业者和其他创业社区参与者进行了交谈。他们的经验和学识极大地启迪了我们的思想。

在本书中，您将遇到四种类型的文本栏。第一种是对创业社区方式原则的简短描述，它将出现在每章的开头。第二种类型遍布整本书，它包含创业者和创业社区建设者所写的例子，这些例子与前面的内容相关。第三种是"价值观和美德"，在那里我们会解释一组特定的行为特征，这些特征对创业社区的长期健康至关重要。最后我们写了一些相关的文章来更多地介绍创业社区。

更深层次的因素

我们有一个基本的信念，那就是每个人都能按照自己的希望，自由、快乐地生活，并且可以做一些十分有意义的工作。我们认为人们应该有机会接触到一些有意义的工作，并生活在一个较为稳定、和平和公正的社会中，人人享有基本人权、法治和个人自由。

要实现这一目标，我们还有很长的路要走。目前，世界上约有10%的人生活在极端贫困中,尽管这一比例与 30 年前的 35% 相比,呈现明显下降的趋势。[4] 在许多地方,无论是因为工作时间还是能力上的原因,数以百万计的人处于失业或就业不足的状态,是需求而不是机遇推动了企业的发展,数百万平民每日都能看到冲突发生。[5] 世界上大多数人类始终面临着某种形式的歧视。

我们相信创业精神可以超越政治、经济和文化的界限。对我们来说,创业精神可以解决当前我们所面临的许多社会挑战,这是十分重要的。

我们认为一个人不需要去硅谷——或者伦敦、上海、博尔德、迪拜或纽约——也能成为一个成功的创业者。我们希望人们有权在他们选择居住的任何地方追求创业。这样做必然会付出一些代价,但在自己想要居住的地方创业的人比那些不创业的人更有可能获得成功。[6]

正如我在《创客社区:构建一座城市的创业生态》中所写的:

> 我深信你可以在世界上任何一个城市创建一个长期存在、充满活力并可持续发展的创业社区。坦白说这并不容易,需要正确的理论、方法、领导力和长期奉献的精神。这本书的目的正是帮助你了解如何执行这一系列操作,并为你提供充足的工具,在你所在的城市创建一个令人赞叹的创业社区。

自《创客社区:构建一座城市的创业生态》出版以来的八年内,全球创业活动的发展更印证了我们的想法。有才华、有动力的个人应该能够在他们选择的任何地方创建和发展可扩展的业务,他们可以建立支持和知识共享的社区来分享这些努力。我们相信,创业可以让世界变得更美好。

今天,随着数字技术的普及,创业信息的可用性,以及对持续经济增长的追求,世界各地的人们、政府、公司和其他利益相关者注意到了创业公司。今天创业者背后的动力和兴奋感是前所未有的。

随着创业带来的大量的增长机会被广泛认可,创业公司的运营环境在很大程度上影响着他们的成功。正是这些外部因素的本质 更重要的是它们与创业者之间以及彼此之间的联系——解释了为什么有些地方能够持续地产生高影响力的初创企业，而另一些地方却在苦苦挣扎。

许多城市、地区和国家在培育支持和知识共享的社区方面进展甚微，而创业社区的发展对于创业者的茁壮成长却是十分必要的。成功与失败之间的差距并不是由于缺乏有关如何改善当地创业者条件的可用知识，也不是因为缺乏可以借鉴的具体例子。我们有足够的理论和数据来指导我们，也有足够的故事来激励我们。那么，为什么这仍然如此具有挑战性呢？

博尔德理论

虽然在充满活力的创业社区中，态度、行为、实践和价值观是许多创业者的第二天性，但它们往往是违背常理或与竞争性激励不一致的，尤其是当个人代表大型企业、大学或政府等组织时。这些机构是等级制组织，有着与创业社区截然相反的运作方式。创业社区就像创业公司一样，在网络结构下蓬勃发展。

在创业社区中，我引入了博尔德理论的观点，作为在任何城市创建创业社区的基础。博尔德理论的四个原则是：

1．创业者必须领导创业社区。

2．领导者必须有长期的承诺。

3．创业社区必须包含所有想要参与其中的人。

4．创业社区必须有持续的活动来吸引整个创业团队。

这个理论虽然简单却很强大，然而这还有一个意想不到的负面影响，那就是在创业者和创业社区的其他人之间造成了差距。为了解决这一差距，我试图通过给创业者、领导者和其他所有人贴标签，对创业社区的人和行为进行细分。虽然这种方法有助于使其他人更加关注创业者所扮演的独特角色，但许多人仍然认为这意味着，对于创业社区来说，领导者比供应商更重要。这并不是我的本意。事实上，领导者和供应商对创业社区的健康和成长都至关重要。

创业社区是一个复杂的自适应系统

当我们开始写这本书时，我们从两个简单的问题展开："我们从博尔德理论中学到了什么？"以及 "是否有更强大更健全的框架来理解创业社区是如何发展和演变的？"

我们最终得出结论，通过复杂的自适应系统（粗略地定义为"交互研究"）的视角，可以更好地理解和参与创业社区。[7]我们不是第一个将这些想法联系起来的人。这项工作的一小部分已经存在于学术界，甚至一些我们欣赏的流行作品也受到了复杂性的影响。[8]我们认为，我们的使命是更深入地将理论与实践联系起来，并致力于将这一概念纳入主流。我们用一整本书来阐述我们的观点。我们每个人都深入研究了复杂性理论，并开发了一个名为 "创业社区之路"（Startup Community Way）的框架，该框架建立在博尔德理论的基础之上，同时使用复杂自适应系统的框架来支持它。

当我们整理人们在创业社区中犯下的错误清单时，我们发现人们在与复杂的自适应系统互动时犯下的错误有很多相似之处。如果你对创业社区已经非常熟悉的话，其中一些错误你会很了解，包括：

- 在非线性世界中运用线性系统思维
- 试图控制一个创业社区
- 孤立地解决问题
- 关注创业社区的各个部分，而不是它们之间的互动

- 相信创业社区是公式化的或可复制的

- 对错误的东西进行衡量，尤其是容易捕捉的但对社区不太重要的东西

虽然我们将逐一探讨这些错误，但这本书并不是一本描述如何建立创业社区的手册。相反，我们将为你提供指导原则和见解，以帮助你洞察及了解自己的见解。然而，这不仅仅是一本理论书。《创客社区实践指南》中包含的实用见解远远超出了创业社区建设的范畴，它还涵盖了管理企业、设计有效的公共政策，以及如何成为更好的领导者或导师等内容。

来自复杂科学和创业社区的见解可以帮助一群人在复杂的关系系统中合作解决棘手的问题。当今世界的信息呈几何级数增长，并且这些信息相互关联。我们处理这些信息的能力通常是压倒性的。作为人类，我们比以往任何时候都能接触到更多的信息，但这也有一个缺点，那就是有着美好蓝图的人或者公司，一旦使用了错误的决策框架，就会带来不可挽回的损失。从线性系统方法转向复杂系统思维模式是可以解决这些问题的。

2012 年我们在哪里

当我在 2012 年出版《创客社区：构建一座城市的创业生态》一书时，我们正处于从工业、等级、自上而下的经济向数字化、网络化、自下而上的经济转型的阶段。几乎同时发生的四件重大事件加速了这一进程，深刻地改变了美国和世界各地创业公司和创业者的历程。

首先，世界继续缓慢地从 1929 年至 1933 年这个有史以来最严重、最长时间的大萧条中复兴。很明显，旧的生产模式不再适用于许多公司和工人。工作机会稀少且不稳定。许多有才华的年轻人开始寻找新的更好的方式来为社会做出贡献。在此期间，随着华尔街的机会蒸发，顶尖人才开始转向硅谷。[9]

其次，与此同时，三种数字技术融合在一起：无处不在的高速互联网、智能手机和云计算。在很多地方，创办一家数字化公司的门槛被放低了，成本变得更低，也更容易了。所需要的只是一个互联网连接、一台笔记本电脑和想象力。

再次，是世界各国央行采取的低利率战略，其全面影响直到最近才变得清晰起来。它的目的是使谨慎的家庭和企业从衰退中复苏，从而提振经济。然而，持续的低利率也推动了空前数量的金融资本进入全球创业公司，因为投资者们在努力寻找风险资产，以产生更高的回报。[10] 这种情况一直持续到今天。[11]

最后，对创业的兴趣蔓延到更多地方，吸引了更广泛的参与者。2011 年，奥巴马总统宣布了"创业美国"（Startup America），这是一项旨在促进全国创业社区发展的国家计划。大学开始优先考虑创业项目。各种各样的新风险投资基金开始筹集和配置资本，其中许多基金关注的是非常早期的投资，越来越多的企业风险投资集团也开始这样做。创业加速器、创业孵化器等一系列创业支持机制的规模和范围迅速扩大。[12] 媒体对创业公司越来越感兴趣。创业精神再次被人们接受，并为变革奠定了基础。

与其他变化迅速的时期一样，更多的人想要知道如何更好地创业。与互联网泡沫时期的歇斯底里相比，这个时代的不同之处在于，人们希望把事情做好。他们并没有把赚钱作为唯一的目标，而是试图了解如何在世界各地的城市有效地建立一个充满活力的创业社区。

基于我在科罗拉多州博尔德市的经历，《创客社区：构建一座城市的创业生态》为创业社区建设者提供了一个框架和实用的指导。20 世纪 90 年代中期，博尔德还没有多少创业社区。有很多创业活动都是独立开展的，很少能以协调一致的方式将人们聚集在一起。随着时间的推移，这种情况开始慢慢改变，因为一小群敬业的创业者创建了一个有机的、自下而上的运动，从而建立了一个创业社区。

在博尔德，社区文化超越了创业活动影响着整个城市。这种更广泛的使命感和责任感也体现在当地的创业社区中。没有任何计划，只有一群核心创始人互相照顾，相互鼓励。博尔德和许多拥有成功创业社区的城市类似，发现创业的关键很简单，那就是依靠一小群可靠、敬业、以身作则的创业者。

博尔德这个城市有很多优势——受过良好教育的劳动力，领先的研究型大学，大量的高科技公司和研究实验室，便利设施十分齐备，以及我刚才描述的强烈的社区意识。[13] 因此，把博尔德作为创业社区的一个模式被一些人批评为过于理想主义。虽然可以理解，但显然这种批评并没有抓住重点。博尔德并不是一切都是完美的，如果决定因素仅仅是条件，那么复制其条件，类似的结果也可以在其他地方实现。真正的经验是，博尔德的合作性质使其能够最大限度地利用已有的资源。这增加了成功的机会，这些资源的最终吸引力形成了一个良性循环。不要想着去模仿博尔德的外在条件，而是要学习他们内在的精神，培养一大批乐于助人、乐于合作的人，无论在哪里，这都会提高创业者成功的概率。

2020 年我们所处的位置

八年后，大衰退（Great Recession）后的复苏势头达到顶峰，最终导致全球创业活动激增。[14] 全球经济的重置，不断扩大的技术机会，极低的资本成本，以及参与创业人数的大幅增加，加速了创业的进程。

全球创业社区的规模不断扩大，分布在更多的地方，涉及更多的人和组织，举办活动的数量也比历史上任何时候都多。创业的热情和乐观的态度是社会上许多领域都比不了的。创业活动的增加是可以通过数据验证的。研究表明，在美国和世界各地，创业活动的数量大幅上升，地理分布也在不断扩大。[15] 虽然美国创业公司的增长创下了年度纪录，但世界其他地区的创业公司增长速度更加迅猛。[16]

尽管如此，我们还是要时刻保持谨慎。虽然取得了令人欣喜的进展，但当不可避免的挫折发生时却没有人能够解决将会发生的问题。过去十年中一直在我们背后的力量或全部利好因素放缓或转向时，我们的热情是否也会随之蒸发？创业者总是会创建新公司，但当顺风变成逆风时，创业社区的参与者是否还会继续带来资源和持久的承诺？在这本书出版前的最后几周，新型冠状病毒席卷全球，随之而来的变化之风向我们袭来，这充分表明，这种转变可以迅速、果断地发生，而且似乎是凭空而来且毫无征兆的。

我们刚才提到的许多衡量指标都是对创业精神和创业社区的投入。投入的增加并不一定会带来更好的结果。对于一个创业社区来说，更多的参与和活动所带来的回报可能会延迟，有的甚至会延迟一代人，这可能会在短期内导致创业者失望、怀疑和放弃努力。在复杂的系统中通常无法确定因果关系，这也加剧了长反馈周期的心理影响。

最后，我们经常会学到错误的东西从而忽略正确的事情。在快速发展的创业社区中，我们经常看到违反博尔德理论的四个原则中的每一个的现象。其中许多创业社区不是由创业者领导的，包容性仍然难以实现。虽然许多个人和组织声称他们的眼光是长远的，但我们已经进入当前周期，而且大家现在已经不停地要求和期待更好更快的结果。当参与者开始认为一切都在运转，但整个创业团队的参与度已被边缘化，创业活动就会退化为没用的奖励、派对、会议和超大规模的融资公告。

运用复杂性理论来解释创业社区

在一段较长的时间内，人们围绕管理系统开发了一套原则。在工业革命期间，它们成为管理劳动力、提高效率和增加生产的一种正式方式。20 世纪初，像弗雷德里克·温斯洛·泰勒（Frederick Winslow Taylor）和亨利·福特（Henry Ford）这样的思想和工业先驱围绕这些原则建立了等级制度。[17] 20 世纪中期，基于这些原则的现代科学管理理论在大部分工业化国家中生根发芽。但随着 90 年代中期商业互联网的出现，情况发生了变化。随着通信技术（包括硬件、软件和网络）的快速创新，新的业务交互形式出现了。在过去的十年里，企业经历了从层级到网络的巨大转变——从自上而下的商业模式到自下而上的商业模式的快速变化，并在原则上做出了相应的改变，采用了类似于创业社区的方式。

《创客社区实践指南》的理论基础来自复杂性理论，这是一门由物理学家、进化生物学家和社会科学家开发的跨学科科学，旨在更好地解释我们世界固有的复杂性。[18] 复杂性理论可以同时具有启发性和智力上的挑战性，因为它解释了动态系统的行为，其中有许多相互关联的参与者，他们总是相互作用和做出反应。它有助于解释为什么事情往往不能按照计划进行，为什么我们会犯可预见的错误，以及如何克服许多内在的心理、社会和组织限制。

创业社区从根本上来说是复杂的自适应系统。为了简洁起见，在本书中，我们将使用短语"复杂系统"（complex systems）来指代"复杂的自适应系统"（complex adaptive systems）。下面是一些直接应用于创业社区的复杂系统的特性。

复杂系统是无法控制的。 我们有想要控制事物的深层人类冲动，但这只是一种幻觉，因为我们所能控制的东西很少。在创业公司中，任何试图控制或设计一个预期结果的努力都是徒劳的。我们的忠告远不止"不要试图控制"。我们建议你"放下你能掌控一切的幻想"。

复杂系统不能被完全理解。 高度复杂的系统，比如创业社区，是极其不确定的。预测结果是徒劳的。人类对不确定性有一种根深蒂固的厌恶，这导致我们犯下可预见的错误。处理复杂系统的更好策略是进行小规模实验，从中学习，根据需要进行调整并重复。不要试图去设计结果，而是要专注于设置正确的条件，这样正确的结果才能自然而然地出现。

复杂的系统必须用整体的眼光去看。在创业社区中，每一个行动都有一个反应，这就会引发一系列进一步的行动和反应。这些动作可能不明显或会延迟。简化论者或孤立的方法对正在发生的事情提供了最低限度的洞察，这也会在试图解决现有问题的同时产生新问题。

这种相互作用在复杂系统中至关重要。在复杂系统中，虽然元素是必不可少的，但它们之间的相互作用才是最重要的。在创业社区中，很多人错误地把注意力放在单一元素上，而不是它们之间的联系和互动上。这是因为前者更有形，更容易看到或进行调整，而后者则更微妙，需要长时间的发展。

进行小规模的实验，并从失败中学习。由于复杂系统的不确定性和非线性，创业社区的参与者需要提前预测并接受失败。由于失败是实验最可能的结果，我们建议采用敏捷方法：尝试许多小事情，获得反馈，调整，并迭代。[19] 始终将客户（在创业社区中，客户就是创业者）放在首位。不要采用"要么做大，要么回家"的策略。相反，从小事做起，这样当事情进展得并不顺利时，也不会产生特别严重的后果。

进步是不平衡的，缓慢的，意想不到的。复杂系统表现出非线性行为、相变（迅速实现的大变化）和厚尾分布，在厚尾分布中，极具影响力的事件比正态统计分布预测得更常见。看似微小的行动可以产生突然发生的巨大变化。几乎很难将因果联系起来，或准确地预测各种计划或政策的结果。

社会性传染是一种可以加速或限制进步的力量。复杂系统的相互联系意味着思想、行为和信息可以广泛而迅速地传播，类似于病毒或金融市场恐慌。在创业社区中注入健康的思想和实践是至关重要的，这将帮助创业者成功，阐明什么是有益的，并抑制不良的想法、行为和信息的影响。

发挥你的长处。历史和当地环境是复杂系统的基础。你无法再造硅谷，这就是为什么我们常说："不要试图成为硅谷。"每个创业社区都应该专注于做最好的自己，而不是复制其他项目。每个城市都有自己的起源故事和历史演变，都有自己独特的文化、智力和自然资源。与其模仿其他地方，不如专注于改进自己的地方。

不要等待。你不需要让整个城市都参与，只要有一群承诺改善环境的可靠领袖就可以了。一个关键的群体可能只需要 6 个创业者，他们都致力于共同走过未来 20 年的发展历程。然后，做一些事情，让更多的人参与进来，让别人看到你在做什么，并进行迭代。传染效应是具有影响力的，可以突然创造一个转折点，并永远改变一个创业社区的进程。当人们看到领导者去帮助创业者时，他们也会开始帮助创业公司。

将博尔德理论发展为创业社区的发展方式

在本书的结尾，我们希望在建立一个更强大、更持久的框架的同时，加强博尔德理论的价值，我们称之为创业社区方式。它不是一种替代，而是一种演变，这种演变基于我们和许多其他创业者和社区建设者的经历。与博尔德理论一样，这是一套简洁明了的原则，当你在整个创业社区长期采用它们时，会产生深远的影响。你将进一步认识到博尔德理论的四个原则，因为这是一个超集，而不是一个替代。

1. 创业者必须领导创业社区。
2. 领导人必须有长期的承诺。

3．创业社区是一个复杂的自适应系统，由参与者的相互作用而产生。

4．创业社区可以被引导和影响，但不能被控制。

5．每个创业社区都是独一无二的，不可复制。

6．创业社区是通过信任网络而不是等级制度来组织的。

7．创业社区必须包括任何想要参与的人。

8．开放、支持和协作是创业社区的关键行为。

9．创业社区必须有持续的活动，使整个创业团队有意义地参与其中。

10．创业社区必须避免陷入让测量需求驱动策略制定的陷阱。

11．把创业者放在第一位，先付出后获得，对社区有强烈的热爱是创业社区的基本价值观。

12．创业的成功推动了创业社区的发展，并将积累的资源循环利用到下一代。

13．良好的创业社区与其他创业社区是相互联系的。

14．创业社区的主要目的是帮助创业者成功。

我们相信创业者精神和创业者心态对社会是有价值的。随着创业社区在全球范围内的普及，创业社区成长和发展的经验适用于任何类型的组织。我们相信，将创业社区方式应用于政府、学术界、大型公司和非营利组织都可以产生很好的效果和作用。

第一部分

关于创业社区

第二章

为什么存在创业社区

考虑到创业社区可以而且应该在世界任何地方都存在，为了更深入地探索创业社区的运作方式奠定基础，我们必须首先描述创业者所做的事情，并将其与地方联系起来。虽然创业社区是一个抽象的概念，但重要的是要记住创业者和创业社区都是由真实的人组成的。

创业者应该做些什么

创业者精神是指一个人或一群被称为创业者的人首先探索并运用商业机会的过程，通常是通过向市场提供新的商品和服务，或有创造性地改进现有的产品、服务或生产方式。[1] 这一过程通常发生在一家新公司（创业公司），创业者要承担相当大的个人和财务风险。

精益创业运动（Lean Startup Movement）的鼻祖史蒂夫·布兰克（Steve Blank）表示："创业公司是为寻找可重复和可扩展的商业模式而成立的临时组织。"这一临时阶段在战略转型之前需要不断测试和验证商业模式，以实现高增长率和市场份额（"扩大规模"），倘若相反，则需要公司停止运营。

创业精神是指创建和扩大公司规模。这种方法被称为"创业思维"，可以应用于许多不同的问题解决和组织类型。许多公司在其发展后期实现了高速增长，原因可能与创始人最初的意图不同。

创业型企业家不同于传统的小企业主，他们的雄心是创造新的事物，并大幅增长他们的业务规模。而大多数小企业都希望保持小规模。[3] 创业型企业家做的是和小企业主完全不同的事情，他们扩大企业规模，并创造显著的经济价值。在《创业机会》（*Startup Opportunities: Know When to Quit Your Day Job*）一书中，我和我的合著者肖恩·怀斯（Sean Wise）提到了这一区别。

两种类型的创业行为有很大的区别：①地方企业，也被称为中小企业或生活方式企业；②高增长公司，通常被称为初创公司或瞪羚公司。

地方企业正如其名。这些企业都是你在你的城市里亲眼所见的，顾客离创业者很近，比如街角的杂货店、当地的书店、非连锁餐馆或地方加油站。这些地方企业偶尔会开始扩张，转变为跨地域的企业，从而形成大型企业，但许多企业的形态依旧是地方企业。

相比之下，高增长公司很少把重点放在本地。虽然这些公司通常都是在一个地方开始的，而且最初通常只有几个人参与，但这些公司的创始人都渴望快速成长，不受地域限制。他们的客户遍布世界各地，无论公司是否在地理上扩张，业务都很少受到地理的限制。[4]

根据现代经济理论，经济持续繁荣的原因是知识，而不是原材料、机器或劳动力。[5] 机器和劳动力的规模收益递减，而思想和知识的规模收益递增。创业者在将知识转化为经济价值方面起到了重要的角色，因为他们抓住了其他人看不到或无法实践的机会。[6] 虽然想法可能是经济潜力的源泉，但创业者是将这种潜力变为现实的变革推动者，从而导致企业业绩和价值创造的巨大差异。在美国以及多个国家，大约 10% 的企业创造了超过一半的年度收入和就业增长。[7] 因此，少数建立高影响力企业的创业者推动了大部分经济增长。这些企业往往是年轻的，集中在知识密集型产业和拥有高学历工人的城市。[8] 它们是创新驱动型的公司，靠的是脑力而不是体力。

外部环境

创业者把好的想法与创造就业机会和促进经济繁荣的决心结合起来。那么，这些想法是从哪里发现的呢？

在工业时代，生产通常涉及资源积累、规模经济和垂直整合。公司相对孤立，躲在混凝土栅栏后面，在不起眼的办公园区，或在精致的企业园区。创意的一个重要来源是公司内部的研发，或是通过严格控制的供应链。

在信息时代，面对快速的技术变革，企业必须在学习和适应的同时积累好的想法和人才。[9] 创意不应只是在公司的实验室里产生，然后整合到公司产品生产过程中。相反，它们应该出现在教室、大学研究机构、竞争对手和邻近行业。它们也来自员工自身掌握的知识和用户反馈。

因此，创业者和他们创建的创业公司必须有一个外部导向，因为许多好的想法、信息和资源都存在于他们的公司和他们的直接控制之外。随着我们集体知识的深度加深，技术进步的步伐加快，没有一个人可以知道事情的方方面面。因此，在信息时代，公司的界限必须是"模糊的"。[10]

创业者必须获取更多的创新理念、技术或特定行业的信息。他们还应组织一支有专业技能的员工、客户和供应商组成的团队，为他们提供创业资金和专门的风险投资流程知识。传统的市场机制，即买卖双方以特定的价格和条款交换商品、服务或信息，在这种情况下并不适用。相反，通过与其他个人和组织的关系非正式地进行资源交换的形式则更为适用。

因此，初创公司通常依赖外部环境来获取对其业务至关重要的资源。虽然不是所有的关键因素都存在于创业公司的控制之外，但很多都是。

虽然资源对所有企业都是非常重要的，但这对创业公司来讲则尤其重要。无形资源的市场并不完全存在于有形的市场中，而获取这些资源的方法是基于关系的。企业有资源依赖的特性，它们依赖于不完全在其控制范围内的生产要素，这意味着一个法律上独立的组织在一定程度上依赖于其他组织。[11] B 公司对 A 公司的占有率与 A 公司对 B 公司资源的依赖程度成正比。

对于创业公司来说，这带来了两个严峻的挑战。与大多数其他企业相比，它们更依赖外部环境，但它们往往没有充足的资源。创业公司的成功取决于对它们有巨大影响的个人和组织。

当其他人和公司选择不强占初创企业的资源时，就会出现一个充满活力的创业社区。他们不会伤害创业公司，夺走它们的资源，而是不断地找到帮助它们的方法。个人想要开发或放弃资源的不对称程度决定了一个创业社区的长期生存能力。

层次结构上的网络

如果创业过程的大部分工作是获取任务并拓展关键资源，那么社交网络就是传递这些生产要素的机制。近几十年来，发达经济体和新兴经济体都在经历着巨大的转变，从工业时代的集中、指挥和控制结构，到信息时代的分散、网络组织。这些宏观的转变是普遍的和不可改变的，但组织形式和人类行为的适应速度相对较慢。

等级制度最适合于需要严格控制生产、信息或资源的情况，例如大学、政府和军队中存在的制造商或大型官僚机构。层级结构强大且不灵活，需要正式的规则、标准的操作程序和严格的指挥链。相比之下，网络具有弹性和适应性，需要灵活性和横向信息流。健康的创业社区依赖于在基于网络的结构中组织的无阻碍信息流。相反，它们在等级制度下是难以生存的。

这种想法受到了经济地理学家安娜李·萨克森尼安（AnnaLee Saxenian）的开创性著作《区域优势：硅谷与128号公路的文化和竞争》（*Regional Advantage: Culture and Competition in Silicon Valley and Route 128*）一书的影响。我们相信萨克森尼安的书可能是现代最重要的著作，它讲述了究竟是什么因素让一个特定地区比另一个地区更具创新性和创业精神。

在书中，她比较了两个技术中心——加州的硅谷和波士顿附近的128号公路走廊，这两个区域直到20世纪80年代中期，在生产高速率信息技术业务的能力方面都很相似。第二次世界大战结束后，一直活跃于20世纪50、60和70年代的128号公路走廊可以说是一个更好的技术中心。然而，当硅谷在全球科技竞赛中进一步领先时，128号公路区域却停滞不前。

20世纪80年代和90年代发生了什么事情，使得这两个区域天差地别？

一段激烈、快速的技术颠覆和全球竞争日益加剧的时期，让波士顿的等级机构加速升级，变得更加僵化，创业公司无法迅速适应变化，而由硅谷"合作竞争"的开放文化塑造的网络结构，使创业公司能够更好地认识和利用这些变化。

正如我在《创客社区：构建一座城市的创业生态》中总结的那样：

　　　萨克森尼安指出，开放和信息交流的文化推动了硅谷的崛起。这一论点与网络效应有关，而拥有跨公司和行业共享信息文化的社区更能发挥网络效应的作用。萨克森尼安观察到，太阳微系统公司（Sun Microsystems）和惠普（HP）等硅谷公司之间的界限很模糊，与 128 号公路上的闭环和自给自足的公司（如 DEC 和 Apollo）形成了鲜明对比。更广泛地说，硅谷文化支持企业之间的横向信息交换。快速的技术颠覆完全符合硅谷开放信息交换和劳动力流动的文化。随着技术的迅速变化，硅谷的公司在分享信息、采纳新趋势、利用创新和灵活应对新情况方面处于更有利的地位。与此同时，垂直整合和封闭系统在技术变革时期使许多 128 号公路的公司处于不利地位。

创业社区在信息、人才和资本通过网络自由横向流动的环境中蓬勃发展。由于人类参与其中，这个网络就是一个关系系统。这些因素是由文化规范驱动的，这使得它们天生就是自下而上的，进化缓慢，受行动驱动，并由价值观塑造。

信任网络

社会资本或"信任网络"是根植于一套共同的规范和价值观之上的关系，这些规范和价值观将一群人联系在一起，使他们能够更有效地合作。信任网络对于在快节奏、模糊和不断变化的条件下要求高性能的复杂系统至关重要。军事特种部队、现代航空业、体育锦标赛和高速发展的创业公司的成功都需要团队合作，而团队合作的基础是信任和共同的目标感。[12]

在创业社区中，公司创始人和员工通过信任网络接收重要的信息和资源——比如创意、人才和资金。正是社会资本或这些关系的性质决定了信息和资源在网络中的流动状况。

社会资本和非正式标准是思想分享、合作和联系人们的润滑剂。[13] 所有的企业都与外部方（如客户和供应商）打交道。但在复杂的环境中，比如今天那些创新驱动的创业公司所面临的环境，用极其正式的做事方式并不总是可行的。相反，创业公司必须依赖于彼此之间以及与整个社区的非正式协议。这些是由信任、互惠互利、诚信承诺和管理所保证的。

社会资本代表着创业社区的价值，这种价值来自于良性的、高度信任的关系。对于地区固定的一组资源和创业能力，拥有更多社会资本的创业社区将比那些缺乏社会资本的创业社区取得更好的结果。

随着时间的推移，社会资本对于一个运转良好的创业社区的重要性会增加并加速增长。[14] 创业公司依赖于外部网络，而外部网络受到这些连接质量的限制或支持。大量研究将经济增长与企业、社区、地区和国家联系在一起，这些企业、社区、地区和国家有着基于信任、灵活性和非正式关系的强大社会纽带。[15] 网络的价值不仅取决于连接的数量或网络结构，还取决于这些连接的性质和在它们之间传播的信息的重要性。

当今创新的复杂性需要拥有不同技能的团队。正如维克多·黄（Victor Hwang）和格雷格·霍洛维特（Greg Horowitt）在他们的著作《雨林：建设下一个硅谷的秘密》（*The Rainforest: The Secret to Building The Next Silicon Valley*）中所描述的那样，我们比以往任何时候都更需要多元化的团队，但不幸的是，我们天生就不信任与自己不同的人。团队多元化程度越高，创新体系就会越具有活力。[16]

价值观和美德：透明度和诚实

为了某些目的和利益而故意撒谎或欺骗他人，这对创业社区来说是毁灭性的。这应该是众所周知的，即使是为了保护他人或自己，缺乏真实性也是有害的，因为这会造成混乱，破坏信任，最终导致不理想的结果。诚实是所有健康的创业社区的基本价值观。

透明度也是如此。在所有利益相关方的参与下，公开做出影响创业社区的决策；清楚地解释采取行动的理由，包括拒绝他人，即使这样做很困难。

缺乏沟通和消极回避是创业社区中需要长期解决的问题，尤其是对个人或项目不感兴趣的时候。忽视信息或不解决问题是错误的做法，因为它会破坏信任和声誉。如果你对某件事或某人不感兴趣或不能参与某件事，就说出你的想法，但是需要运用一种高情商的方法。

诚实和透明度是一个健康的创业社区的标志。诚实、耿直、恭敬、和蔼地表达自己，同时要知道你可能会在这种情况下犯错。特别是在激烈或情绪化的情况下更要理性地思考。了解你周围的环境，知道人们给予和接受反馈的方式是不同的。

在组合中加入友善的态度有助于在压力环境中取得进步。重要的是，这是一条双向的道路，因为对话双方都需要愿意给予和接受坦诚的意见。当相互冲突的观点被提出并得到尊重时，接下来的对话可以被视为一种优势，而不是弱点或需要避免的劣势。冲突是复杂系统演化的一部分，而进步源于两种事物之间的相互摩擦。

虽然直率和摩擦在短期内可能会导致伤害感情，但从长远来看，它们会带来一个更有弹性和更好的绩效系统。如生物系统可能会经历短期的困难来实现长期的和谐，就如野火能保持生态平衡，一些短期的痛苦是创业社区健康和正常的组成部分。

充满攻击性的环境，或者缺乏包容性的环境，是人们不愿意直率分享他们观点的主要原因。在充满攻击性的环境中，没有信任可以依靠，人们会以恶意揣测他人。如果人们不能真诚地或坚决地交流，信任就会被侵蚀，并开始出现恶性循环。当这成为常态时，便会造成创业环境的停滞或衰退。

　　虽然所有人都有责任创造一个让每个人都能坦诚、公开地提供反馈的环境，但环境通常都是由领导者来定基调的。建立信任的一个屡试不爽的方法就是让自己变得不那么强势。这也便于将人们联系在一起。在创业社区中，创业者如何与他人互动，尤其是在有分歧和冲突的情况下，对创业社区的发展至关重要。尽管所有的系统都会面临冲突、误解、愤怒、失望和失败，但领导者在很长一段时间内的行为，尤其是在应对这些困难情况时的行为，对于创业社区的长期健康发展有着巨大的影响。

密度和集聚

　　对于初创公司来说，最有价值的关系是当地的关系，尤其是在公司的早期阶段。虽然创业者和其他创业社区的参与者与其他地方的人接触也能起到作用，但当地关系是最有价值的。因此，地理位置在创业社区中起着重要的组织作用。

　　许多企业和工人的密集居住对大多数财务部门来说都是有价值的，因为它降低了通勤成本，并改善了企业、工人、供应商和客户之间的匹配。这些"聚集效应"或"外部经济"是存在于本地或区域层面的企业之外的利益，并在网络规模扩大时出现。它们在高度专业化投入（包括工人在内）对生产至关重要的行业中尤为重要。[17]

　　除了降低成本和改善匹配之外，第三个被称为"知识溢出"或思想交流的因素对创新和创业至关重要。[18] 在创业和拓展创新业务等复杂活动中，思想交流和向他人学习至关重要。因为复杂的活动在口头或书面上都很难转移，所以学习最好发生在"一臂之遥"的距离。这些也被称为隐性知识转移，或"边做边学"和"边看边学"。

在我的菲尔德思想博客上，我写过关于这种现象以及密度对企业业绩的重要性的文章。[19] 举个例子，当我在旧金山、纽约或波士顿等知名创业中心做生意时，我倾向于待在一个相对狭窄的区域。我把这些地区称为"创业社区"。例如，波士顿地铁区域中有几个创业社区，其中剑桥至少有三个（肯德尔广场、中央广场和哈佛广场），波士顿市区至少有三个（创新区、金融区和皮革区）。或者以纽约市为例，仅在曼哈顿中城（Midtown Manhattan）附近就至少有三个创业社区：熨斗区（Flatiron）和联合广场（Union Square）；肉库区（the Meatpacking District）和切尔西（Chelsea）；还有东村（the East Village）、苏荷区（Soho）和曼哈顿下城（Lower Manhattan）。[20]

与其将这些创业社区视为竞争激烈的区域，不如将它们视为跨越边界差异的更大社区的一部分。通常，人们会设定人为的地理边界，将城市之间和城市内部的社区分割开来，从而产生一种零和思维。在这种框架下，创业社区必须要竞争。零和思维与试图将思想、人员和资源以一种超越行政或想象边界的形式去自由流动的方式是相悖的。

学术研究证实，在城市或大都市水平上衡量创业密度的粒度是不够细的，因为知识共享在不同距离上的"衰减率"非常高。一项研究表明，在软件行业中，与相似的公司同处一英里（约合 1.6 千米）内的知识共享所带来的好处，要比同处两到五英里内的好处大 10 倍。[21] 另一项研究估计，广告公司在曼哈顿合租的优势仅在 750 米（不到半英里）外就消失了！[22]

引用创新地理学专家玛丽安·菲尔德曼（Maryann Feldman）的一段话：

······地理因素提供了一个平台，可以将资源围绕特定的目标组织在一起。虽然企业是组织资源的一种众所周知的方式，但区位提供了一种可行的选择——一个组织经济活动和人类创造力的平台。地理因素不仅促进了面对面交流和隐性知识的交流，还提高了意外发现的可能性——意外事件产生深远变革影响的机会。[23]

像史蒂夫·乔布斯（Steve Jobs）这样有远见的人深知这一点，这就是为什么他设计皮克斯校园（Pixar campus）的方式能够让不同部门的同事之间"自发碰撞"——这是 20 世纪 40 年代贝尔实验室率先提出的想法。[24] 谷歌、Facebook 和其他高度创新的公司也纷纷效仿。它们不会无缘无故地提供免费食物和乒乓球，这也不仅仅是为了给过度工作的工程师提供一种有趣的方式来释放压力，而是为了让那些原本不会与他人交往的人在社交上发生碰撞，建立关系、分享想法，并找到新的合作方式。

地区品质

地区品质是创业社区地理位置的另一个作用。创业公司的创始人或早期员工都是个人能力十分强的人，他们有选择权，因此可以比其他大多数人更自由地选择他们想要生活的地方。他们可以住在很多地方，他们选择居住的地区的质量对他们来说非常重要。[25]

过去，经济发展遵循的是一种追逐烟囱的方式——通过提供税收优惠和其他补贴来吸引大型现有企业。这种零和博弈让各个地区相互竞争，但结果总是不合人意。直至今日依然存在一些遗留问题，比如亚马逊（Amazon）在 2018 年和 2019 年收购美国第二总部（HQ2）的竞价过程，以及将中国台湾电子产品制造商富士康（Foxconn）引入威斯康星州的交易惨败事件，都证明了这一点。[26] 在以知识为基础的经济中，追逐烟囱的作用已经减弱，因为生产的投入发生了变化，正如亚马逊和富士康的案例所显示的那样。[27]

今天的知识经济工作者、创业者和创业公司员工想要的不仅仅是负担得起的住房、便利的交通和高质量的学校等传统的有吸引力的东西，他们更渴望丰富的文化、社交和自然设施，并与其他令人兴奋和富有创造力的人在一起。与第二次世界大战后向郊区发展的运动不同，这些人和因素集中在城市内部和周围。

理查德·佛罗里达（Richard Florida）是世界著名城市规划学家，他以"创意阶层"理论而出名。我与他都坚信这一理论及其与创业社区的关系。正如我在《创客社区：构建一座城市的创业生态》中所写的：

> 理查德·佛罗里达描述了创新和创意阶层个人之间的关系。创新型人才由创业者、工程师、教授和艺术家等创造"有意义的新形式"的个体组成。佛罗里达认为，创新型人才喜欢生活在令人愉快的地方，享受文化，对新奇事物持宽容态度，而且最重要的是，倾向于与其他创新型人才在一起。网络效应的出现是一个良性循环，一个区域的创新型人才的存在会吸引更多的创新型人才进入该区域，这反过来会使该区域更有价值和吸引力。与尚未吸引大量创新型人才的地区相比，一个产生群聚效应的地区享有竞争地理优势。

经验证据支持这一点。伊恩的研究表明，美国城市中高速增长的创业精神与创意阶层的员工人数之间存在关系，即使将拥有大学学位或高科技行业的员工这一因素考虑在内。[28] 美国和欧洲的学术研究都发现了创业精神和创造经济之间存在着积极的关系。[29]

对创始人观点的调查显示，他们十分重视公司地点的品质。例如，在全球范围内推广创业精神的奋进组织（Endeavor）对高增长公司创始人进行的一项研究发现，创业者在为公司选址时，主要是根据生活质量因素或个人关系，而且他们在创业前几年就已经这么做了。[30] 换句话说，今天的许多创意阶层员工将成为明天的高增长创业者。

一旦创业者扎根于某个社区，他们往往就会留在那里。奋进组织的同一项调查显示，尽管高增长创业者在初期流动性很强，但一旦他们在一个城市创办了一家公司，他们就有十分大的机会留在那里。学术研究进一步表明，创业者选择创业地点部分基于个人的关系网，这些关系可以对创业业绩产生积极影响。[31]

投资者兼企业家罗斯·贝尔德（Ross Baird）在他的《创新的盲点：为什么我们支持错误的想法——以及如何应对》（*The Innovation Blind Spot: Why We Back The Wrong Idea - and What to Do About It*）一书中，回忆了他与时任科罗拉多州州长的约翰·希肯卢珀（John Hickenlooper）就"恋地情结"展开的一次讨论。[32] 希肯卢珀喜欢用"topophilia"（恋地情结）这个词来描述为什么科罗拉多一直是世界上最具创业精神的地区之一，以及为什么该州的领导人对他们的社区投入如此之多。他甚至把它作为他最后一次州情咨文演讲的中心观点。[33] "恋地情结"的意思是"热爱此地"，对希肯卢珀州长来说，这让一切变得不同。

在成为州长之前，希肯卢珀曾也是一名创业者，他在 1988 年创建了温库普酿酒公司（Wynkoop Brewing Company），这是美国最早的自制啤酒酒吧之一。从 2011 年到 2019 年，他担任了科罗拉多州州长，这是科罗拉多州作为一个州和一个创业生态系统的非凡增长与发展时期。

2018 年，贾里德·波利斯（Jared Polis）当选科罗拉多州州长，并于 2019 年 1 月宣誓就职，接替希肯卢珀。在担任公职之前，贾里德也是一名成功的创业者。他的一项事业便是与我、大卫·科恩（David Cohen）和大卫·布朗（David Brown）共同创办科技之星。毫不奇怪，创建科技之星的主要动机是改善科罗拉多州的创业社区，尤其是在博尔德。

创业者想要创造持久的东西。这种渴望超越了他们的公司，是一个放大的激励因素。事实证明，他们也想在他们喜欢的地方，以及和家人一起花最多时间的地方做这件事。

耶路撒冷失落的十年和复兴创业社区的波希米亚起义

本·维纳（Ben Wiener），耶路撒冷 Jumpspeed 风险投资公司创始人和管理合伙人

1998 年，当我从纽约搬到耶路撒冷时，这个以色列首都出现了一系列有意义的创业活动。虽然特拉维夫创业公司的规模越来越大，国际知名度也越来越高，但在耶路撒冷也出现了很多创业公司，有大型风险基金支持着它们。然而，在 2002 年，一切都崩溃了，主要原因是互联网泡沫的破裂和政治因素的不稳定性。耶路撒冷的创业活动实际上已经沉寂了十多年。

然而，在 2013 年，情况开始发生转变。在耶路撒冷，新的创业活动再次出现。哈南·布兰德（Hanan Brand）可能是第一个感受到这些震动的人。这位年轻的耶路撒冷人当时在耶路撒冷风险投资公司（JVP，Jerusalem Venture Partners）担任交易流程经理。哈南开始看到当地创业者向 JVP 提交的申请资金数额惊人，但大部分项目都太小或太初期。哈南开始在名为"BiraTechs"的酒吧里私下举办活动，创始人可以在那里见面、交流。与此同时，一个名为"耶路撒冷创业家"（Jerusalem Startup Founders）的 Facebook 群组也同步成立了。

2013 年年中，耶路撒冷只有一个名为 Siftech 的加速器项目。Siftech 原本是一个由希伯来大学（Hebrew University）学生运营的项目，旨在帮助学生创办新公司。Siftech 进行了两组项目研究，但没有一家公司获得资助名额。我参加了哈南的第一个 BiraTech 活动——"创业推介之夜"。40 多名创业者参加了此次活动，但却没有一名投资者

出席。参加完 BiraTech 活动回家后，我萌生了创办 Jumpspeed 风险投资公司的想法，该基金专门用于投资在耶路撒冷创建的创业公司。

几年后，Facebook 上的"耶路撒冷创业家"小组经历了一系列的演变，变成了一个名为 Capital j 的组织。它后来成了一个独立的非营利实体，名为 MadeinJLM，由希伯来大学和非政府组织新精神（NewSpirit）参与。在过去的六年中，耶路撒冷的生态系统中涌现出了大量获得资金支持的创业公司，而且每年都有数百家新公司在尝试创业。其他几家加速器也加入了 Siftech 孵化器，其中包括 MassChallenge 的以色列项目，该项目每年在耶路撒冷加速 50 多家来自世界各地的创业公司。与特拉维夫相比，耶路撒冷的风险投资事业仍然相形见绌，但随着时间的推移，在耶路撒冷的风险投资急剧增加。

促成这次复兴的因素是什么？

大多数耶路撒冷的创业者倾向于选择住在耶路撒冷，然后创办公司，而不是搬到这里创办公司。耶路撒冷吸引了各种类型的居民，这就形成了一个由各种类型的人员组成的创业基地——以色列本地人、移民人士、男人、女人、宗教人士、无宗教信仰人士、犹太人和阿拉伯人。一种协作和帮助的精神充斥在整个生态系统中。

尼古拉斯·科林（Nicolas Colin）的《家庭》（*The Family*）一书为自我维持的技术生态系统提出了一个奇妙的三部分公式：①技术诀窍，②资本，③反叛精神。耶路撒冷的学术机构和大公司一直拥有技术知识。新一代主要是年轻的创业者，他们太天真、太任性，不知道耶路撒冷已经远离特拉维夫投资者的视线，他们引领着反抗精神。在 20 世纪90 年代末就存在的资本在互联网泡沫破灭后又消失了。经过一段时间和一些努力，资本才开始慢慢地回流。

2008 年，前风险投资家尼尔·巴尔卡特（Nir Barkat）第一次当选耶路撒冷市长时，他承诺要让耶路撒冷成为以色列的文化中枢。理查德·佛罗里达认为，一个强大的"创新阶层"是就业和技术创新增加的先兆，这一论点有意或无意地影响了巴尔卡特。在巴尔卡特和市政府开始大力投资城市文化活动的五年之后，我们看到创业活动激增，这并非巧合。你不可能向一个城市投资后自动创建一个创业社区。但是，在某种程度上，资金通过间接渠道可以成为一种催化剂。一个可能不太明显的需要关注的领域是为创意阶层提供资金。事实上，新西兰一所大学的代表最近拜访了我，他们决定拨出几百万美元，通过孵化200家新创业公司来"创建"一个创业社区。我告诉她，他们可能会赔钱，与其这样，倒还不如去投资200支摇滚乐队。对于我的这番言论，她显得有些吃惊，直到我解释了理查德·佛罗里达的创意阶层和尼古拉斯·科林的反叛精神对创业社区建设的重要性，她才明白了其中的问题。

反叛精神及复兴之所以会出现，是因为它们有多个起源，而不是单一的催化剂。这对耶路撒冷的创业生态系统来说无疑是正确的。互联网泡沫破裂的一系列负面因素的共同作用击垮了创业生态系统。2013年前后，一些积极因素共同推动了创业活动的复苏。

第三章

角色

3

创业社区方式原则

创业社区的主要目的是帮助创业者成功。永远不要忘记创业社区的目的。没有创业者，就没有创业社区。如果前一代创业者不成功，下一代就会离开，创业社区就会停滞。

既然我们已经概述了外部环境通过何种方式以及为什么会推动或限制初创公司的成功，接下来我们将开始更详细地探讨组成创业社区的各个部分。本章讨论了创业社区的两个关键组成部分之一，即参与者，也就是涉及的人员和组织。（在第四章中，我们将探讨另一个关键的组成部分——成功的因素，即影响创业精神的资源组或当地条件。）

谁以什么方式对谁做了什么是很重要的。参与者有三种类型：**领导者、支持者**和**发起人**。通常情况下，不同角色和因素之间的界限是模糊的，许多人经常在创业社区中超越单一的角色。[1]

虽然了解创业生态系统中涉及的人员、组织、资源和条件的范围很有用，但它们不是最关键因素。每个因素之间的交互才是重要的。但首先，我们要学会对因素进行分类。这个练习对新手尤其有帮助。

领导者、支持者与发起人

一个健康的创业社区是一个紧密连接、开放、信任的网络，其中最有影响力的节点是创业者。这个概念是《创客社区：构建一座城市的创业生态》中最具争议和容易引起误解的部分之一，在这里我使用了"领导者"和"支持者"这两个术语来描述创业社区的两类参与者。我写到：

> 创业社区的领导者必须是创业者。其他人都是创业社区的支持者。领导者和支持者都很重要，但他们的角色不同……（支持者包括）政府、大学、投资者、导师、服务提供商和大公司。

有些人误解了这个概念。他们觉得我忽略了非创业者在创业社区中的作用。另一些人则发现"支持者"一词正在式微。这不是我的意图，我将借此机会阐明我对这两个重要群体的看法。

用不同的词代替"领导者"和"支持者"；我们称它们为苹果和木瓜吧。创业者就是苹果。其他人都是木瓜。它们都很重要，但扮演着不同的角色。木瓜是典型的组织或领导组织的人。它们中的大多数在本质上是分级的。如果你在一家木瓜公司工作，即使你的工作是参与创业社区，你的雇主仍然会根据你实现木瓜公司目标的情况来评判你。这些目标有时会与创业社区的目标一致，有时则不一致。

因此，我们强烈认为木瓜不能在创业社区中发挥领导作用。然而，木瓜的个体成员——支持者——可以扮演有影响力的领导角色。我们把这些人区分开来，称他们为"发起人"，因为他们带来新的活动，引发改变。[2]

在创业社区有无数这样发起人的例子，他们从来都不是创业者，却不知疲倦地建立创业社区。通常，他们对创业社区的形成至关重要，并随着时间的推移持续推进有意义的活动。这一点至关重要，因为创始人往往忙于打造自己的公司，无法专注于大局。有时，发起人创建非营利组织或其他类型的组织，使其成为一份全职工作，但大多数情况下，他们只是喜欢参与其中，并将其作为副业以填补这些空白。这些发起人对各地的创业社区都至关重要。他们的贡献应该得到承认和支持。

一个缺乏核心创业者领导的创业社区是不可持续的。虽然发起人可以而且实际上也确实扮演着领导角色，但创业者是创业社区中其他创业者的榜样，无论是作为同行、导师还是灵感来源。创业社区中并非所有的创业者都需要成为领导者，但社区需要一批创业者，幸运的是，这可能是一个相对较小的数字。归根结底，让创业者成为领导者至关重要——他们为创业者定下基调，是知识的重要来源，并帮助创业者建立创业文化。

现有的创业者对新创业者有很大的影响，他们可以传授新创业者经验。没有经验的创业者会向更成熟的创业者寻求灵感、最佳实践、引荐、精神支持，以及关于应对许多其他挑战的建议。非创业者通常无法完全胜任这一角色，因为他们从未经历过这一过程。

在社交网络中，相对少量的人会吸引不成比例的直接或间接联系（关系）。与没有或只有少量超级节点的网络相比，这些网络节点（也称为集线器、超级连接器或超级节点）整体上提高了网络的内聚性。在这种情况下，社交网络，比如创业社区，均呈幂律分布，一小部分人可以对整个系统产生巨大的影响。

自从我提出创业者领导创业社区这个想法以来，几项研究证据已被发现并支撑了这个概念。例如，奋进组织在世界各地的城市建立了一系列的创业生态系统网络图。他们发现，在网络密集的社区中，成功的创业者（那些有规模的公司）是活跃的领导者，这类社区比那些关键领导者不是创业者的社区能产生更好的结果。[2] 考夫曼基金会的一项研究发现，在堪萨斯城，创业者最希望与其他创业者建立联系。[4]

在《创客社区：构建一座城市的创业生态》一书中，我写了太多依赖政府来领导或提供资源建立创业社区的问题。尽管有一些成功的努力和良好的意图，但政府往往并不擅长调动创业者最需要的资源，也缺乏相应的专业知识、心智和紧迫感。

企图依赖政府的想法是可以理解的。毕竟，创业社区是一种公益产品，是一种有价值的东西，它的存在是为了让所有人受益。在许多领域，比如军事、教育、医疗，甚至是大量创新领域，政府均会提供公益产品作为支持。然而，在创业社区的背景下，政府只能发挥支持或间接的作用。至少，创业者不应该指望政府来解决他们的问题。

角色

领导者、支持者和发起人是参与创业社区的人员和组织，由他们所扮演的角色来定义。一个人经常同时担任多个角色，在多个组织工作。一个人的职业生涯会多次跨越这些界限。以下是对创业社区中每个参与者的简短描述，有些是显而易见的，有些可能不太容易理解。

创业者

一个繁荣的创业社区需要足够数量的创业者。这些创业者包括有经验的或连续创业型企业家、新手或没有经验的创业者，以及有抱负的、萌芽阶段的，甚至处于休眠状态的创业者。社会企业家也参与其中，他们是运用可扩展的商业模式来解决社会问题的个人。

创业者可以是土生土长的，也可以来自其他地方。一个创业社区应该包括任何想要参与的创业者，无须在意他们的背景、种族、民族、性别、来自哪里，或他们之前的经验。

创业公司和增长期公司

虽然创业的概念比创办和扩张年轻公司的范围更广，但这两种活动是创业社区中创业的主要模式。创业者创办的公司可以创造新的产品、服务、技术、生产方法或营销方式。

创业公司成立时，由创始人、几名员工，或许还有一些导师或顾问组成，他们共同开发新的或改进的产品或服务。一旦创业公司的产品获得了与市场匹配的客户吸引力，公司将进入一个新阶段，重点将转移到扩大公司规模、扩大市场份额上，并可能转移到邻近市场。

在每个阶段，公司、创始人和员工面临的需求和挑战都不同。人事变动，通常是高管或创始团队的变动，反映了不断变化的需求。成功的创业公司会演变为成长期公司，或者称为增长期公司（scaleups），它比创业公司更有实力，但仍然是创业社区中的关键角色。

创业员工

创业者无法独自打造一家伟大的公司。在现代知识密集型经济中，技术类员工尤其重要。在这个经济体中，好的想法和智慧比机器和原材料更稀缺、更宝贵。创业公司需要技术、商业、管理等方面的人才和专业知识。员工可以通过许多不同的方式拓展这些技能，包括通过传统教育、在线学习、职业或专业培训，或者最重要的是，通过其他创业公司或企业的在职培训。

导师

这些人通常是经验丰富的创业者或在某个行业或学科拥有知识或专长的个人。导师应该在志愿者的基础上工作，并采取"给予优先"的方法——这是我在下文中会介绍的一个概念，意味着你愿意在不定义交易参数的情况下为一段关系或一个系统投入精力。然而，这不是利他主义——你期望得到一些东西，但你不知道什么时候，从谁那里，以什么形式，出于怎样的考虑，或在什么时间范围内得到回报。

如果导师的贡献是有价值的，创始人应该以公司股权来回报导师。一旦创业成功，导师关系就会发生演变，因为导师可能会从无偿角色转变为有偿顾问、投资者、董事会成员，甚至可能是员工。请注意导师和顾问之间的区别——这两种人经常被混为一谈，但他们非常不同。导师采用"给予优先"的方式，这意味着他们不需要事先建立交易关系。相比之下，正式的顾问会得到事先安排的报酬。

价值观和美德：给予优先

最初，《创客社区：构建一座城市的创业生态》提出了"先予后得"的概念。自2012年以来，这个想法演变成了一个名为"给予优先"的短语，这是科技之星的口头禅，也是我的基本商业哲学。[5] 作为回顾，下面是我在《创客社区：构建一座城市的创业生态》中写的内容。[6]

我始终坚信一个成功的秘诀就是先予后得。在这种方式下，我总是愿意尝试帮助任何人，而不是为了明确地得到什么东西。如果随着时间的推移，这段关系是单向的（例如，我持续付出，但什么也得不到），我通常会减少付出的程度，因为这种信念并不是以无私付出为目的的。然而，我发现，通过在没有明确定义结果的情况下提前投入时间和精力，随着时间的推移，我得到的回报却超过了我最天马行空的期望。

我们非常努力地将"先予后得"的理念融入博尔德的创业社区。在博尔德，你很少听到这样的话："这对我有什么好处？"而是听到："我如何能帮上忙?"引荐和邀请都是自由进行的。当我在全国各地旅行时,我听到人们谈论与博尔德社区的人交往是多么容易,好的因果循环是如此自由流动的,在开展工作之前先展示你的奉献精神。

一个伟大导师的特点是,他愿意为学员贡献时间和精力,但并不是为了某些明确的回报。大卫·科恩经常谈到这一点,他本人就是这样做的,不仅是在科技之星,也在许多他不是投资者的公司。科技之星有特定的项目,如"Techstars for a Day",对任何想要申请科技之星投资的人开放,让他们对导师的动态有一个深刻的了解。如果你问科技之星的导师为什么要参加,大多数人会这样回答:"当我还是个年轻的创业者时,有人曾经帮助过我;现在我想回馈社会。"

有些情况下,你会在事情趋于糟糕的状态之前先开始付出。当一个人得到却不懂得回报时,很快就会变得乏味、烦人和无趣。当一个创业团体信奉"先予后得"的理念时,那些只得到而从不付出的人会产生负面的名声,而创业团体通常会拒绝他们,就像一个宿主排斥一个寄生虫一样。因此,这也确保你付出的和你得到的至少是一样多。

"先予后得"的理念已经演变成"给予优先",这个定义变得更为清晰和严格。"给予优先"意味着你愿意将精力投入到一段关系或一个系统中,而不需要定义交易参数。然而,这不是利他主义,因为你期望得到一些东西。但你不知道什么时候,从谁那里,以什么形式,出于怎样的考虑,或在什么时间范围内得到回报。

这很容易理解,可却与主流的商业关系和网络思维背道而驰。然而这是创业社区运作的基础。我们的朋友、法学教授布拉德·伯恩塔尔

（Brad Bernthal）甚至在正式的学术期刊上用法律术语"广义交换"写过这方面的文章。[7]

如果你能让所有参与创业社区的人参与到"给予优先"的方法中来，就会有大量能量投入到创业社区中。这种能量可以让许多事情顺利进行，而不会因为事先的交易关系而产生摩擦。突然之间，各种各样的事情发生了，创业社区也出现了立竿见影的效果。然而，这些好处是不可预测的，你不能预测二级影响。当我们把复杂系统的想法与创业社区联系起来时，"给予优先"的重要性就显现出来了。当我们意识到这是一种与复杂系统打交道的强大方式时，处理业务（以及生活的所有方面）的长期影响就成了我们的焦点。

"给予优先"并不以一个创业社区为起点或终点（复杂性也是如此）。对于创业者来说，回馈当地社区和创业社区之外的地区是一种简单的方式。

如果你接受"给予优先"的理念，那么很快这会对你的创业社区的健康生长产生积极影响。如果你的创业团队中的每个人都信奉这一理念，那么奇迹就会发生。

教练

尽管教练在很多领域都是一个广为人知的角色，但直到最近才在创业领域流行起来。[8]教练可以帮助创始人、CEO 或领导团队。具体的指导方法各不相同，但我们最喜欢的是 Reboot 推广的框架，它侧重于增强领导力和提高坚韧度的实践技能、彻底的自我探究和分享经验。[9]一位优秀的教练在教授实践技能的同时，也促进了彻底的自我探究。这意味着帮助受训者更清楚地看到自己的问题，成为解决自身问题的源泉，并鼓励其采取行动。然后，教练建立一个社区，帮助他们的客户从其他人的共享经验中学习，从而提高领导能力和个人韧性。教练不同于师徒制（从我的经验中学习）和咨询制（从我的专业知识中学习），因为教练认为问题的解决方案就在指导的过程中。它与治疗的不同之处在于，重点不是治愈过去（我是怎么走到这一步的？），而是向前走（我想要去哪里？）。

投资者

处于创业模式的公司通常依靠资金来开业、开发产品和扩大经营规模。资金可以是股权、债务、赠款或类似形式的某种组合。启动资金的来源可能包括风险投资家、银行、天使投资人、基金会、公开市场、朋友和家人、公司、众筹（股权或同业借贷）或政府（补贴、赠款、基金中的基金、直接投资和发展基金）。加速器、孵化器、工作室和新兴的"人才投资者"（如 Entrepreneur First 或 Antler）除了提供创始人配对等服务外，还提供资金。

服务提供商

像大多数企业一样，创业公司依赖于一系列的服务提供商，如律师、会计师、投资银行家、技术专家、计算机服务、房地产出租商和联合办公设施。在健康的创业社区中，服务提供商对创业的独特性质有着敏锐的理解。他们可以做出相应的调整，例如接受服务股权或类似安排，以反映高增长潜力业务的约束和无形资产。

创业顾问是一种特定类型的服务提供商。他们是一个或多个领域（技术、行业、风险、初创公司）的专家，通过为创业公司提供短期（6 个月到 1 年）的建议，来换取公司的股份。这样一来，他们既是服务提供商，又是投资者。或者，用硅谷投资人杰森·卡拉卡尼斯（Jason Calacanis）的话说，创业顾问是"破产的天使投资者"。[10]

创业支持组织

各种各样的营利性和非营利性组织通过专业性的指导、咨询、教育、服务、网络、联系、办公空间甚至资金来支持创业公司。其中一些组织还可能参与创业社区建设工作。这些组织包括创业加速器、孵化器和工作室、合作设施、创新中心、黑客工作坊、创客空间、专业职业教育者，以及一系列行业、会员、创业、网络、活动、促进组织和协会。我们之所以将其与传统服务提供商区分开，是因为它们主要关注创业企业，而且利润往往不是它们唯一甚至主要的动机。

大学

大学是知识、技术和科学的创造者及传播者。它们可以为当地的创业社区带来许多溢出效应，包括吸引全球人才（学者、研究人员、管理人员和学生）。这将带来受良好教育的劳动力、稳定的地方经济以及将技术创新商业化的创业机会。除了衍生技术外，大学还通过教育、培训、资金和其他能力促进创业。

许多大学都是其所在社区的固定合作机构，是当地重要的雇主。它们也是客户收入的潜在来源、合作伙伴和召集人。大学里有很多人可以参与创业社区，包括学生、教授、研究人员、技术转化专业人员和创业项目管理人员。

大型企业

大型企业在创业社区中发挥着重要的作用，但往往不被重视。大型企业可以拆分出创业公司，或者员工可以离开公司去开发一个互补的或竞争性的产品或服务，为创业社区提供多年的商业、工业和工艺方面的培训和经验。与大学一样，大型企业可以成为吸引该地区人才的磁铁，也可以通过研发、在职培训和经验，以及分拆和合作，来创造、教授和传播知识。也许最重要的是，大型公司可以作为客户、供应商、合作者和投资者，成为创业公司的成功或失败的合作伙伴。

媒体

传统新闻媒体，以及更专业的商业、行业和创业媒体提供商，在国家、地区、地方和国际创业社区的信息流中发挥着重要的作用。如今，许多这样的组织主要是线上的，通过书面文章、播客和视频提供创业社区正在发生的新闻。博客作者，或者扮演其他角色的组织成员（例如，创业者、投资者）也可以成为创业社区中最有影响力的人。大多数健康的创业社区都有一定数量的非正式媒体，由有影响力的参与者撰写博客。通过书面文章、播客和视频创建创业社区的宣传渠道。

研究和咨询团队

智库、政策组织、商业团体和许多其他研究、倡导和成员团体可以通过聚合和传播信息、促进公共政策制定、为各种环境下的创业公司提供额外支持来帮助他们。一些非常好的组织，如华盛顿特区的美国创业中心（Center for American Entrepreneurship）或旧金山的引擎机构（Engine），关于创业在经济和社会中的作用，为政策制定者和公众提供教育和咨询。

地区和地方政府

地区和地方政府在创业社区中发挥着重要作用。监管和税收政策可以产生重大影响，政府在培育受过教育的劳动力方面也起着重要作用。地区和地方决策者更倾向于积极地参与协调和资助创业行为，比如资助孵化器、促进联络和学习、支持基层倡议以及鼓励创业公司和公司创始人。

地方官员还可以通过资产蓝图将创业公司和创业者纳入区域经济发展

的进程，在评估创业社区方面起到了重要的作用。地方官员与创业社区的联系十分紧密，这使他们能够直接参与强化或管控这些因素，使他们成为召集人、连接者和推动者等主要角色。

价值观和美德：停止偏袒现有企业

从很早开始，更多地支持成熟企业而不是新型企业一直是经济政策的标志。用经济地理术语来说，这意味着"追逐烟囱"，即对大型公司搬到新城市的税收减免和补贴。这种零和策略——让我们称其为数字时代的"追逐烟囱"——在美国的典型例子是亚马逊第二总部的抽奖热潮，以及将中国台湾电子产品制造商富士康带到威斯康星州的交易。[11]

这两件事都涉及政府为将外来公司引入一个地区而提供巨额补贴，这引发了公众的强烈反对，并最终导致计划流产。以亚马逊为例，第二总部的选址曾高调地在纽约市和华盛顿特区之间游离，在公众的强烈抗议下，第二总部的计划最终被放弃。至于富士康，没人知道发生了什么，但该公司似乎将大幅削减对当地的投资。[12]值得赞扬的是，苹果悄悄选择了得克萨斯州奥斯汀市作为其第二总部所在地，从而避免了这场公关惨败。[13]

除了高调的、针对公司的举措外，城市和州的经济发展活动通常有利于现有的企业，尤其是那些希望将总部迁出或在新地点创建主要运营中心的大型企业。这种行为不利于年轻的创业公司，它们已经在资源、客户吸引力和金融资本方面处于相对劣势。城市应该设法降低创业者进入赛道的门槛，减少监管产生的阻碍，以及降低已成规模的公司相对于年轻、高增长的创业公司所拥有的其他优势。[14]

国家政府

国家政府可以对创业精神做出贡献，主要是通过"创造条件"的政策。这些有助于形成一个稳定和有竞争力的商业环境。[15] 它们为新兴的技术和科学发展提供资金，并提供活动和资源，确保拥有成熟稳定的劳动力。

在国家层面制定的政治和宏观经济政策，如与安全、法治（产权、合同执行、破产法）、移民、劳工权利、科学、创新、技术、市场、基础设施、税收（包括补贴和激励）、监管、教育、通货膨胀、财政稳定有关的政策可能会是一把双刃剑，其影响可能是积极的，也可能是消极的。许多政策都会产生意想不到的后果。

除了这些基础广泛的公共政策外，各国政府还可以直接参与鼓励创业和创新的活动，作为更广泛的增长目标的一部分。这些活动包括资助中小学教育和基础研究与发展，或分配资金以促进早期高科技创业公司的形成。

像大型企业和大学一样，国家政府可能会以客户、供应商、合作者甚至投资者的身份与创业公司进行合作。

围绕被低估的创始人建立一个不同类型的创业社区

阿兰·汉密尔顿（Arlan Hamilton），洛杉矶后台资本（Backstage Capital）创始人，《关于该死的时间：如何把被低估变成你最大的优势》（*It's About Damn Time: How to Turn Being Underestimated into Your Greatest Advantage*）作者

自从创办后台资本以来，我已经见过数千家公司。由此产生的社区非常棒。后台资本首先是一个家庭，是一种友情，一种忠诚。它倡导互相鼓励和支持的社区文化。这是一种兄弟情谊、姐妹情谊、家庭关系，在这里我们可以见到形形色色的创始人。

我们是怎么做到的呢？那就是我们始终把创始人放在第一位。后台资本主要有两种产品——资本和平台，就是我们的资源、人脉和工具支持的资金。我们的客户是少数群体，是弱势群体。从第一天起，我就懂

得去倾听他们的想法与创意。

如果我不知道创业社区对基金的需求，我是不会创办后台资本的。重要的是，不要因为你觉得这件事很有魅力，也不要因为别人需要你、把你看作一个有影响力的人而去建立社区。这些都不是建立社区的好理由。相反，创办社区的原因应该来自于激情和浓厚的兴趣。激情只能带你走固定的距离，因为它是动态的。激情在各个方面都能帮助你完成任务，但前提是你需要想明白自己的目的是什么。目的就是方向盘。激情是加速器。所以了解你自己真的很重要，了解你为什么要做你现在所做的事情，你打算做什么，为什么要做这件事，为什么这次要做。

然后，非常重要的是要将你的信念落实，相信自己，并坚持自己的决心，以达到你设定的里程碑。我不叫它终点线，因为它从未真正完成。如果你在做一些有变革意义的事情，那么这件事永远没有尽头。

我们所做的另一件事是提供价值，而不期望立即获得投资回报。这种"给予优先"的心态是布拉德多年来一直在谈论的。从个人角度来说，我可以说，布拉德确实是在认真实践他所宣扬的东西，因为我在2012年通过一些非常非常业余的电子邮件联系到他。邮件太长又太啰唆了。但他却认真倾听，一一回应，建立联系并给出答案。作为我人生轨迹的一部分，布拉德做的最重要的一件事——甚至比最终向我的基金投资更重要的是，他从一开始就认真对待我。我的邮件缺乏所谓的礼貌，但它们通常有着热切的情绪。那些邮件里充满了激情，正是这种热情让我走上了正确的道路，让我走到了今天。最后，永远记住，这需要整个团队的努力。你不可能独自做出改变人生、颠覆行业或改变世界的事情。没人能做到。没有所谓的"白手起家"的人。我不是白手起家的。很多人都这么叫我，但其实这并不准确。一路上有很多很多伸出援手的人。对于每个创业者和创业社区来说都是如此。

第四章

获得成功的因素

4

创业社区方式原则

创业社区是通过信任网络而非等级制度组织起来的。创业社区通过相互信任和规范的关系发挥作用，从而实现思想、人才、资本和专有技术的无缝交流。等级制度和自上而下的方法会破坏这些动态，消耗创业社区蓬勃发展所需的能量。

在讨论了创业社区涉及的人员和组织类型之后，现在转向城市中强化或限制创业者成功能力的资源和条件。我们称这些因素为"七大资本"，并将其组织起来。

虽然创业社区的这些因素很重要，但理解它们之间的互动才是最重要的。尽管如此，在参与创业社区时，了解这些因素还是很有价值的。

七大资本

既然我们已经确定了创业社区的成员，那么让我们换个角度，开始讨论影响创业的因素、关键资源和特定地理条件。

让我们从一个叫作"七大资本"的框架开始。这七大资本都是创造经济价值的创业社区的核心资产。就像传统意义上的资本一样，它们可能会被耗尽，然后需要通过投入时间、精力或金钱进行补给。它们具有前瞻性。过去的初期投资产生当前的效益，而要在未来获得效益，就需要在今天进行进一步的投资。

创业社区经常遇到的一个问题是"我们没有足够的资金"。这通常指的是金融资本，更具体地说，是天使投资者和风险投资家的投资。不幸的是，这是一种狭隘和自我限制的观点，因为除了金融资本之外，还有其他资本可以对创业社区产生有意义的影响。许多这类资本在年轻和发展中的创业社区中是充裕的，尽管金融资本可能是稀缺的。

将这些因素分类为资本类型是一个有用的框架，因为它提供了一个更广泛的视角来了解创业社区的关键资源。它还把它们的特点描述为有价值的、可分解的和具有前瞻性的。最后，它扭转了创业社区中令人厌倦的抱怨。

1. **智力资本**：想法、信息、技术、故事、教育活动
2. **人力资本**：人才、知识、技能、经验、多样性
3. **金融资本**：收入、债务、股权或拨款融资
4. **网络资本**：连通性、关系、纽带
5. **文化资本**：态度、心态、行为、历史、包容、对地方的热爱
6. **物质资本**：密度、地点质量、流动性、基础设施
7. **制度资本**：法律体系、公共部门运作状况、市场、稳定性

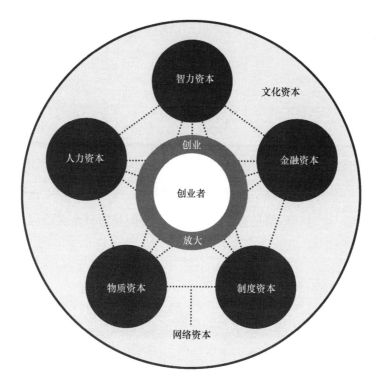

创业社区和创业生态系统的七大资本

前三种资本，智力资本、人力资本和金融资本，为建立一个创业社区提供了必要的投入。它们与创业社区中最常用的三种关键资源相结合：创意、人才和资金。网络资本、文化资本等其他资本在后台运行；它们是无形的，但却为创业社区提供了关键的基础设施，使其能够正常运转。

例如，网络资本将创业社区中的一切和所有人联系在一起，并被创业者用来寻找和获取额外的资源，如人才、融资和信息。文化资本决定了融合的性质、城市的总体生活方式和商业氛围，以及一个地方存在方式的历史遗产。物质资本通过邻近性促进资源交换，并通过物质和自然设施为居民提供必要的基础设施和生活质量。制度资本确保了创业者经营的总体环境稳定且运转正常。

七大资本相互重叠和交叉，并通过其基本组成部分相互联系。我们把这些资源和条件称为因素。就像所有围绕创业社区的结构一样，创业者是它的核心。

因素

除了在创业社区中使用的资源外，因素还构成了创业者必须在其中运作的一般环境，以及形成创业社区的地方特征。与角色一样，有些因素是截然不同的，而另一些则是有细微差别的。下面是对每个关键因素的简短描述。

想法和技能

如果没有好的想法、技术和合适的创业社区参与者（包括员工和导师），创业者就没有什么新东西可以创造，也没有办法去实现它。在当今信息和知识经济时代，思想、技能和人才是价值创造的核心。

想法和技能的发展来自许多地方，大学、公司和研究实验室（公立和私人）是最突出的例子。最终，小学和中学的儿童教育确保了有能力产生新想法的人才的稳定输送。让新人进入并融入该地区的简单途径至关重要。许多人在他们的职业生涯中会在一个社区中循环出入，所以有些因素是必要的。这包括一个充满活力的大学系统（为了发展人才）、一个热情的城市（为了留住人才）和一个宽松的移民政策（为了吸引人才）。

创业过程中超越行业或技术的特定知识最好通过经验获得。虽然它可以被研究和学习，但当它从上一代成功的创业者传承下来时是最有效的。这可以通过在创业公司工作来实现，或者通过与许多创业者和创业公司合作来实现。

文化规范

当地的信仰和规范在创业社区中非常重要。一个地方的历史和特征在这些文化规范的发展中扮演着核心角色。充满活力的创业社区围绕着创业精神展开讨论。创业者是榜样、领导者，甚至是当地的英雄。从学生到员工，甚至孩子，许多人都把创业视为一条可行的职业道路。

创业社区的基本文化规范包括对创业者和创业精神的普遍支持，对风险和回报的理解，对失败和不确定性的容忍，以及对新的和不同的事物、人和想法的接纳。创造力、实验、雄心、财富创造、创业教育以及白手起家的个人的社会地位都受到重视。社交互动是诚实、开放、协作和包容的。创业者在一个支持性的环境中不断地相互联系并与其他利益相关者联系。媒体和公民领袖强调并宣传创业公司在社区中的作用。

连通性

创业社区的一个核心特征是人与人之间的联系。这个网络资本——在一个地理区域内的各种参与者和因素的连通性——主要是区域性的。但是网络也可以是非区域性的——例如，在城市长大但现在生活在其他地方的人，在该地区以外就业的当地大学毕业生，位于该地区的跨国公司，以及创业者在该地区以外拥有的专业关系。

有些组织的全部或部分存在是为了促进联系。这些组织包括专业协会、创业俱乐部、聚会小组和创新中心。有经验的企业家和董事会董事同时加入了许多创业公司，并在管理或交易中扮演着积极的角色，他们可以成为超级连接器。在好的创业社区中，许多参与者都扮演着连接器的角色。

创业是一项团队运动——即使是在创业初期。与他人的联络是至关重要的。据估计，95%的公司创始人在创业过程中大量地与他人互动，而一半的新企业是由团队创建的，创始人通常会从自己的核心网站中挑选人才组建团队。[1] 与其他创业者有更广泛的联系和拥有超过所需的资源的创业者比那些孤立的创业者更有可能成功。

密度

密度是指在一个相对有限的地理区域内存在并相互作用的参与者的群聚效应或共同定位。通过在创业社区中保证密度，创业者可以增加有意义的联系和机会，建立更重要的关系，并与他人进行偶然的互动，建立信任并增强连通性。

尽管创业社区可以涵盖整个城市，但集中的创业社区会随着时间的推移而发展，尤其是在波士顿、纽约、伦敦或旧金山湾区等大城市。在这些城市，有很多知名的创业公司聚集地。这些社区应该像以城市为基础的创业社区一样相互连接，在一个州或国家建立一个巨大的创业社区。

多样性

创业社区需要具备各种才能、经验、观点、性别、种族和其他特征的劳动力。信息时代的创新和创业等复杂问题最好通过多元化和团队来解决。

拥有充满活力的创业社区的城市的其他特征还包括：具有创意和创新产业健康组合的多元化经济体，欢迎和接纳外来人士的社区，多元化的视角、背景和身份，以及包容性的文化。

流动性

一个社区的居民、工人和企业的稳定流动有助于一个地区的活力。[2] 来自其他城市、地区或国家的人带来了不同的视角和体验。劳动力市场允许工人在不同岗位之间自由流动，确保雇员和雇主之间更好地匹配。一个充满活力的商业地区，在任何时候都有许多公司诞生、失败、成长和收缩，这保证了资源的重新分配，使创业者精神得到回报。

流动的创业社区有助于建立更大范围的联系，扩大网络，并增加形成关键关系的可能性。相反，人口、劳动力流动停滞，拥有大量陈旧的现有企业的城市不太可能发展出强大的创业社区。

市场

接触客户，尤其是接触那些愿意早期接触或使用概念验证产品的客户，对处于初期阶段的公司获得吸引力、开发产品和建立稳定的财务基础非常重要。最初的客户和供应商可以提供产品开发和市场适应方面的专业知识，建立新的合作伙伴关系，为未来的客户提供参考或担保，并帮助提供反馈和分销渠道。地方组织，包括政府、大学和大公司等机构，可以在这方面发挥重要作用。

资金

金融资本有多种来源，从最初的客户到传统的风险资本，其范围无所不包。在早期阶段，最常见的资金来源是个人储蓄或朋友和家人。其他形式的股权和债务融资包括天使投资、种子基金和风险投资。商业贷款或风险债务来自专业投资者和银行机构，贷款和赠款也可能来自政府或慈善机构。较新的融资形式包括众筹、同业借贷和基于收入的融资。

基础设施

要想让创业公司蓬勃发展，需要有足够的基础设施，包括可靠且负担得起的电信和互联网服务、交通和物流，以及电力、天然气和水等公用事业设施。其他基础设施，如充足的商业地产、住房和安全保障，也是需要的。尽管这些因素在更发达的经济体或城市地区通常不是什么问题，但我们仍从世界各地的创业者那里听到了不少鼓舞人心的故事，他们在一些缺乏这些资源的地区，找到了克服限制并创建新公司的方法。

填补非洲基础设施的空白

阿金图德·奥伊博德（Akintunde Oyebode），尼日利亚拉各斯州（Lagos, Nigeria）就业信托基金执行秘书兼首席执行官

在尼日利亚的拉各斯州，关键基础设施的缺乏和政府收入的下降意味着政府面临着一个漫长的投资或刺激私人投资的过程，而这些私人投资是提振基础设施存量和增长经济所需的。

这必须在面对大规模失业问题的同时完成，根据尼日利亚国家统计局的数据，尼日利亚 32.7%的劳动人口要么失业，要么未充分就业。由于拉各斯以外的经济活动非常有限，导致每年约有 100 万人从尼日利亚其他州迁移到此地，促使该地方局势更加恶化。

为了应对这一挑战，拉各斯州州长设立了一个就业信托基金，旨在为企业提供财政支持；年轻的拉各斯居民希望开办和经营企业，或获得技能，使自己更有就业能力。该机构管理着一个基金，州政府、私人机构和国际捐助机构可以自行将资源结合起来，帮助拉各斯州创造就业机会。

LSETF（拉各斯州就业信托基金）的成立是为了解决企业和拉各斯年轻居民面临的短期和长期挑战，而拉各斯州政府则利用其他手段解决面临的更大的基础设施挑战。可靠的能源、高速互联网和办公空间在尼日利亚都很昂贵，即使在拉各斯也很难找到。通过拉各斯创新项目，创业公司创始人、联合办公空间和创新中心的运营商有资格获得政府资助的工作空间券、贷款和活动赞助。

这些行动为我们未来建立最有前途的公司提供了必要的支持，同时也为尼日利亚持续高升的失业率等主要社会经济问题提供了即时的应对措施。

正规机制

持续的创业活动需要有一个有利于商业发展的环境，易于理解的法律和监管框架，以及对政治和宏观经济稳定的总体认识。经济水平提升强劲的国家和地区，在经济增长、创新、就业率、收入以及能够使新公司成立和进入市场的业务结构方面有亮眼优势的地区，通常都有利于高增长的创业企业。政治不稳定、腐败，以及其他不利于社会安定和开放的做法，都会对创业社区不利。

在过去几年里，最令人兴奋的发展之一是创业社区的崛起，尽管它们面临着强大的阻力。创业者们正在研究并解决这些问题。互联网、创业社区理念的传播以及创业者克服重大障碍的励志故事发挥了重要作用。

地区品质

高增长公司的年轻人和处于职业生涯中期的创始人往往没有固定的居住地。除了工作机会，他们还会根据生活质量或个人关系来选择居住地。一旦他们开始在某地创业，他们往往倾向于留在这些地方。对于创业者和未来的创业者来说，他们有不止一种居住选择，地区的质量可以决定他们的最终选择。

总体环境也是影响地区质量的一个重要因素。政治和宏观经济稳定的总体氛围，以及对商业友好的环境，即使对持续的创业活动没有很大帮助，也是必要的条件。当然，有一些蓬勃发展的创业社区是例外。

事件和活动

催化活动为创业者和其他有兴趣与当地创业者接触的人创造机会，以有意义的方式建立联系和关系。[3] 这些活动肯定比年度创业奖或社交鸡尾酒会更为重要。发挥关键作用的例子包括创业周末、100 万杯（1 Million Cups）、黑客大会和论坛会议（主讲人都是著名的成功企业家，尤其是全球或全国的成功企业家）等。

讲故事

"成功带来成功"这句俗语是创业社区的强大催化剂。讲故事不仅仅是营销和公关，也是创业者们站在屋顶上大声疾呼宣传他们创业社区的方式。讲故事不应该仅仅局限于宣传成功的结果，因为在一个持续发展的创业社区中，失败是大多数。事实上，人们从失败中学到的东西往往比从成功中学到的多；俯身倾听，面对这种不适。讲故事不应局限于啦啦队式的鼓励，而应把重点放在创业社区的学习上。

创业社区故事的价值

鲍比·伯奇（Bobby Burch），科罗拉多州柯林斯堡（Fort Collins, Colorado），《星空新闻》联合创始人

我们是如何连接和发展堪萨斯城的创业社区的？

这就是《星空新闻》（*Starland News*）在 2015 年诞生时面临的挑战。《星空新闻》是专注于堪萨斯城创业生态系统的非营利数字出版物。

我和联合创始人亚当·阿雷东多（Adam Arredondo）看到了一个由杰出的创业者、创造者、创意人士和支持者组成的与主流社会脱节的群体，他们缺乏自我意识。无论是从地理学还是社会经济学的角度来看，

我们都知道，如果没有一个更加团结的生态系统，堪萨斯城孤立的创业社区将永远无法充分发挥其潜力。

因此，我们通过故事的力量找到了问题的答案。

通过利用故事的力量，我们可以联系创业社区的成员，告知支持者，激励新的参与者，并增强他们参与的能力。我们的目标是通过讲故事创建和培养一个有创造力、有合作精神的人际网络，并通过他们的坚定信念和求知欲将他们联系在一起。

但是，我们没有关注创业公司的商业计划、技术或实现增长的资源，而是有意设定了一个不同的使命。随着其他许多组织为创业者的成长提供支持，我们以社区的人道主义和让我们团结在一起的事情为出发点，努力地向他人讲故事。

我们开始讲述人们为生态系统做出贡献的故事，突出他们的抱负、恐惧、洞察力、成功和失败。通过挖掘和分享这些普遍的人类经验，我们将成为一个数字连接器，同时也将创造力、冒险和合作规范化。我们想向读者展示创业者的一些自我认知，希望不仅能培养读者追求梦想的信心，还能促使他们参与到堪萨斯城的创业社区中来。

如今，在堪萨斯城写了2500多篇故事之后，我们的使命得以延续。这在很大程度上要归功于我们的主要投资者迈克（Mike）和贝姬·兰恩（Becky Wrenn）的信念，以及尤因·马里昂·考夫曼基金会（Ewing Marion Kauffman Foundation）等关键支持者。

我们相信，创业者、教师、社区内部企业家、投资者、政策制定者、学生和好奇的公民有很多东西可以互相学习。幸运的是，他们一次又一次地证明了我们是正确的。

在《星空新闻》推出后的几年里，我们的故事对个人、企业和社区产生了影响。以下是一些例子。

创造联系机会

在《星空新闻》成为堪萨斯城创业公司社区新闻的首选来源后，我们能够为我们的小众受众提供资源。到目前为止，最流行的工具之一是我们的创业就业公告板。

我们创建它的目的是为创业公司注入新的人才，并将更多的人才引入该地区的创业社区。它还帮助那些专门支持创业公司的组织，如导师网络、投资公司、加速器和孵化器，允许它们发布空缺职位，探索有前途的公司，并看到创业公司正在其中成长的领域。

到目前为止，我们的创业就业公告板上已经列出了 360 多个堪萨斯城地区的创业职位。追踪这些空缺的位置很困难，但我们已经确认了 16 个职位的空缺，这要感谢《星空新闻》的创业就业公告板。我们预计到 2019 年底公告板将提供 500 个工作岗位。

对创业公司的验证

《星空新闻》经常为创业公司提供被大众了解的初次机会。我们的报道旨在帮助创业公司通过各种途径成长。例如堪萨斯城的一家公司，它要求匿名，我们称其为 GoTracktor。

每年，《星空新闻》都会推出各种各样的榜单，以突出本地企业的成功或巨大前景。在一个这样的榜单中，我们推荐了 GoTracktor，因为它拥有领先的质量、新兴的客户群体和独特的技术。

这份名单在美国各地广泛传播，为《星空新闻》带来了成千上万的浏览量，人们渴望了解堪萨斯城的新兴创业公司。我们对读者的反应很满意，但更让我们兴奋的是这个故事对 GoTracktor 的影响。

该公司的一位联合创始人后来告诉我们，我们对他们公司的介绍最终出现在了一位硅谷风险投资家的屏幕上。这位投资家最终为 GoTracktor 提供了资金，帮助该公司完成了种子轮融资。随着公司的扩张，这位投资家还提供了宝贵的人脉。

媒体对创业故事的竞争日益激烈

新闻编辑部常常难以以创造性的角度和方式去讲述商业故事。

这就是为什么这么多年来，我一直很高兴地看到《星空新闻》的故事帮助堪萨斯城电视台、广播电台，以及出版物和数字媒体集团，在它们的领域之外发现奇妙的故事。

传统的电视、广播和报纸报道了超过 200 个最初在《星空新闻》报道的故事。

这是因为《星空新闻》是一家有责任感的媒体，就像一个校验器。我们帮助证明创始人、创业企业或新方案是合法的，有一个可以向公众分享的好故事。

更多媒体竞相报道堪萨斯城的创业者精神，形成了一个三赢的局面。

更多的媒体报道对创业公司有利，这可以增加它们的曝光率，从而促进它们的业务发展。这对《星空新闻》有利，因为它增加了我们的曝光率，让我们获得了更多的潜在支持者。最后，对堪萨斯城社区来说，这是一场胜利，它得益于更多知情的、积极参与的市民的热情。

讲故事的力量是强大的！

我很荣幸地看到堪萨斯城支持《星空新闻》的努力，并认可它多年来的影响力。我一直对我们有幸分享的那些令人难以置信的故事感到惊讶。堪萨斯城是一个通过创业故事来激励个人并赋予社区力量的城市。大多数社区都可以利用这种价值观，但它需要奉献、信任和耐心。创业公司可以推动社区向前发展，故事便是助燃剂。

第五章

创业社区与创业生态系统

创业社区方式原则

把创业者放在第一位，先予后得，对地方有强烈的热爱，是创业社区的基本价值观。参与其中的人的价值观推动着创业社区的发展。要想成功，就要抱着"给予优先"的心态，把创业者放在首位，热爱你所在的地方。

虽然社区和生态系统是相关的，但它们是不同的事物。为了将它们区分开，我们分别称它们为"创业社区"和"创业生态系统"。两者都是实体中的参与者和因素的集合，以一种影响创业者并产生创业者精神的方式相互作用。两者都具有强烈的地方性，对充满活力的经济至关重要。

然而，创业社区是城市创业的心脏，是创业生态系统的核心。创业社区有着共同的身份、共同的使命感、共同的价值观，以及把创业者放在第一位的坚定信念。

相比之下，创业生态系统是一个广义的结构，它围绕并依赖于一个创

业社区来赋了它生命，创业公司社区层的参与者彼此之间有着十分紧密的
联系。尽管创业生态系统层面的参与者是有资源和有影响力的，但他们面
临的激励结构和组织约束往往与创业社区不一致。

　　培养和支持来自创业社区的领导者，对于持续培养更好的创业者和创
业公司至关重要。随着创业者的成功，更广泛的创业生态系统中的参与者
将更有效地参与创业社区，从而形成一个吸引更多人员、资源和支持的良
性循环。这类似于创业中的产品与市场相匹配的概念，所以我们称之为
"社区/生态系统匹配"。

　　在短期内，特别是当一个地方的创业活动还不成熟时，创业社区方式
是一个有用的模式。然而，一旦飞轮开始转动，创业生态系统中的参与者
可以以一种积极强化创业社区和创业生态系统的方式参与进来。因此，我
们建议在大多数地方优先考虑创业社区，因为它能使创业生态系统更有效
地发展。

创业生态系统

　　创业生态系统的基础可以追溯到 20 世纪 80 年代初，当时哥伦比亚大学
（Columbia University）管理学教授约翰内斯·潘宁斯（Johannes Pennings）
提到了环境因素对硅谷、波士顿和奥斯汀等地创业活动的影响。潘宁斯描述
了一个地区的创业活力是如何由创业者"领域之外"的因素来解释的。[1] 在
接下来的十年里，另一些人则认为当地环境对创业至关重要。[2]

　　20 世纪 90 年代初，学者们开始将企业的外部因素与生态系统相比较。
"商业生态系统"一词被引入，随着信息时代的发展，相互影响的参与者逐
步参与到开放和协作的创新竞争的复杂网络中并被日益细化。[3] 生态系统的
概念后来被直接应用到创业中，并在过去十年被巴布森学院（Babson

College）的丹尼尔·伊森伯格（Daniel Isenberg）等学者放大。[4] 2012 年，我将生态系统的概念与创业社区的构建联系起来。从那时起，在全球范围内的参与者之间发生了一系列行为，关注度和参与程度也有所提升。

生态系统指的是生物与其物理的、非生物的环境之间的相互作用，这一概念在创业的背景下是有帮助的。就像一个生态系统，一个创业系统是适应性的，相互关联的，更重要的是，它是高度本地化的。它是自我组织、自我管理和自我维持的。

创业社区与创业生态系统一样是一个复杂的系统，有许多参与者，他们的互动方式影响着当地创业者的成功。但是，两者之间还是有区别的。

参与者的结盟

考虑以下两个对于"社区"的定义。一个来自生态学（生态系统的领域），另一个则不太正式。[5]

1. **社区/群落：（生态学）** 在一个特定的栖息地共同生长或生活的一组不同物种的相互依赖的生物体。

2. **社区：（熟悉的）** 一种与他人分享共同的观念、兴趣和目标而产生的友谊的感觉；相似或同一性；共同所有权或责任。

在生态学术语中，社区/群落是指生态系统中的所有生物。这些植物、动物和其他生物相互作用，并与它们的非生命环境相互作用，形成一个生态系统。在创业中，参与者和因素组成了生态系统。

非正式的定义是非常不同的。当应用于创业公司时，这一定义确定了一组致力于帮助创业者成功的参与者。通过这种方式，创业社区比生态系统更深入，参与者之间有更强的联系和纽带。与此同时，社区层的生态系统参与者越少，它们的范围就越窄。

将生态学定义和熟悉的定义结合起来，就能很好地定义一个创业社区，捕捉其参与者之间的相互作用的方向和目的：

> 创业社区是一群人，通过他们的互动、态度、兴趣、目标、使命感、共同的身份、伙伴关系、集体责任和地方管理，从根本上致力于帮助创业者成功。

价值观和美德：以创业者为中心

创业者必须是每个创业社区的中心焦点。所有参与者都必须把创始人的需求放在首位。毕竟，没有创业者，就没有创业社区！虽然这听起来似乎不言自明，但它却是创业生态系统中最常被违背的原则之一。

任何参与创业生态系统的人，包括政府、企业、大学或服务提供者，都应该在采取任何行动之前先问自己一个简单的问题："这对创业者有帮助吗？"如果你不知道，那就去问创业者。如果你认为你知道，还是再去问问创业者吧，因为你也有可能理解有误。[6]

违背该原则的一个典型例子是，在没有先征求创业者意见的情况下，就启动旨在促进创业者精神的项目，甚至是重大项目。更具有破坏性的做法是，有人利用自己和脆弱的创业公司之间的权力不对等关系。虽然我们明白每个人都有自己的事业要经营，有自己的议程要追求，但从长远来看，为了获得短期优势而采取的剥削行为是具有破坏性的。

让具有适当心态的创业者参与进来，这其实很简单，只要到你的创业社区里倾听创业者的意见就可以了。更好地了解他们的痛点在哪里，弄清楚你能做些什么来提供帮助，并让其他能提供帮助的人参与进来。你不需要创造奇迹。只需要倾听和帮助。此外，让创业者参与所有影响他们的决策过程，因为创业者往往是其他创业者和创业社区所需的最佳创意来源。

埃里克·莱斯的精益创业方法在这里非常适用。把创业者当作你的客户，执着于满足他们的需求。走出大楼，和他们交谈，迅速建立假设。实验，收集反馈，估量和调整。然后，再重复一遍。最终，你会发现什么是有用的，什么是无用的。

不同，却又相辅相成的目的

所有的系统都有三个主要成分：元素、连接和目的。[7]虽然在生态系统层面有很多变化，但创业生态系统的最终目的是创造创业公司、创造就业机会和创造经济价值。创业社区有一个不同的目的，那就是帮助创业者获得成功。

虽然这些目的都是相辅相成的，但它们并不相同。与创业者打交道时的心态是一个不同之处。在生态系统层面，参与主要是经济层面上的，较少受到社会规范的驱动。在社区层面，参与者更愿意为共同利益而努力。

社区层面由创始人、创业员工和组织（如加速器或孵化器）组成，他们每天与创业公司合作或在创业公司内部工作，专门帮助创业公司或支持创业者。然而，不必就此止步。那些主要不是为创业者服务的组织所雇用的参与者也可以参与社区层面的活动，即使他们的机构没有参与。大型公司，尤其是领导公司的高管，他们明白如果以正确的方式参与社区活动，他们可以成为社区中有影响力的客户或创业的合作伙伴，从而可以产生巨大的影响。

随着一个组织的中心任务离帮助创业者取得成功这个目标越来越远，该组织在社区层面进行有意义的参与将变得更加困难。对创业生态系统至关重要的实体，包括大学、政府和大公司，有着内在目的不同的激励措施和组织结构。因此，他们有更广泛的议程和一系列支持者，远远不止是帮助创业者取得成功。

系统之中的系统

在一个创业生态系统中，让你触手可及地接触到各种各样的参与者和因素可能会让人望而生畏。他们中的一些人远离与创业公司的直接接触，被动甚至无意地对它们产生影响。其他人则通过经济激励积极参与，但却可能不参与社区建设，也难以和以创业者为中心的心态保持一致。[8] 最后，有些人的存在主要是为了直接与创业者合作，或者作为他们官方角色的核心职能，或者通过将社区建设纳入他们的工作中。

虽然这些参与者和因素中有一些是直接或专门参与帮助创业公司的，但还有许多不是。让这些实体朝着帮助创业者成功的共同目标努力是一项挑战。这说明了创业社区和创业生态系统之间的另一个区别，创业社区是一种自下而上的现象，而后者更倾向于自上而下的系统。

自上而下的系统包罗万象，压垮了那些寻找改进系统的具体想法的参与者。多内拉·梅多斯（Donella Meadows）是一位杰出的系统理论家，在本书中你会听到他的更多观点，他说：

> 一旦你开始列出系统的元素，这个过程便几乎没有尽头了。
> 可以将元素划分为子元素，然后再细分为子子元素。很快，你就看不见这个系统了。俗话说得好，只见树木不见森林。[9]

我们从创业者和创业社区建设者那里听到了一个共同的主题。虽然生态系统背后的基本理念对他们来说是有意义的，但他们很难把握从哪里开始，以及如何确定行动的优先顺序。许多良好的创业生态系统模式并没有为实施有意义的改变提供清晰的切入点。相比之下，通过完全专注于帮助创业者成功，创业社区和博尔德理论创造了许多直接的聚焦领域。

值得注意的是，创业社区是存在于其他系统中的系统。它们是创业生态系统中参与者和因素的子集，创业生态系统是创新生态系统的子集，创新生态系统是经济的子集，也是社会的子集。你离创业社区核心越远，你引入的复杂性就越大。系统越复杂，就越难以影响和塑造。

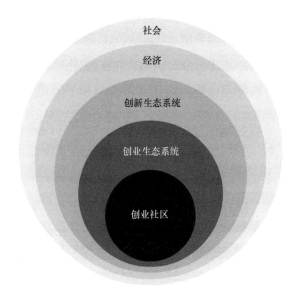

创业社区是系统中的系统

组织和激励社区层面的参与者，包括那些创业者优先关注的人，已经够困难的了。很多创业者在自己的公司里都有非常忙碌的工作。其他人可能会将与创业者接触作为工作的一部分，对创业感兴趣，或专注于他们所在城市的活力。

想要去塑造和激励那些不把创业者和创业企业的利益作为工作焦点的人，其难度是难以估量的。因此，在生态系统层面影响创业者精神要难得多。它们通常以过于公式化的策略或模型出现。虽然它们伪装成自下而上的活动，但它们实际上往往是自上而下的倡议。

虽然改善生态系统层面的条件是值得的，但在足够的创业活动站稳脚跟之前，其影响将是有限的。事件的顺序非常重要。而且，没有简单的途径；在建立创业生态系统方面，我们必须具有创业精神。

创业成功

虽然很多事情都可以改善创业生态系统，但最重要的是创业成功，即当新公司创建、成长，并通过公司出售、IPO 或盈利业务的持续分配，最终为创始人、员工和股东带来流动性时。创始人、员工和当地股东（尤其是早期投资者）的后续行动至关重要。他们是退出了，还是把自己的时间、专业知识和财富循环再投资给下一代创始人？他们是慷慨的、善意的吗？

创业的成功加速了创业社区的发展，因为它创造了一个积极的反馈循环：创始人、员工和投资者获得了建立高影响力企业的实用知识，以及成功带来的财富。除了金钱和经验，成功还能通过现实的例子激励更广泛的社区和未来几代创业者。

社区与生态系统的契合度

产品与市场匹配的概念产生于创业初期。当公司建立了可靠的客户基础和收入来源时，产品与市场匹配才会发生。创业者们知道他们什么时候做到了，因为客户积极地试图得到公司销售的产品。产品与市场匹配是一个很难客观确定的概念；当你看到的时候你就知道了。一旦创业者实现了产品与市场的匹配，他们就可以开始考虑如何扩大公司的规模了。[10]

社区与生态系统匹配也是类似的。在许多地方，在创业活动发生之前，很大一部分参与者不会投身于创业社区。一个常常听见的抱怨是高质量的公司不够多。人们对于该做什么进行无休止的讨论，却很少付诸行动。这个故事的一个更不幸的版本是："我为什么要关心这个？这里所有的创业公司都很糟糕。"我们的回答是："你们正在做些什么去改变这一点呢？"

一旦成功开始成为现实，尤其是取得一项或多项重大成就后，创业社区就会进入一个新阶段，成为整个生态系统的资源吸引者。这些成功吸引了更多的人作为参与者、支持者或观望者。

随着时间的推移，创业社区和创业生态系统之间的关系会发生变化。一旦建立了社区与生态系统的契合度，创业者就会立即意识到它，因为这感觉就像产品与市场的契合度。突然间似乎不需要付出什么努力就有大量的人想要加入创业社区。当创业社区和创业生态系统中大量潜在参与者被激活时，你就实现了社区与生态系统的匹配。

建立创业社区是如何推动麦迪逊的创业生态系统的

斯科特·雷斯尼克（Scott Resnick），威斯康星州麦迪逊（Madison, Wisconsin），哈丁设计与开发公司（Hardin Design & Development）首席运营官，StartingBlock 麦迪逊驻地创业者

罗马不是一天建成的。StartingBlock 也是如此。StartingBlock 于 2018 年开业，是一个占地 5 万平方英尺的社区创新中心。StartingBlock 是威斯康星州创业规划、投资资本和指导的纽带。它不仅仅是年轻创业公司的孵化器或办公场所，也是我们的创业社区在过去十年征途中的一座光明灯塔。

通过将一大批坚定的创业领袖动员到一个紧密结合的创业社区，我们能够随着时间的推移创造一个更具生产力的创业生态系统。如今，它正在创造高增长的创业公司，吸引外部资本，锚定本土人才，重塑我们的经济。

麦迪逊的转变

麦迪逊并非一直都是创业者的乐园。一所强大的研究型大学和数千名政府雇员（麦迪逊是州首府）是我们城市的支柱。它有一种反商业的历史氛围。我们的社区缺乏接受颠覆性新技术的紧迫感。当然，麦迪逊在生物技术领域也有相当的影响力，但为当今数字经济提供动力的快速发展的软件创业公司通常都离开了这里而去了大城市。

而如今，麦迪逊是一个新兴的创业中心。[11] 我们拥有技术人才、创业密度和可支持的社区文化。在这个拥有 25 万人口的城市，年轻的公司经历了爆炸式的增长。创业公司现在选择留在麦迪逊，而不是去硅谷。

我们是怎么做到的呢？

麦迪逊过去在创业方面取得了成功，但建立一个不断取得成功的可持续社区的经验相对较少。2009 年，一群当地创业者成立了创业者资本（Capital Entrepreneurs）。任务是团结创业者，提供一个分享故事、讨论共同问题和围绕共同议程团结一致的论坛。会员资格是免费的。七位创始人出席了第一次会议。他们的奋斗成为一种强大的纽带，现在该组织有 300 多名成员。它是新的聚会小组和创业社区倡议背后的"结缔组织"。

现在创业领域的行话是麦迪逊老牌商业和公民领袖的通用语言。所有这一切的发生，都是因为一个由坚定的创业领袖组成的核心团队有着自下而上实现变革的愿景。没有人负责，没有中央计划，我们也没有重要的财务支持者。相反，我们希望让麦迪逊成为创业者的最佳去处。

将 StartingBlock 变成现实

到 2012 年年底，包括我在内的一群创业者制订了一项计划，打算购买一栋大楼，向创业公司出租空间，并共同部署创业资源。我们的重点将是建立创始人友好型社区，并使创业者之间的软碰撞能够促进生态系统更显著的增长。我们想要的不只是一栋建筑。我们希望为创业者们创造一个中心让他们探索新想法，并作为个人成长的基地。我们将这个新空间视为一个长期的基础设施，服务于麦迪逊社区，并致力于将其提升到更高水平。StartingBlock 将成为这个城市的经济引擎。

当时我们的思想还显得有些不切实际，愿景也是不现实的。这个项目需要 1000 万美元的巨额资金。筹款便是个挑战。麦迪逊缺乏商业环境、规模和曾在更大城市建立过类似中心的成功创业者。许多人提出了反对。有人说这个项目野心太大，肯定会失败。我们没有蓝图来指导这个项目；每一次的实验都在摸索中前进。

这个项目的规模需要我们吸引更多的合作伙伴。当地有影响力的人开始注意到这一点，社区舆论最终变得积极起来。我们没有选择有影响力的人物担任董事会主席，而是成立了一个由志愿者"实干家"组成的董事会，他们每周都会开会讨论。

三个因素促成了这个项目的最终成功。首先，在那时，麦迪逊的创业社区已经足够大，足够有凝聚力，足以代表一个强大的群体，他们致力于项目的成功。其次，两个生态系统合作伙伴——麦迪逊市政府和我们当地的公用能源公司麦迪逊煤气和电力公司——通过建立一个公私合作的伙伴关系来提供财务资源，这在很大程度上加快了社区的发展步伐。第三，商界领袖支持下一代企业。美国家庭保险公司（American Family Insurance）做出了重大贡献，允许 StartingBlock 入驻麦迪逊市中心的新大楼。这让我们凭借内部业务开发团队、社会影响力研究所和风险基金三个维度从《财富》500 强最具创新精神的公司评选中脱颖而出。

回顾过去，我可以说 StartingBlock 的开业至少是一项为期六年的社区事业，我们的早期指标看起来不错。Gener8tor——一个国家认可的多城市加速器，Doyenne 是一个支持女性企业家创业成长的组织，还有十几家创业公司已经进入这个空间。Rock River Capital 的规模为 2300 万美元的风险投资基金入驻了进来。社区无疑将不断发展，但核心支持者已经为当地创业社区注入了活力。

经验教训

如果你所在的社区受到了启发要建设创新中心，那么你可以从我们的经验中吸取一些教训。首先，要知道这需要时间。麦迪逊花了整整十年的时间，才建立起支持 StartingBlock 所需的关键群体。即使你当地的公共和私人部门急于创建创业社区，你也需要确保你有创业公司和社群来证明这个项目的合理性。在创业社区刚刚起步、创业密度不足的生态系统中，有一些成本较低的方式可以促进合作。聚会时买比萨，提供廉价的办公空间，赞助创业活动，考虑建立一个负责联系和支持的权威机构（如创业者资本）并运行一段时间；在投资一个资本密集型的实体空间之前，确保你能创造价值。

创业者应该是你项目的核心。StartingBlock 致力于树立一种创业者对创业者的心态。创业者们必须在同一艘船上共同应对挑战。我们的战略重点来自于在创业社区有第一手经验的个人。他们知道领导一家创业公司的高潮和低谷。公共和私人部门的合作伙伴关系发挥了关键性的支持作用。无数善意的社区都犯了一个错误，那就是试图自上而下地催化他们的创业社区。不！创业者必须起到带头作用。缺少这一关键环节几乎总是会导致项目失败。

创业者群体的需求优先。我们的目标是建立一个伟大的社区，并将其传递给下一波创业公司。我们不能让私人议程破坏这个项目。

对于创业公司，我们有一个宽泛的观点，不应只是用筹集的风险资本数额来衡量它的成功与否。这是一个陷阱。有些公司要么采取不同的融资途径，要么采用另一种增长模式。一些十分成功的创业者其实从未筹集到一分钱的风险资本。

最后，我再怎么强调创业者资本在建立麦迪逊创业社区社会结构方面的重要性也不为过。到现在为止，整个组织仍然依靠每年几千美元的预算和数百小时的志愿者工作来维持运转。社区利益的回报是无法估量的。通过多年的定期会议、策划活动和分享如何将麦迪逊打造为创业之都的热情，社区领导人之间的信任随之逐步建立了起来。该组织为新创业者提供了向经验丰富的创业者看齐的渠道和联系。这不是一夜之间就能实现的。

我经常被问到："你如何协调创业者资本这个创业者精神组织和向 StartingBlock 提供资金的机构、私营部门之间的关系？"这是一项持续的平衡行动。早些时候，一些著名的创业者对供应商持怀疑态度，他们的担忧是有道理的。我们不得不拒绝一些威胁中心使命的合作伙伴。直到今日，我们仍然会优先考虑创业者的需求。我们从来不想变得太公司化，这是其他地方的创业支持组织经常失败的地方。由于赞助商的功劳，创业者们得以大放异彩。我们的伙伴不断倾听我们的需求，并发挥他们的影响力。我们的政府和企业合作伙伴从来没有挡在这个项目的前面。相反，一旦我们达到必要的成熟度，他们就会利用他们的资源扩大我们的成功。

StartingBlock 是麦迪逊这一阶段转型的顶点，而不是它的起点。指导我们组织的不是蓝图，而是原则。其结果是形成了一个强大的工具，以更好地支持威斯康星州中南部的创业公司。我们的新工作就是把这个工具运用好。我们会随时更新这一工具。

第二部分

创业社区是复杂系统

第六章

将创业系统放入生态
系统中

创业社区方式原则

开放、支持和协作是创业社区的关键行为。协作对于创业社区来说至关重要。这需要开放的思想、灵活的边界、接受他人的独特性，以及支持创业社区的责任感。

一个创业社区最好是通过一个系统的角度来观察并在此基础上开展行动。虽然这似乎是显而易见的，但我们经常听到人们一边提到"创业公司生态系统"，一边又提出与系统运行方式直接冲突的建议。生态系统的系统部分是重要的，但总是不被重视。

虽然系统语言和系统实践之间的脱节不是有意的，但对创业社区的系统属性的群体误解和缺乏认识会阻碍进步，从而产生问题。系统思维通常是反直觉的，违背了人类控制事物和避免不确定性的自然欲望，因此在实战中是困难的。创业社区是复杂的自适应系统——一种具有非线性和动态特性的特殊类型的系统，很容易让人迷惑。在接下来的几章中，我们将解释这意味着什么，复杂系统的关键特征是什么，以及创业社区如何展示复杂的模式。最重要的是，我们将讨论与它们进行有效接触的实际意义和策略。

创业系统简介

系统是一组实体，它们相互作用，共同产生一些东西。元素、连接和目的，这三个要素构成了系统的核心。你将在第一部分中认识它们，我们在其中描述了这三个要素：元素（参与者和因素）、连接（信任网络）和目的（社区与生态系统）。三个额外的系统属性在这里特别相关：边界、规模属性和时间维度。[1]

系统边界可以是开放的、封闭的、硬性的或软性的。在创业社区，我们倾向于强调基于地理位置的边界，特别是在城市地区或角色的层面上（例如，创始人，非创始人）。但在许多其他特征上也存在着边界，比如行业、阶层、国籍、性别身份或大学归属。

规模属性指的是存在于较大系统中的各种子系统和集群。对于创业社区来说，这些可能会围绕一些边界特征而形成，而任何规模的变化都可以通过传染（思想、行为、规范的传播）或吸引力因子（系统某一部分的聚集因子，被吸引到系统另一部分中的另一个集群）等机制在整个系统中引发更广泛的变化。

最后，还有时间维度。创业社区是一个不断发展的动态系统。信息流和社会线索促使行为或思维模式发生改变，从而迫使参与者和整个系统在一个永恒的共同进化循环中发生进一步的变化。在一项行动和其影响显现之间，往往会出现实质性的延迟，这使得确定因果关系极为困难。时间滞后会给人类思维带来重大挑战。

完整的系统

与高度互联的系统（如创业社区）打交道的最有效方式是从整体角度出发。在创业社区，当孤立地解决一个问题时，就会产生新的问题。简化论者或孤立的方法提供了对实际情况的最小洞察。从这个角度出发，好的意图会使得事情变得更糟。一个全面并且谦虚的方法，使领导者能够深入思考哪些战略和战术将是最有益的。

许多创业社区面临的一个基本挑战就是不能从整体的角度来看问题。通常情况下，参与者，尤其是供应商，只能接受一小部分，但却看不到周围的活动是如何从根本上影响他们的行为和思考方式的。在一个狭窄的范围内很难看到周围的活动如何从根本上影响他们的行为和思维方式。[2]

人们只关注眼前的事物——他们的创业公司、组织、关系或议程。虽然发生这种情况的原因是完全可以理解的，但这最终会导致他们忽视大局及整体。他们不会更深入地去了解是什么导致了他们最棘手的问题，为什么同样的挑战会再次出现，或者建议的行动如何导致其他行动、反应或意想不到的结果。谚语"只见树木不见森林"说的便是这个道理。

人们忙于完成他们认为最重要的事情。即使是最慷慨的人也天生自私自利。一个典型的例子是，创业支持组织在一个城市大量涌现时，通常它们有着重叠的任务和资金来源，[3]它们不是寻找方法更加紧密地合作，而是互相竞争。作为一个整体，这些努力相互重叠，甚至相互抵消，因此创业社区的收益会缩水。

人类倾向于将问题简化为离散的状态，这样就可以分析一次解决一个问题。我们更喜欢答案而不是问题，更喜欢自信而不是怀疑，我们倾向于通过自己的经验狭隘地看待世界，提出熟悉的解决方案，或者我们已有能力实施的解决方案。另一个谚语"当你唯一的工具是锤子时，所有的东西看起来都像钉子"便适用于这里。

在古老的寓言"盲人摸象"中，一群盲人第一次遇到了大象。他们每个人都触摸它的不同部位。基于他们有限的个人理解，他们对大象的构成几乎没有什么共识。他们忽略了大局与整体。由于他们的大脑深处有一个错误的思维模式，他们在头脑中怀着不同的目标，追求不同的议程，在与大象的交往方式上也各不相同。

"盲人摸象"的寓言

许多参与者以同样的方式接触创业社区。他们往往基于自己的参考框架，追求有限的议程，而不考虑其行动的更广泛影响或社区的总体需求。但个人行为并非存在于真空中。在复杂系统中，所有这些事情都是同时发生的，都是共同决定的。非显而易见的解决方案往往是更好的解决方案，而显而易见的解决方案可能会使情况变得更糟或产生一个全新的问题。

大学、企业和政府等等级制度机构尤其难以开展整体性思考。代表这些机构的人倾向于通过他们的组织所做的事情来看待创业社区中的问题，因此，他们寻求以可控的方式实施解决方案。这些组织通常是由部门和产品线组成的，这助长了采取简化主义而非扩张主义观点的倾向。

历史上充斥着试图控制人类系统的失败尝试。这些挫折令人心力交瘁，从而导致我们放弃有价值的追求。在这种背景下，我们对系统采取简化主义的观点，只能看到我们理解的问题。我们害怕未知，并试图避免它。这种方法不适用于复杂系统。当将问题看作是互不相连的，而认为解决方案应该干净利索时，焦点就会变得过于狭隘，陷入只看到树木而忽略森林的情况。

2001 年互联网泡沫的破灭让大多数创业者和投资者感到震惊。到了 2004 年，在许多人称之为"核冬天"的时候，有很多文章谈到了创业精神和硅谷的终结。20 年后的现在，很明显，用互联网革命来定义创业者精神是错误的。这种简化主义的观点忽略了互联网对商业和社会所产生的根本性、整体性的影响。对于有全局眼光的创业者来说，互联网泡沫破灭后的那段时期是经济压力与剧烈而持续的技术创新相结合的时期。如果谷歌认为互联网不赚钱，或者马克·扎克伯格（Mark Zuckerberg）因为创业精神已死而放弃创办 Facebook，试想一下今天的社会会是什么样的。

马克·萨斯特（Mark Suster）和他的公司 Upfront Ventures 在帮助洛杉矶创业社区发展的过程中所采取的方法就是一个当代运用整体思维的例子。十年前，许多人认为洛杉矶是一个相对不重要的小型创业社区。马克和他在 GRP Partners 的合伙人于 2013 年对公司进行了品牌重塑，并开始共同努力扩大、宣传和发展洛杉矶创业社区。

马克勇敢大胆地向外界展示了洛杉矶正在进行的关于创业的事情。他发起了一场每年一度的"前沿峰会"（Upfront Summit），将洛杉矶所有的创业者都囊括在内，将来自全国各地的风险投资家和有限合伙人带到洛杉矶，参加为期两天的活动，展示该地区正在发生的一切。通过整体解决问题，而不是试图解决一个特定的问题或控制事情的发展，"前沿峰会"极大地推进了洛杉矶的创业社区，同时为公司建立了一个国际品牌。要看到整个系统，并以整个系统的视角参与创业社区，这并不容易。正如我们将要描述的，它甚至比这更复杂。这是"复合"。

罗伯特·诺伊斯和意外后果定律

1957 年，由罗伯特·诺伊斯（Robert Noyce）领导的八名硅谷高管从著名的肖克利半导体（Shockley Semiconductor）辞职，并创办了仙童半导体（Fairchild Semiconductor）。这类事情虽然在今天的硅谷屡见不鲜，但在当时并不常见。这一事件在整个硅谷地区引起了反响。这八名被人们称为"叛逆八人组"的人物为该地区注入了创业精神，并永远改变了创新的进程，使得硅谷成为全世界都羡慕的地方。

"叛逆八人组"做出了看似孤立和无关紧要的决定，逃离了被误导的（据说是专制的）威廉·肖克利（William Shockley），为自己创造了更好的生活。然而，它所激发的是一种现代科技商业的新方式。难以相信的是，他们当时的计划是改变地区商业文化——现在全球都在效仿这种以文化而促进创新驱动的创业精神。但事实就是这样，不管他们是否有意为之。

创业社区得到的教训是，你可能不知道所提出的行动方案将会带来饥荒还是丰收。试错、直觉、谦逊以及知道从错误中学习将会决定行动的方向。首先采取一种慎重的方法，看看哪些有效，哪些无效。根据需要进行学习、适应以及改变进程。要知道最大的成功往往来自小的决定，由一个想法驱动，即尝试做一些已经完成但希望能够做得更好的事情。

简单的、烦琐的和复杂的活动

在《它并不烦琐：商业中复杂性的艺术和科学》（*It's Not Complicated: The Art and Science of Complexity in Business*）一书中，管理学教授里克·纳森（Rick Nason）提供了一个有用的框架来把握复杂性的定义特征。[4] 对于任何工作任务，他都会问三个问题，我们在这三个问题后添加了他暗示的第四个问题：

1. 成功的结果是否能被容易且客观地定义？
2. 获取成功结果的资源和程序是否被充分理解？
3. 是否涉及许多步骤，该过程是否需要协调？
4. 执行是否需要精确，或者输入和过程是否有一定的灵活性？

你会注意到纳森书名中的"烦琐"和"复杂"两个词，这两个词经常被不恰当地互换位置，就像许多人将社区和生态系统混为一谈。虽然"烦琐"和"复杂"对大多数人来说是同义词，但对系统科学家来说，它们是截然不同的东西。解释它们差异的最佳方式是讨论三种类型的活动：简单的、烦琐的和复杂的。

为了说明"简单""烦琐"和"复杂"之间的区别，让我们用一下纳森的书中的三个例子：煮一壶咖啡、准备财务报表和打一通高调的销售电话。这是商务环境中的三个日常活动，读者们应该都熟悉。

煮咖啡是一项简单的活动。结果是否成功简单明了，要么是咖啡，要么不是；它是否美味，则是另外一件事。煮咖啡的步骤很简单，即使一个经验甚少甚至没有经验的人，也可以很容易地按照正确的指导来做。这套程序是完善的，这意味着咖啡渣、水和热量的分配不需要精确，取一个近似值仍然可以制作出一壶咖啡。

编制财务报表是一项烦琐的活动。但就像煮咖啡的简单过程一样，财务报表的编制也有一个公认的成功定义：符合会计规定。进行这项活动时，还需要遵循一套定义明确的程序：会计规则和条例。

有两个关键差异使得财务报表的编制变得烦琐而不是简单。首先是所需步骤的数量。煮咖啡只需要几个步骤，而准备财务报表则需要很多步骤。其次是与执行任务时所需的精度有关。在煮咖啡的时候，可以不对每一步进行精确计算，但在准备财务报表时，近似值可能会导致错误的结果产生，甚至会让公司承担起法律责任。

由于这些差异，制作财务报表需要非常多的专业知识、培训、认证、更多任务之间的协调，可能还需要一组人。而几乎每个人都能煮咖啡，而且只需要一个人就能煮。

虽然这两项活动有所区别，但在客观上它们都可以被实现。它们所蕴含的问题是可以解决的，对结果都有着高度的控制性，并且有一套明确的程序来实现目标。一旦制定出程序，结果便是可预测的且可复制的，而这正是线性过程的核心特征。

一通高调的销售电话没有这些特点。在这种情况下，成功与否不存在一个客观的标准。因为是否能够取得成功取决于多种因素，包括参与者、销售周期的阶段、对销售目标的预期，乃至更普通的因素，比如电话是在一天中的什么时候打的，或者参与者前一天晚上睡了多久。对有影响力的客户进行销售拜访，不是掌握几个简单的步骤或是拥有一本冗长的手册就能成功的。相反，它需要多个团队成员以及未知数量的操作。我们很难或不可能提前确定该活动决定性的成功因素。

因此，这个过程是不可编码的，即使有一套程序存在，重复这套程序也不会产生相同的结果。解决方案在一开始是典型的非显而易见的，只有在事实发生后才变得显而易见，如果能解决的话。当不确定性很高时，一个由最优秀的人组成的团队也不能保证一个积极的结果，尽管他们取得成功的可能性更高。不断地试错，可能还需要一些运气和时机，才是保持前进的唯一方法。

这些特征使高调的销售电话成为一项复杂性的活动，这是一个非线性过程的例子。它们与简单和烦琐的活动完全不同。正如运营科技之星联合空间加速器的科学家乔纳森·芬茨克（Jonathan Fentzke）曾经对伊恩说的那样："一个系统的基本问题在于它是否是线性的。如果是，那么它很容易控制。如果它是非线性的，那么它总是在灾难的边缘徘徊。"

这三个例子每天都会出现在各地的企业中。执行这些活动的管理人员和专业人员，很可能没有考虑我们上面概述的更深入的要求。但系统思考者对这些事情有不同的看法。正如纳森所写：

> 这些任务没有什么特别之处，事实上，它们可能被认为是相当平凡的。然而，每一项任务都拥有不同程度的烦琐性和复杂性，需要不同层次的知识、技能和专长。科学家认为每项任务都是一种系统，而工程师可能会为每项任务绘制流程图。然而，管理者在执行每一项任务时都不会有意识地考虑这些问题。现在，管理者应该像科学家和工程师一样，更加有意识地思考这些差异。[5]

现在把"管理者"换成"创业者"或"创业社区建设者"。是时候让我们所有人成为系统思考者了。

从活动到系统

与工作场所的活动一样，存在着三种类型的系统：简单的、烦琐的和复杂的。（混沌系统是第四种，但它们在这里的应用很有限，所以我们将其排除在外。）当我们解释简单、烦琐和复杂的活动时，我们实际上描述了三种类型的系统——每一种都集成了组成部分，相互依赖且有着自身的目的。

简单的系统所包含的元素是有限的，并有一套简单的程序。它们几乎不需要专业的知识来理解，它们所产生的结果是高度可预测的。如果人们遵循一套简单的指令，他们就能够可靠地得出一个期望的结果，而且重复多次都会呈现这样的结果。简单系统的例子包括烤蛋糕，打开车门，还有煮一壶咖啡。

烦琐的系统涉及更多的元素和子系统、额外的步骤，更多的计划和执行工作，更严格的控制和集成的需求，以及更严格的技术和管理专门知识的要求。尽管有这些挑战，烦琐的系统仍是可预测的，结果是可控制和可复制的。烦琐系统的例子包括宇宙飞船登陆月球，设计和组装汽车，以及编制财务报表。

简单系统和烦琐系统都是线性系统的例子。虽然烦琐的系统需要更多的知识和专长来管理，但一旦确定了成功的结果和程序集，每一个都是相当可控、可预测和可复制的。对输入或过程的更改会产生可预测的结果，因为因果关系是很容易理解的。

复杂系统是完全不同的。它们无处不在，比如交通、家庭、人体、城市、金融市场，以及无数其他事物。事物本身的复杂性也无处不在，我们仍然难以把握复杂性的本质，难以调整我们的行为和思维模式去更好地驾驭它们。人类的直觉能够应对许多复杂的情况，但我们常常会本能地使用我们具备分析能力的大脑，而具备分析能力的大脑却并不适合处理这种复杂问题。[6]

我们无法接受复杂的现实情况，其中一部分原因是我们与生俱来的对不确定性和不可控性的回避。人类想要理解和解决问题。简单的系统和烦琐的系统都很契合这些自然的人类冲动。大学、公司和政府等大型组织机构的建设都考虑到了世界的烦琐性。它们自上而下的层级结构和管理风格也反映了这一点。但我们的社会通常是复杂的，创业社区亦是如此。

简单系统、烦琐系统及复杂系统间的比较

简 单 系 统	烦 琐 系 统	复 杂 系 统
拥有少量元素，且几乎没有层级和子系统	拥有更多的元素以及层级和子系统	拥有相互关联的元素、层级和子系统
需要少量专业知识	需要更多的专业知识	人才的多样性优先于专业知识储备
能够被轻松理解，可预测	有一定挑战性，但依旧能够被理解及可预测	不完全可知，有限的预测，所处环境相对更重要
易掌控，可复制	有一定挑战性，但依旧能够掌控及复制	不受掌控，只能够被影响和引导
结果是明确的，且可复制	结果是明确的，且可复制	成功的结果是不明确的，不可进行复制
自上而下，几乎不需要精确	自上而下，精确性至关重要	主要是自下而上，精确性无关紧要
容易实现	可被设计出来	自组织的和突发的，无法被设计出来
线性的	线性的	非线性的
机械的	机械的	自然演变的
例如：烘焙、汽车钥匙	例如：宇宙飞船、汽车发动机	例如：工作场所文化、交通

如果你曾经尝试构建企业文化，你会直观地理解一个复杂的系统。很多企业花费大量资源来构建企业文化。但它们几乎总是采取自上而下的方法，并经常寻求高价顾问的帮助。然后将制定的政策由希望员工遵守的高管们传递下去。它们把烦琐系统的思维模式运用到了复杂系统中。通常情况下，这种价值观是错误的，高管们不会遵循这些价值观，故而员工不喜欢也不足为奇。

相反，公司应该专注于定义自身文化规范，而不是文化本身。更高效的流程包括从各级和所有部门的员工那里征求意见，召集多个利益相关者，找到并支持已经能够有组织地运作的活动，抵制总是尝试新事物的诱惑。一旦文化规范被制定出来，公司的领导者必须首先遵守。公司不应该提供一个按部就班的行为指南，而是应该设定一些高层次价值观，并确保在每个领导者或管理者身上都能够体现出这些文化规范。最后，正如风险投资家本·霍洛维茨（Ben Horowitz）所解释的："你所做的就是你自己。"[7]

将创业社区视为一种复杂系统而不是烦琐系统，为与它们互动、参与它们和改进它们开辟了一种新方法。通过类推其他复杂系统，可以帮助我们理解和优化创业社区建设。比如，了解为什么伦敦或洛杉矶的交通如此难以预测、为什么机能不全家庭的聚集会迅速失控，或者为什么通过增加警力来减少犯罪的努力往往无效或者更有可能适得其反。

在接下来的几章中，我们将探讨复杂性在理论和实践中的关键概念和含义。但在开始之前，让我们听听法学教授布拉德·伯恩塔尔（Brad Bernthal）的看法，他描述了科罗拉多大学博尔德分校的新的创业挑战是如何在更广阔的大学和博尔德创业社区之间建立完整的思维方式的。

"新风险挑战"如何以一种全新的方式融入创业社区

布拉德·伯恩塔尔，科罗拉多大学法学院副教授，科罗拉多大学 Flatirons 中心创业计划主任

我们认为要去做的是一件事，我们做的是另一件事。生活的乐趣之一就是发现我们实际做的事情远远超出了我们的想象。

2008 年，我加入了一个由教职工和学生组成的草根志愿者组织，该组织在科罗拉多大学发起了一个名为"新风险挑战"（New Venture Challenge，简称 NVC）的项目。十年后，在博尔德剧院里举行的第十届 NVC 锦标赛上，我站上了舞台并在 600 人的面前发表演讲。第十届 NVC 锦标赛设置了 12.5 万美元的奖金，并展示了来自校园的优秀创业企业。这届锦标赛非常鼓舞人心，当我站在舞台上时，在观众席中甚至有社区成员大声喊出承诺为第十一届 NVC 锦标赛提供 20 万美元的支

持。这是我从没见过的事。

NVC 已经拥有比我想象中更强大的力量。我们的初衷是帮助校园里的下一代创业者。其结果是 NVC 成为一个引擎，吸引了科罗拉多州 Front Range 区域（位于落基山脉东坡的众多城市）的整个创业社区参与进来。下面从四个角度解释了 NVC 对博尔德创业社区的影响。

1. **NVC 为博尔德创业社区补充了一些要素。** 作为一个预加速器项目，NVC 在博尔德的创业项目中占有一席之地，这些项目旨在为有全职创始人的创业公司提供服务。NVC 为创业者提供了一个平台，帮助那些超越了早期思维的创业者，以及那些仅仅接触过创业但尚未准备好全面创业的创业者们。这种预加速模式在一个教职员工有工作、学生有课要上的校园里非常有效。

2. **NVC 是具有包容性的。** 该项目于每年 9 月开学时启动。只要创业公司内有一名核心成员是科罗拉多大学的学生、教师或工作人员，就能参与 NVC 项目。在秋季学期，NVC 帮助创业者组建团队、安排导师，并指导创业公司如何去利用校园资源和课程。在春季学期，NVC 会开设研讨会，帮助参与的创业公司测试及开发创业想法，安排专家帮助团队改进他们的宣传，并帮助他们打进 4 月的校园 NVC 冠军赛。NVC 的顶级团队会定期参与博尔德科技之星（Techstars Boulder）、iCorps 和其他备受瞩目的创业项目。

3. **NVC 打破了孤岛。** 我们的项目是博尔德创业社区参与校园活动的一个切入点。大学的官僚机构阻碍了将社区人才与校园需求相匹配的努力。NVC 解决了城市和大学之间存在的许多挑战。大约有 75 名企业家、投资者和服务提供商志愿担任 NVC 导师。

此外，NVC 参与者的自我选择、高度积极性、创造性和勤奋的性质，使得 NVC 成为新兴公司招聘积极和有创造力的学生的沃土。最后，NVC 锦标赛提供了一个面向社区的年轻聚会来庆祝校园创业事业。NVC 在一个公共论坛上展示了校园里最优秀的创业者，并每年为"大学在促进创业方面做了什么?"这个问题提供一个引人注目的、富有启发性的答案。

4. NVC 体现了创业和创新的跨学科性质，突显了整个校园的创业精神。NVC 不是设立在任何一个院系的团队，而是由校园领导者组成的多元化团队，由校园的研究与创新办公室、利兹商学院、工程系、音乐系、技术转让部门和 Flatirons 中心共同运营。这种合作使 NVC 在校园里的每个角落都有一席之地。因此，NVC 的参与者来自广泛的系和专业。这些参与者认为，当成员涉及多种技能和不同背景时，团队工作得最好。此外，当来自社区的导师和其他人参与进 NVC 项目时，他们与整个平台合作，从而使整个校园参与进来，而不仅仅是一个小组。

这四类要素推动了 NVC 项目的成功：①补充而不是代替已经在社区内稳步开展的工作；②包容校园里的每一个人；③将社区人才与大学需求相匹配；④尊重创业的跨学科性质。

第七章

不可预测的创造力

创业社区方式原则

创业社区是一个复杂的自适应系统，在参与者的互动中产生。理解并接受复杂系统及其运作方式，对于建立一个充满活力且能够保持长远发展的创业社区至关重要。其中最重要的一点是，价值是由许多组成部分反复互动产生的突发过程创造的。

创业社区是一个复杂的自适应系统，由许多相互依赖的参与者（人和组织）组成，这些参与者不断地相互作用，并依据他们的环境（资源和条件）做出反应。[1]这种永恒的行动和反应循环意味着，随着系统及其组成部分的共同进化，创业社区也将处于不断变化的状态。

参与者和因素之间的相互作用定义了创业社区。但这种相互联系也带来了复杂性，因为参与者有追求个人议程的自由，从他人的行为和想法中学习，并由此调整他们的行动和思维模式。由于参与者缺乏完整的信息和对整个创业社区的全面了解，不完美的决策普遍存在。当参与者和系统共同进化时，因为信息不足而做出的决策在整个系统中传递，这种情况会成倍增加，并持续发生。

　　缺乏对复杂系统功能的认识，是创业社区中许多错误的根源。影响一个高度关联的复杂系统，需要一种与典型的自上而下、孤立的工作形式截然不同的方法，而这种工作在我们的职业、个人和公民生活中无处不在。

　　复杂性理论是一门跨学科的科学，旨在解释我们周围的物理、生物、社会和信息网络的动态，它可以极大地改善创业社区。复杂性科学起源于数学家华伦·韦弗（Warren Weaver）在 20 世纪 40 年代后期的研究。[2] 这一学科是由一群物理学家、进化生物学家和社会科学家在 20 世纪 80 年代创立的圣塔菲研究所（Santa Fe Institute）正式确立并迅速发展起来的。[3]

　　在一个系统中，一组个体实体连接在一起，通过一段时间，它们创建出一种集体的行为模式。[4] 这种协调的行为产生了整体的集体结果，如果个体实体独立运作，这种结果就不会存在。[5]

　　当有许多这样的施动者或参与者出现时，系统就会变得复杂，这些实体具有不同的个人和集体动机，并且似乎有无数个连接和子系统。一个复杂的系统是自适应的，其中的施动者学习、改进行为并对他人的行为做出反应。这种行为在所有进化的人类社会系统中都很普遍，包括创业社区。

　　系统和其参与者都处于一种持续的共同进化的状态。你不能对一个复杂系统下最终的定义。它永远不会结束，永远在行进中，工作永远不会完成，也没有对什么是成功的客观定义。

　　城市、金融市场、雨林、动物群落、人脑、地缘政治秩序和互联网都是复杂系统。每个系统都有活动部件，在它们之间存在一个复杂的相互作用的网络，单个组件和整个系统之间在不断发生着进化。但这仅仅是个开始。

涌现

复杂系统的定义特征是"涌现"（emergence），在这里有双重含义。从传统意义上讲，emergence 源于拉丁语 emergere，意为"涌现，崛起，产生，呈现"，指产生或存在的过程；浮出水面或出现。[6]

"涌现"也是一个过程，在这个过程中，即使对不同的组件有完美的理解，单个系统部件的集成也会以无法预期或无法完全理解的方式产生模式和价值。[7] 科学作家史蒂文·约翰逊（Steven Johnson）将"涌现"描述为"不可预知的创造力"。[8]

"涌现"概念化了复杂系统中价值创造和模式形成的过程，该过程由系统各部分的自主交互作用产生。从这种行为和反应的进化过程中产生的是一种半组织形式，具有非随机性和可识别的模式，这些模式与部分的总和有着本质上的不同，并更有价值。独特的属性、组合和结果这三点，是无法在事前或事后被预测到的。"涌现"是一个创造的过程，存在于世界各地的物理、生物、社会和信息系统中。[9]

创业精神本身是一个涌现系统，公司为实验和学习创造条件，通常与客户共生。1978 年，我在麻省理工学院的博士导师埃里克·冯·希佩尔（Eric von Hippel）率先提出了用户驱动创新的概念。[10,11] 当时，人们普遍认为创新只来自企业、政府和大学的研发实验室。尽管今天仍有人相信这一点，但埃里克的观点在许多领域获得证实，尤其是在信息时代，开源软件和精益创业方法的广泛采用就证明了这一点。[12] 推特（Twitter）就是一个实实在在的例子，因为该平台最受欢迎的三个功能：回复、标签索引和转发分享，都是由用户自下而上生成的。[13]

在《创客社区：构建一座城市的创业生态》一书中，我描述了遵循这种模式出现的博尔德创业社区。它不是由任何人设计出来的，也不是由大学所创造的，也不是由城市中的联邦政府实验室自上而下创建的。相反，它是由创业者这群创业社区的最终用户自下而上产生的。它以一种中央指挥无法设计、计划或执行的方式展开。

涌现具有三个显著特征：协同整合、非线性行为和自组织。这三个显著特征以及复杂系统的第四个特征——动态演化，将在接下来的几节中进行讨论。

协同效应和非线性特征

单体元素在相互作用中所产生的独特模式，是新兴系统的价值来源。通过这些相互作用，使得整个系统不同于甚至大于各部分之和。复合的系统不仅仅产生更多的东西，它们所创造的事物本质上不同于单独存在的单个元素。这一现象被称为"协同效应"（synergies），这个词源于希腊语sunergos，意思是"一起工作"。[14]

在创业社区中，参与者之间的互动产生了具有价值和位置特定特征的协同效应。将创业社区缩小成它们的组成部分，只会让人对系统有一个最低限度的了解，而且会给人一种错误的印象，让人不知道真正发生了什么，或者价值从何而来。

协同集成在复杂系统中也会产生非线性特征。非线性系统是一个输出的变化与输入的变化不成正比的系统，这会产生一个令人愉快的概念，收益递增，即事物以几何或指数方式增长。

除了不成比例之外，在复杂的系统中，输入和输出往往不存在直接关系。因此，很难用因果关系来说明活动和结果之间的联系。对于人类来说，我们拥有控制欲，并且拒绝怀疑，所以我们试图去解决、理解和预测周围的事物，即使这样仍是不能反映现实的。当前，非线性让我们感到困惑，但随着时间的推移，非线性特征变得更加明显——随着目前席卷全球的新型冠状病毒大流行的传播速度和广度令许多人不知所措、适应缓慢，这一点变得非常明显。

比如在博尔德，大约从 2007 年开始，创业活动聚集在市中心。在此之前，博尔德有好几个地区（包括邻近的苏必利尔、路易斯维尔镇和布鲁姆菲尔德镇）都修建了传统形态的办公园区，这些园区有着像国际先进技术环境中心（Interlocken Advanced Technology Environment）这样别致的名字。但该地区没有实体的创业社区中心，创业密度较低。

2007 年前后，发生了几件事：Foundry Group 集团搬迁到博尔德市中心；科技之星在两个街区外开设了第一个加速器；圣朱利安酒店（St Julien）作为博尔德 100 年来的第一家新酒店，在两年前开业了；包括 Rally Software（一家云软件公司）在内的几家创业公司搬到了市中心，并迅速发展起来。2007—2008 年的全球金融危机导致房东变得更加灵活，因为他们没有传统的租户，这使得创业公司可以开始在博尔德市中心聚集。包括菲尔·威瑟（Phil Weiser）和布拉德·伯恩塔尔在内的几位科罗拉多大学博尔德分校的教授齐心协力，与博尔德的创业社区建立了联系。他们能够经常走出校园，到市中心参加活动，那里距离校园只有五分钟的车程。

在 2010 年的时候，创业的活力已经充斥着博尔德市中心约 5×10 个街区的区域。这里会让你感觉像是在大学校园里一样，中午外出就餐时，你能遇见其他创业者，创业密度达到了顶峰。

对于像博尔德这样的小城市来说，创业公司集中在市中心的一个小区域内，是创业社区发展的一个非线性因素。创业活动呈指数级增长，产出与投入的比例远远超过了过去的水平，通常是以意想不到的、不可预测的、令人兴奋的新方式出现。毫无疑问，整体远远大于各部分之和，由于无数事物同时发生，因此要理清因果关系是不可能的，尤其是在它们展开之前。

自我组织

复杂系统的自我组织是系统中许多交互行为中出现的更广泛的模式。有序或半有序的形式，与无序或完全随机的形式相反，是自下而上有机地出现的。在一个复杂的系统中不存在国王、老板或 CEO。自然界中此类系统的例子包括鱼群、鸟群和昆虫群落，在这些群落中，生物利用生物和化学线索，以一种有利于集体的方式协调行为，而不是执行来自中央权威的明确命令。

社会科学中的自我组织，就像创业社区一样，通常被称为自发秩序。在这种情况下，组织模式形成了，但不是有意或有计划形成的，呈现出幂律分布的网络结构，即少数参与者对整个系统有巨大的影响。[15] 另一方面，组织往往被分成层次结构。复杂的系统不能按层级进行结构化或控制，它们必须以一种自发的、自我组织的方式出现。在这些系统中，强迫性去创造组织层级是会失败的，因为这有悖于自我组织发展的自然过程。

非线性、反馈循环和协同效应驱动着自我组织。复杂的系统在不断地进化，尽管存在这种不稳定性，它还是朝着一个或多个黏性状态进化。[16] 这种吸引子动力学解释了为什么复杂系统中的变化需要很长的时间周期，特别是结构变化。

创业社区以人际关系网络的形式组织起来，这些人际关系网络本身被组织成集群和子组。这种组织存在于许多方面，包括个人或其他实体扮演的角色、参与的活动或他们在社区中的相对地位。系统结构通常会围绕着创业社区中有影响力的参与者而联合起来。复杂系统中模式的形成不是中央计划的，试图控制或强迫它们只会破坏系统。

活力

动态系统是变化的系统。这些变化会产生其他的变化，而这些变化本身又会产生更多的变化。由于各部分和整体共同进化，复杂系统处于不断变化的状态。除非是非线性的，输入和输出会同时变化。输入的变化会导致输出的变化，但输出的变化也会影响输入的变化，从而形成一个反馈循环。反馈循环在创业社区中是一种持续的力量，也是复杂性和价值创造的源泉。

复杂系统的自适应特性是将其与其他系统进行区分的一个重要方面。例如，为一家大型航空公司设定一个全系统的时间表，需要协调数千架次飞机，以及相关机场、航线和机组人员，而这便产生了数十万种组合。这个问题在概念上并不困难，但由于存在太多种可能，使得它变得非常复杂。[17] 即便如此，通过一种被称为线性规划的工程方法，解决它的"组合复杂性"是可能的。[18]

制定航班时刻表是非常烦琐的，它需要大量的算法、计算能力、专业的软件和熟练的人员来将整个过程整合起来。此外，航班时刻表还需要适应设备故障和天气干扰带来的影响。这些都是具有挑战性的问题，但它们仍然是优化问题的一部分，并且最终是可解决和可重复的。

假设所有的飞行员都不按照规定，想什么时候出发就什么时候出发，或者因为同事的起飞而想起飞；假设他们按照自己规划的航线飞行，先飞到一个地方，然后再飞去另一个地方；假设不同机场的管理人员重新分配了到达时间，甚至因为管理人员想要外出参加派对，导致其中一些机场完全关闭。在这种情况下，不确定性导致算法失灵。当系统缺乏控制时，没有需要解决的优化问题。飞行员的行为使一个烦琐的系统变得复杂，甚至混乱。我们无法用工程和模型来解释这种"动态复杂性"。[19] 运用系统思维，寻找高杠杆干预措施，鼓励更大的合作，是唯一有效的方法。[20]

反馈延迟使得复杂的系统更加具有挑战性。早在我们意识到问题之前，问题就已经存在了，但在我们注意到问题的影响之前，问题就已经得到了改善。在我们知道某件事和采取新的行动之间会有延迟。幸运的是，由麻省理工学院的杰伊·弗雷斯特（Jay Forrester）在 20 世纪 50 年代创建的系统动力学，帮助我们理解和认知了反馈循环和延迟。[21]

在复杂系统中，时间维度是一个主要的干扰因素。过去和现在的情况严重影响当前和未来的状态，这种现象被称为"路径依赖"。正因为如此，有效的改变可能需要很长时间才能发生。现有人员、想法和行动会迅速吸收新的人员、想法和行动。当变化在很长一段时间内发生时，我们很难处理这些动态变化。

商业教授、系统思想家里奇·乔利（Rich Jolly）用几个例子描述了这一点：

> 人类很难理解包含了很长一段时间的过程。多年来，人们一直不明白大峡谷的产生是由于水流冲刷而形成的。这主要是因为人们无法理解，这样一个巨大的结构的形成只是由于少量的水在很长一段时间不断冲刷而造就的。同样，直到 19 世纪末，达尔文才终于能够理解生物进化。这其中的部分原因是相对于人类的寿命，这些现象所经历的时间跨度要长很多。[22]

我们的祖先进化成乐于只着眼于当下的思维模式，是因为这样做有助于保护自身安全。[23] 如果今天有东西想要吃掉你，为什么还要去计划明天呢？抵制长期思考是我们大脑中固有的一种生物反应。[24] 尽管很多创业公司都在寻找快速解决方案，但至少需要一代人的时间才能实现有意义的改变。请记住，硅谷并不是一夜之间发展起来的，它是经过一个多世纪的时间才形成的。[25]

当我在 2012 年写《创客社区：构建一座城市的创业生态》这本书时，"博尔德"和"博尔德理论"成了世界各地其他创业社区的典范。从那时起，博尔德的创业社区继续以高速发展。如今，在 2020 年，许多同行仍然活跃，但也有一些八年前的领导人已经从视野中消失。新的领导人的出现取代了旧的领导人的位置。当时占主导地位的一些活动和事件仍然定期发生，其他的已经消失，新的活动和事件又出现了。

列举两个来自科罗拉多大学博尔德分校和我的例子：在 2012 年，人们可以在博尔德的任何地方见到我。每个月，我都会挑一个"随机日"（random day），用一整天和任意的人开 15 分钟的会。我担任科技之星博尔德项目的导师，并参加了博尔德创业周（Boulder Startup Week），是科罗拉多大学 Flatirons 中心的常客，每个月至少参加一次不同的创业活动。当有新朋友来到博尔德时，我努力去与所有人都见一面，如果见不到，我就会把他们介绍给博尔德创业社区的其他一些领导人认识。

今天，我与博尔德创业社区的关系有所不同。我仍然是活跃的，我定期出现在活动中，依旧非常积极地与任何想要参与的人在线交流。然而，我的状态却与从前大不相同，因为我在博尔德的时间不到以前的三分之一。我不再亲自做"随机日"活动（十年后我对此感到筋疲力尽，决定休息一下），我把用于科技之星的时间花在建立全球科技之星系统上，而不仅仅局限在博尔德。

但是，博尔德的创业社区比以往任何时候都更强大。新一代领导人出现了。创业密度明显高于 2012 年。博尔德和丹佛之间的联系显著增强，这两个城市形成了一个类似于双星的结构。[26] 新的创业者、公司和活动不断涌现。行为举止的转变并没有阻碍博尔德创业社区的发展。事实上，我敢说，自从我放手之后，它以更令人兴奋的方式进化得更快了。

自 2012 年以来，科罗拉多大学博尔德分校与博尔德创业社区的关系也发生了变化。当时，两者之间的主要联系来自大学内的法学院，一个不同寻常的地方。现科罗拉多州总检察长菲尔·威瑟和前科罗拉多大学博尔德分校教授布拉德·伯恩塔尔扮演了领导角色，由此使得科罗拉多大学博尔德分校和博尔德创业社区之间的关系发生了转变。正如布拉德·伯恩塔尔在对"新风险挑战"（NVC）的补充报道中所暗示的那样，他们通过科罗拉多大学博尔德分校扩展了这种领导力，并邀请了学校的其他人发挥领导作用。随着时间的推移，学校的结构动态开始发生变化，今天，科罗拉多大学博尔德分校和博尔德创业社区之间的动态交流比以往任何时候都要活跃。

交互作用的研究

"涌现"和它的组成部分源于交互作用，这是复杂系统中富有魔力的一部分。将能量投入到系统各部分之间的相互作用中比将能量投入到各部分本身会带来更大的影响。这些互动产生了涌现，产生了令人意想不到的结果，并需要不同寻常的解决方案来产生这些结果。[27] 由于这个原因，研究复杂系统被恰当地称为"交互作用的研究"。[28]

由于协同效应是复杂系统中价值创造的主要来源，因此系统中各组成部分间的相互作用才是关键。许多创业社区的有组织的活动都忽略了这一点，他们关注的不是交互作用，而是单个部分。随着投入增大，比如金融资本、大学创业项目或创业加速器的增加，你会感觉到自己正在取得进步。一些可衡量的事情正在发生，所以这肯定是好事。

这种思维上的错误是可以理解的，因为这些部分是有形的，所以人们会认为部分比交互更容易看到或改变。而人类的行为、思维模式和社会规范是无形的，它们是交互作用的驱动力。试想一下，将创业者、投资者、人才、资本、工作场所、其他参与者和因素视为短期内固定的因素。通过关注参与者之间更好的互动，同时利用已有的投入，随着时间的推移，你会吸引更多的资源，并形成一个良性循环，创业社区的规模和活力可以得到扩大和发展。这便吸引了更多你想要的输入和输出。

无论是臆想的还是真实存在的，很多时候，人们认为风险投资的不足是阻碍创业社区发展的主要原因。虽然货币的供求之间总是会存在不平衡，但一些资本积累的方法可以改善边际条件。[29] 尽管如此，潜在的挑战依然存在，抱怨也无济于事。对于创业者来说，一个更有效的策略是把精力集中在他们能够控制的事情上，围绕一个他们痴迷于去解决的问题，从而打造一家伟大的企业。

创业社区的参与者总是抱怨资本的不均衡，然而并没有努力去应对复杂的现实情况。如果一味地关注资金短缺，创业社区面临的制约因素就会减少到一个单一因素，但事实上，许多因素同时影响着创业社区。假如只有一个因素阻碍了创业公司群体的发展，对资本的痴迷会让人认为资本短缺就是主要原因，而忽略了其他的影响因素。进一步来说，这意味着解决方案是系统之外的，消除了创业社区对当前状况的责任。最后，它忽略了一个现实，即资本倾向于追逐可投资的公司，而不是无法投资的公司。

世界各地的许多创业公司都陷入了这样的陷阱："如果我们有更多的资本、投资者、企业家或对创业感兴趣的人，或者……"不要一遍又一遍地播放这段录音，而是把每个人都带到一个房间里，问他们这样一个问题："我们将如何利用现有的资源去做不同的事情？"

波特兰创业社区的发展就是一个例子。在这个例子中，里克·图罗奇（Rick Turoczy）解释了如何通过不断的实验、学习，以及遵循反馈的意愿，从而使他们的创业社区的特征得以显现。波特兰孵化器实验（Portland

Incubator Experiment，PIE）是里克·图罗奇在波特兰与他人共同创立的一个组织，它产生了不可预测的创造力。这是涌现现象的本质。

拥抱失败使我们的创业孵化器能够更好地为我们的社区服务

里克·图罗奇，波特兰孵化器实验（PIE）创始人兼总经理

为了支持俄勒冈州波特兰的创业社区，当我们为孵化器命名时，我们有意在名字中加入了"实验"这个词。这并不是因为我们有创意，或者想要创新和突破极限。而是我们觉得这个词对我们来说更像是一种逃避条款。这是一次软着陆，是失败的借口。我们认为"波特兰孵化器实验"这个名字比我们的第一个想法"数字孵化器实验"（Digital Incubator Experiment）要好，后者会形成一个有点不太好听的首字母缩略词。

诚然，D-I-E 确实准确地描述了绝大多数创业公司的命运，但我们选择将重点放在波特兰。幸运的是，Wieden+Kennedy（全球最大的独立广告公司）的联合创始人丹·维登（Dan Wieden），也是我们的赞助人，他超爱吃馅饼（pie）。

因为我们想让丹像爱馅饼一样爱我们的孵化器，于是，波特兰孵化器实验（简称PIE）便应运而生了。

我们从失败开始，并以实验为基础。以下是到目前为止这个实验教给我们的一些道理：

- 失败总是一个选项，但也是一个学习的机会。我们会根据失败采取相应的行动。
- 创业加速器是社区的副产品。而非反过来。
- 不要专注于创建社区，而是专注于去优化它。

从早期开始，失败就一直在PIE反复出现。或者可以说，PIE 的发展

就是一段充满意外的旅程，是一系列不断发生的快乐意外。每次失败都激励着我们去尝试新的东西，并继续前进、后退或朝着某个方向前进。

我们一直未能找到能够解决波特兰创业社区问题最有效的方法。直到今天，我们都在一次次地重复着尝试、失败、重新整合。

有些人回避失败，认为失败是消极的。但另一方面，我们却愿意去承认失败，如果我们不接受失败，那么PIE就不会是今天的样子。这些失败中有些早于PIE概念出现。我们延续了这些失败，这些失败奠定了基础。事实上，PIE早在十多年前就已经成立了，当时PIE的联合创始人都在创业公司工作。

然后随之而来的是失败。

在21世纪初的互联网时代，波特兰的创业社区中大部分公司都失败了。这让我们中的许多人都还在创业公司和工作岗位上工作，而不是去享受本该拥有的财富。泡沫破裂，随之而来的是，我们所谓的纸面财富蒸发了。这是一场灾难性的失败，也让我们所有人都继续留在波特兰创业社区工作，因为我们别无选择。

在21世纪初，我的创业公司以失败告终，而这也导致了我作为领导者和联合创始人的失败。对于我来说，那次失败也是一个学习过程，尽管很痛苦，但它教会了我很多东西，其中之一就是，让我意识到自己并不适合创业。现在，我是一个企业家，一个解决问题的人，一个消防员，但不是创始人。因为我的片面性，以及缺乏一个成功创始人所必备的平衡能力，使得我无法胜任这个角色。

在不到10年后，抵押贷款经济泡沫破裂，使得波特兰的许多商业空间空置。这场经济危机让一群创业者和处于创业初期的创业公司有机会在波特兰的Wieden+Kennedy全球总部的一个空零售店址开业，尽管他们还付不起房租。正是这个概念和围绕共同工作空间的对话，成就了

PIE

但是，在 PIE 成立之前，并不是只有失败才为这个实验提供了信息，而是不断发生的一系列的失败，不断激发我们对模型进行改进。

一个例子是，当科技之星积极地在美国西北太平洋地区寻找一个前哨基地时，波特兰未能吸引科技之星来到我们的社区。西雅图的创业社区最终吸引到了科技之星项目的入驻。在安迪·萨克（Andy Sack）和克里斯·德沃尔（Chris DeVore）等人的领导下，科技之星（西雅图）已经成了一个非常棒的项目，为许多来自波特兰的有前途的创业公司提供支持。那次失败激发了我们将 PIE 从一个由同行指导推动的联合工作空间，改造成一个波特兰风格的创业加速器项目，旨在为我们社区的创始人提供同行和专家指导。

在市场的强烈兴趣驱使下，我们开发了一种创业加速器咨询业务。但我们无法也不愿意把这个项目设计成一个可扩展的创收项目。那次失败激发了我们将知识共享和开源作为 PIE 的发展理念。对于我们而言，把这些知识提供给每个想要建立创业加速器的人更有意义，同样对创业社区也更有意义。

最近，我们意识到现有的创业加速器模式无法满足我们社区不断变化的需求。尽管我们采用了在其他地方似乎行之有效的方案和模式，但它们在波特兰的运作方式却与众不同，也没有提供同样的影响力。尽管这是一种商业运作，但它未能提供我们社区需要的东西，所以我们决定继续重新组织实验。

在 PIE 的每一次失误和失败中，都会产生社区。它并不总是有形的，也不一定是具有自我意识的。但社区为 PIE 之类的组织提供了框架和基础。这是一个参与和维护社区的机会，同时也鼓励了 PIE 继续完成这项工作。

经过十几年的努力，我确信我们并没有真正建立社区或生态系统，而且也无法做到。我们只是发现了它。试着让人们更多地意识到这一点，并给它一个重心。接下来的工作就是维护和改进它。所有的部分已经存在，并且它们已经联系在一起。

你的工作是不断地优化你的社区，不断地调整它，就像一辆车一样，更换磨损的零部件，拧紧松动的螺丝，确保有足够的燃料，保证它可以在最佳的状态下运行。我经常提醒自己，不要头脑发热，不要自欺欺人地认为自己在做什么。我只是一名机械师，努力提高车的性能，确保没有任何泄漏，努力防止轮胎脱落的情况发生。

需要注意一点，这不仅仅适用于当地创业社区。维护一个创业社区需要广泛的网络、多元化的观点，同时也需要管理者走出自己的舒适区去学习了解如何建设好创业社区。

你需要把你的创业社区广而告之，搭建一个论坛，用它来让别人看到这个社区是真实存在的，鼓励大家有意识地、更深入地与社区进行联系。

PIE 最初是一个在波特兰推广创业公司的平台，我们尽最大努力将我们认为合适的人聚集到一起，并努力成为这座城市里能够连接到创业公司的"一站式"平台。现在，这个平台已经成为我们用来收集企业信息、拓展资源的方式之一，而且我们也在重新思考 PIE 需要为社区做些什么。

我们让 PIE 成为为社区提供公益性服务的一种资源。不过，我们还没有完成这一点。但是为了社区的利益，我们会继续尝试，努力成为有价值的、可持续的资源平台。

第八章

数量的神话

创业社区方式原则

创业的成功推动了创业社区的发展，并将这些资源循环利用到下一代。成功产生的财富和无形资产对创业过程至关重要。成功也会激发创业精神，使之成为一种可行的选择。将资源、知识和灵感再次循环到创业社区中，有助于保持社区的活力和可持续性。

大概创业社区中最严重的错误之一就是认为做得越多，结果就越好。特别是人们经常将投入的增加，如参与者（投资人、人才等）和因素（融资、项目）与期望产出（创业公司、创业者）和结果（退出、创造就业）的增加等同起来。

创业公司群体是非线性和复杂的，数量思维是一种有缺陷的策略，更适合于简单的系统。基于网络的非线性系统表现出的幂律动力学，系统中少数参与者和事件驱动着系统的整体价值。基于数量的方法的假定是，平均值而非异常值驱动着系统价值。这是不正确的，更复杂的是，输入和输出不会直接相关或成比例。

关于数量的神话只是一个神话。

更多的东西

我们将数量神话称为"更多的东西"的问题，这是当今创业公司群体所面临的最大的挫折和产生不满的来源之一。更重要的是，问题源于过于相信并盲目增加系统投入，错误地认为这会增加正确的系统产出和结果。

"更多的东西"意味着：只要我们构建更多的东西，就可以创建一个充满活力的创业社区。我们需要更多的资金、创新中心、加速器、孵化器、大学项目以及创业活动。更多，更多，更多。它遵循线性系统思维，即关键投入（资本和人才等资源）的增加会增加期望产出（创业公司）和结果（价值创造）。但问题是，更多的东西起不到作用。

大量研究表明，处于创业黄金年龄（职业生涯中期）的有智慧的人的密度决定了该地区是否能够产生稳定的高影响力公司。因为他们倾向于创业，在知识密集型活动中追求创业精神。当然，决定因素中还有一系列我们无法很好衡量的东西，如网络和文化。[1]

你可能已经注意到，在"更多的东西"的剧本中，有许多因素在列表中缺失了，比如风险投资、研究和专利申请、大学项目、加速器和孵化器，以及政府创新项目。[2] 同样，即使在领先的创业中心，创业公司和投资者的绝对数量并不意味着最终的结果是成功的。[3] 在一项又一项研究中，一旦考虑到人才密度等因素，这些因素就无法与地区的高影响力的创业公司建立统计意义上的关系。[4]

这是否意味着这些因素无关紧要？不，它们当然重要，但这还不够。

单凭这些因素是无法在一个城市中产生稳定的高影响力创业公司的。创业区域与其他区域的区别在于，这些因素如何整合为一个包含促进合作、包容、管理和创业思维的系统，并展现出更多有利于创新和创业过程的社会、文化和行为特征。

许多人没有吸取教训，认为硅谷可以在美国重新被设计出来。硅谷的缔造者们并没有在一开始就致力于建设世界上最具创新活力的地方，硅谷的出现源于创业者们所做的事情以及他们的做事方式。与当时其他地区不同的是，硅谷的文化是超乎个人、公司和机构层面的，它始终秉持着开放、自下而上的协作文化，以及对该地区的承诺。[5]

硅谷之所以能够成为今天的模样，是因为它的行为、思维方式，以及为创新系统的出现创造了环境，创新系统的出现通常是偶然的，没有任何计划。其他大部分事情都是在很长一段时间后才发生的，不存在刻意实现这一切的核心计划。

"更多的东西"的吸引力是可以理解的——行动是可控的、有形的，而且往往是直接的。更多的事情在短期内会让你感觉良好，因为你可以看到眼前发生的事情。但从长远来看，除非创业社区的参与者解决潜在的社会、文化和行为障碍问题，否则会有更多的东西让人失望。借用维克多·黄和格雷格·霍洛维特在《雨林：建设下一个硅谷的秘密》一书中的一句话："不专注于改变人类行为的创新注定会失败。"[6]

"更多的东西"方法的另一个名称可以是用以资源为基础的方法来启动社区发展，或者用旧的经济方法来建立新经济。无论如何，问题都是一样的：增加关键投入会以线性、可控和可预测的方式增加预期产出。这种方法更多地是应用于信息经济创业公司的工厂生产方式。虽然很诱人，但这种想法是不现实的，而且会适得其反。

在走"更多的东西"这条路之前，考虑另一种选择。有时候，答案在于某件事或某些事情，但更关键的是在于你做得有多好。比如是否充分利用了自己所拥有的资源？哪些举措可以改善互动?现有产品的有效整合程度如何？

根据我们的经验，这些问题的答案不是来自计算，而是来自激活和转化，这需要特别关注文化和心态。行为上的微小改变被广泛采用并持续实施，可能会对未来的结果产生重大影响。

异常值，而不是平均值

在数量驱动的思维模式中，隐含着一种信念意识，即创业社区中的价值创造遵循正态统计分布规律，即对平均结果的理解提供了对生态系统整体性能的理解。但这是完全错误的。

考虑到复杂系统的非线性特征，它的一个核心特征是罕见的、高影响事件的普遍性，这超过了正态统计分布的预测。这些是厚尾分布，其中相对较少的异常值驱动系统中的总价值。由于创业公司的典型结果是失败，因此，少数大的成功，而不是大量的小的成功，会为整个创业公司群体带来经济价值。风险投资家喜欢称之为幂律，即基金中一家公司的巨大成功盖过了基金的所有失败。

归根结底，拥有几家影响力大的公司和几位敬业、成功的创业者，远比拥有数百家影响力一般的创业公司、合作机构、投资者团体或大学创业项目更有价值。由于价值在创业社区中是不对称的，所以大的成功比投入、人员和活动的绝对数量更重要。为创始人提供一个有形的标准，让他们有远大的梦想，并相信他们能完成别人看来不可能完成的事情，这会产生深远的心理影响。

由于许多失败被一些相当大的成功所抵消是创业社区的常态，因此文化规范必须反映并支持这一点。普遍的失败强化了成功创业者展示领导力、回报下一代创业者的重要性。

25 年前，在博尔德有一种创业周期已经结束的感觉。虽然有几十位创业者在新业务上努力工作，但很长一段时间都没有出现大的成功退出。这个社区变成了两大群体，一群是已经退休的富有企业家，可能早已脱离了新的创业活动；另一群是年轻一代，他们忙得团团转，但在当地没有任何同时代的榜样。他们开展了很多行动，但似乎始终没有得到任何回报。

然而，在五年内，有六家公司被四家大型上市公司以巨额资金收购，收购后，每家上市公司都在博尔德设立了一家业务公司。其中两家公司上市，产生了约 100 名新晋百万富翁。而后几年，当创始人都离开时，他们中的绝大多数人拿走了自己的一部分财富，开始投资新的创业公司，其中许多是由以前的一些员工创办的。在过去 25 年里，在相对较少的备受瞩目的成功创业企业的推动下，博尔德出现了大量的创业活动。

循环创业

成功的创业公司能够实现规模化，或功成身退，这对于创业社区来说有着巨大的影响。即使是非常小的一部分，也会对创业社区的发展产生非常大的影响。循环创业是这些异常事件对创业社区产生巨大影响的原因之一。

当一家创业公司创业成功时，公司创始人、早期员工和当地投资者所赚取的财富可以循环到下一代创业公司中。此外，由于创始人、经理和早期员工现在已经有了成功创业并扩大规模的经历，当地人才库的经验也得以积累。劳动力市场也因技术、管理和专业角色的需求量增大而变得充满机会，从外部地区吸引人才变得更加容易。随着经济的增长，本地服务业和创意行业变得更加活跃，有更多高薪工作岗位支持着它们。

在许多创业生态系统框架中被忽视的高度可见的成功故事，使成功的信念变得切实可见，尽管创业循环很难量化。但成功对创业社区的心理影响至关重要，尤其是在那些从未经历过成功、持有"在这里不可能发生"的态度，或者通常存在巨大的结构性障碍和限制的地方。

身兼创业者和投资者双重身份的克里斯·施罗德（Chris Schroeder）在2013 年出版的《创业崛起：重塑中东的创业革命》（*Startup Rising: The Entrepreneurial Revolution Remaking The Middle East*）一书中对此进行了描述。在中东，改变心态尤其具有挑战性，在那里，裙带关系和成功的传统途径深深根植于社会心理之中，甚至还形成了一个术语——wasta。在这本书中，施罗德将 wasta 描述为"对受青睐的人或群体的偏爱，而不考虑他们的资格……（由此）在文化上的净效应是一种让人被动接受的无序状态，即只有一种做生意的方式。"[7] 换句话说，只有人脉广的人才能够取得成功。想象一下这会对有雄心壮志的创业者产生何等负面影响。但令人鼓舞的是，中东的创业者开始挑战这一传统。[8]

创业是个边学边实践的过程，经历过创业的人所拥有的经验知识，是无法通过单纯的学习掌握的。对于初出茅庐、志向远大的创业者来说，那些具有丰富经验的创业者所积累沉淀的经验知识，是非常有价值的。学术研究证实了那些连续创业的创业者的生产力优势，因为一家企业的知识会扩散到下一家企业。[9]

创业的成功经验必须被重新运用到下一代的创业公司中。有很多人能够传递这种成功，比如创业导师、顾问、董事会成员、连续创业者、创业公司的员工。他们继续将自己的资本、精力、知识和时间投入到社区中新成立的创业公司中。

只要有正确的方法，成功的创业者往往能够成为最好的创业社区领袖。他们不仅是财富、知识、人才和专业知识的来源，也是展现有抱负的创业者能够取得成就的榜样。但问题是他们是否真正地参与了创业社区的建设，以及选择何种参与形式。

应该鼓励已经取得成功的创始人继续与社区中的下一代创业公司合作。不要让你的资本、知识和灵感搁浅（至少不是永远）。创建链接与合作，从而帮助下一代创业者，即使在你创业的时候并没有人这样帮助过你。尽自己最大努力让社区变得比你建立公司时更好，努力确保追随你脚步的下一代创始人的创业旅程比你顺利。

领导者是超级节点

到目前为止，我们一直在强调那些异常的公司。但他们背后的人更挑剔。公司是流动性的，但人是一直在职的。

创业型领导者是将所有这些要素整合在一起的关键，他们定下基调。创业社区参与者，尤其是其他创业者，会向领导者寻求行为、活动和态度方面的帮助。如果没有好的创业领导者，创业社区的存在就没有任何价值。

领导者是一种榜样，从他们身上你能感受到长期以来创业社区所秉持的规范，以及创业社区里的人们对创业的态度。如果你想快速了解创业社区的文化，可以看看创业社区的领导者。你将深刻地了解到你想要知道的信息，比如当前的创业态势或创业规范等。

来自北卡罗来纳大学的玛丽安·菲尔德曼（Maryann Feldman）和泰德·佐勒（Ted Zoller）对交易撮合者进行研究，他们将交易撮合者定义为拥有深厚创业经验、与创业公司有信托关系以及拥有宝贵社会资本的高度关联的个人。这些交易撮合者是促成事情发生、连接人脉关系、创建网络、促进资源流动的桥梁建设者、创业社区的支柱。菲尔德曼和佐勒在研究中发现，这些交易撮合者的密度以及他们之间的联系，比创业公司和投资者的数量指标更能预测更高的创业率，并能带来充满活力的当地创业社区。[10] 换句话说，关键人物的关联性取代了投入的大小。

在接下来的工作中，菲尔德曼、佐勒和其他参与者发现，与交易撮合者有联系的创业公司，能够接触到相关的机会和社会资本，并在业务绩效上拥有显著的提高。[11] 作者将公司业绩的改善归因于与交易撮合者之间的联系。

这项研究表明，与对创业公司和投资者的综合衡量相比，本地网络的实力，尤其是与许多创业公司打交道的本地领导者的存在和联系，更有可能带来良好的创业结果。[12] 与拥有更多创业者或投资者相比，网络运营商的质量和凝聚力对当地创业社区的成功更为关键。全球创业网络（Global Entrepreneurship Network）领导的一个研究联盟在全球多个城市得出了类似的结论。[13]

网络的质量比其规模更重要。虽然在线社交网络（LinkedIn、Facebook和 Twitter）的流行已经产生并强化了这样一种观念，即你在社交网络中的联系（或关注者）数量决定了你对网络的价值，但这根本不是真实的。而真相就是一个简单的公式：

$$价值 = 连接 \times 连接之间传递的信息的价值$$

一个几乎没有联系的人，即使传递的信息是有价值的，对创业社区也不会产生很大的影响。一个人有很广泛的人脉关系，但传递的信息几乎没有价值，这同样对创业社区没有影响。事实上，他们可能是有害的。对于创业社区来说，拥有的人脉数量保持在平均数值时，可能比前两种情况所能带来的积极影响更大。而且，一个同时拥有大量人脉和高价值信息流的人对创业社区至关重要。

我们称这些创业社区的高价值参与者为超级节点，因为他们在网络图上的节点比其他节点大得多。这些超级节点对创业社区至关重要。

在过去十年的大部分时间里，奋进组织一直在研究全球创业社区网络。他们得出的结论是，拥有有影响力的成功创业者（拥有将公司带入规模化运营的经验）的城市，比不曾拥有有影响力的创业者的城市，更容易诞生拥有更高增长率和规模的公司。[14] 世界银行的研究也得出了类似的结论。[15]

维克多·黄和格雷格·霍洛维特在他们出版的《雨林：建设下一个硅谷的秘密》中称这些人为基石。在生态学中，关键物种会影响生态系统中许多其他生物的物种。这些关键物种对一个生态系统至关重要，它们将从根本上改变生态系统。

正如维克多·黄和格雷格·霍洛维特所观察到的，在创业生态系统中，担负着关键物种这一角色的人们至关重要，因为他们拥有多个官方职位。这些人是相互融合的，他们跨越国界为人们构建联系。他们对人们的长期利益和非经济动机具有影响力和吸引力。最后，他们是有影响力的，能够促进事情发生。作者强调了基石的重要性：

> 基石是创业生态的重要组成部分。没有他们，许多创业生态可能会发展非常困难甚至毁灭。在未能够产生大量创业创新的地区，这些承担"基石"角色的人们的数量将非常少，甚至逐渐消失。

同样，在 2009 年出版的《创业的国度：以色列经济奇迹的启示》（*Start-up Nation: The Story of Israel's Economic Miracle*）一书中，丹·塞纳（Dan Senor）和索尔·辛格（Saul Singer）将"bitzu'ism"描述为该国创业动力的心脏。在希伯来语中，bitzu'ist 泛指一个积极实用主义者，一个知道如何完成事情的人。

交易撮合者、超级节点、基石和 bitzu'ist 都指创业社区的领导者。请注意，这里所指的"一个人"并不是一个人类个体，因为发展良好的创业社区同时拥有多个领导者，而且，随着创业社区的发展，领导者的数量也会随之变化。积极参与的创业领导者对创业社区的长期健康发展和成功至关重要。

创业循环如何促进印第安纳波利斯的创业社区

斯科特·多尔西（Scott Dorsey），印第安纳波利斯 ExactTarget 联合创始人，High Alpha 联合创始人兼管理合伙人

克里斯·巴戈特（Chris Baggott）、彼得·麦考密克（Peter McCormick）和我在 2000 年 12 月创办了 ExactTarget（一家云端营销软件公司），梦想着将营销人员带入数字世界。我们获得成功的胜算不大。互联网泡沫刚刚破裂，资金没有流向创业公司，我们是没有任何技术储备且又是初次创业的科技创业者，我们在印第安纳州的印第安纳波利斯创办了这家公司。希望我们好运！

当时，印第安纳波利斯在科技领域只取得了很小的成功。Software Artistry 公司（一家客户支持软件的开发商）是我们这里最耀眼的明星。该公司于 1995 年上市，员工人数增至 300 人，最终于 1998 年初以约 2 亿美元的价格出售给 IBM。阻碍印第安纳波利斯科技行业发展的问题包括地区内存在两个相互竞争的科技协会，以及与主要科技中心之间缺乏连通性。我们有一个旧机场，但没有直达西海岸的航班。我们所在的地区甚至没有遵守夏时制，这意味着我们总是与全国其他地区不同步。

尽管面临着诸多挑战，但事实证明，印第安纳波利斯仍具有巨大的竞争优势。社区做好了进步的准备。我们搬到了市中心，并在名为"Monument Circle"的区域建立了自己的知名度。我们充分利用了印第安纳大学、普渡大学、圣母大学、巴特勒大学和其他许多大学的优秀人才。我们的政府领导人支持我们前进的每一步，推动立法改革，提供

经济发展激励，帮助我们更快地成长，创造高薪就业机会。我们最大限度地利用现有资源，并在此过程中创造了其他资源。

ExactTarget 克服了许多挑战，取得了巨大的成功，还进行了 IPO 和大规模退出。我们在印第安纳波利斯创造了 1500 多个高科技工作岗位，证明了可扩展的科技公司可以在任何地方建立。我们展示了公司建设和社区建设可以并行。搭建人才网络，与大学和政府领导人合作，展示可能的情况，是让创业团队在创业社区中得以正常运转的要素。成功是建立在成功之上的。最重要的是，成功的结果对创业社区的长期活力至关重要，就像"重大胜利"本身一样。

在创建公司的同时创建一个社区

在创立 ExactTarget 的早期，筹集资金是非常困难的。我们一起投资了 2.5 万美元，并从朋友和家人那里筹集了 20 万美元。最初的股权结构表上满是"投资"5000～25000 美元支票的亲戚和邻居。因为创业的风险很大，所以我们鼓励小额支票投资以保护个人关系。事实证明，在我们被 Salesforce 收购时，每 5000 美元的投资产生了超过 100 万美元的收益！

我们的第一次重大融资突破源于鲍勃·康普顿（Bob Compton），他是一位成功的投资者和企业家，同意领投我们的 100 万美元天使轮，并担任董事长。鲍勃曾担任 Software Artistry 公司的董事长，他明白回馈下一代创始人的重要性（这一点至今激励着我们）。我们很幸运团队里能够拥有这样一位领导者。筹集资金变得更加容易。后来，我们从 Insight Venture Partners 获得了 A 轮融资，随后又从 Battery、TCV 和 Scale 等知名公司获得了几轮融资。这些沿海投资者为我们的公司和社区增加了大量价值，他们逐渐爱上了印第安纳波利斯和中西部地区。

……才成了推动这一目标的引擎。我们设计了高度分化的实习和新的大学毕业生项目，从而甄选出青年精英加入我们的团队。多年来，我们精心组建团队，非常重视文化和中西部价值观。通常，我们会增加一位来自另一个城市的高管。他们会爱上印第安纳波利斯进而最终搬家来到印第安纳波利斯。我们为我们的社区增加了新的工作岗位和新的人才而感到自豪。

公司的企业文化是我们的秘密武器。从印第安纳波利斯的少数几名员工，发展到世界各地的 2000 多名团队成员，这需要我们秉承同样的核心价值观，并且创造集体认同感以及高度重视团队合作。我们的品牌颜色是橙色。合作伙伴、客户和潜在客户总是说，我们的员工非常积极，有巨大的能量和热情为市场营销人员服务。我们的座右铭"Be Orange"诞生了，并迅速成为连接我们团队的核心价值观，覆盖了从印第安纳波利斯到西雅图、旧金山、伦敦、巴黎、悉尼、圣保罗，以及世界各地的其他办公室。

每年举办年度用户大会"连接"（Connections）已逐渐成为我们的一项传统活动，我们会把成千上万名营销人员邀请到我们的家乡印第安纳波利斯。这包含着我们的发展策略，同时也让我们产生巨大的自豪感。虽然大多数人建议我们应该将年度大会搬到纽约或者拉斯维加斯，但我们依旧坚持将举办地定在印第安纳波利斯，并找到了更具创造性的方法，从而让它更好地呈现在印第安纳波利斯这片土壤上。这样一来，我们可以让所有员工参与进来，使得他们也能见到公司的客户和合作伙伴，并且可以让他们倾听到理查德·布兰森（Richard Branson）爵士和康多莉扎·赖斯（Condoleezza Rice）博士等人的出色演讲，欣赏到Train 与 Imagine Dragons 这样乐队的音乐会。鉴于我们得到的支持，我们觉得为城市的经济发展带来积极影响是值得的。当来宾说他们"为自己是橙色而自豪"时，我们知道我们所提供的体验与我们的文化和社区是一致的。

当你感觉到获得了社区的支持时，是非常愿意主动回馈社区的。我们的员工发扬了美好的奉献精神。当我们用创始人和早期投资者的股权投资股票创立 Exact Target 基金会时，能够扩大我们的影响力。我们选择了三个我们所热爱的，以及与公司文化相匹配的方向进行捐赠——教育、创业和消除饥饿。在收购了 Salesforce 之后，我们将基金会更名为 Nextech，并决定加大对计算机科学教育的投入。通过与 Code.org 的合作，我们已经将数百所印第安纳州的学校带入了数字时代。我们激励了成千上万的学生学习计算机科学课程，学习编程，并将技术作为他们的职业道路。印第安纳州现在是计算机科学教育的领先州之一。

上市从来不是一个目标。但随着时间的推移，成为一家上市公司能够帮助我们提升在大企业客户心中的品牌认知度，从而使我们更好地发展我们的业务，并且加速企业的发展。在 2007 年 12 月，也是金融危机之前，我们申请了上市，但这一次尝试并未成功。IPO 市场枯竭，作为一家上市公司，我们背负着很大的负担，却没有获得任何好处。2009 年初，我们取消了 IPO 申请，并筹集了外部资本。我们的口号是"比 IPO 更好"，我们需要每一盎司的橙色文化和领导力来保持我们团队的专注和前进。为了打开沟通渠道，我开始在公司范围内发送一封名为"斯科特的周五便条"的电子邮件，在接下来的五年半里，我从未错过任何一个周五。

幸运的是，我们于 2012 年 3 月 22 日在纽约证券交易所上市。敲响上市的钟声，与吉姆·克莱默（Jim Cramer）一起在 CNBC 上做直播，这是一段不可思议的经历。我们的股票被大量超额认购。我们的定价为每股 19 美元，第一天的交易价格超过每股 25 美元，使我们公司的企业价值超过 10 亿美元。这是有史以来规模最大的 SaaS 类别的 IPO 之一。我们把纽约证券交易所变成了橙色。大厅里的每个交易员都穿着橙色夹克，我们在地板上铺了橙色地毯。成功上市最棒的部分是为我们的员工、投资者和信任我们的社区提供了回馈。

公司上市后的发展很好。我们在前四个季度超过了华尔街的预期，收入同比增长超过 40%。大型云供应商开始意识到 IT 行业资金正在转向营销，他们需要一个像我们这样的平台来管理大规模数据，推动跨渠道营销活动，并满足数字营销人员的需求。我们与 Salesforce 合作多年，在 App Exchange 出现之前就与他们的平台进行了整合。马克·贝尼奥夫（Marc Benioff）和他们的团队向我们抛出了橄榄枝，表达了非常强烈的合作意愿。经过几个月的商讨，我们同意以超过 25 亿美元的价格被收购，并于 2013 年 6 月 4 日宣布了这次收购。对于我们的股东、员工、客户、合作伙伴和社区来说，这是一个巨大的成果。

在印第安纳波利斯加倍努力：建设下一代

出售 ExactTarget 对我们来说无疑是苦乐参半。在这个过程中，我希望我们最终会有一个与时俱进的软件领导者，继续投资于我们的员工、产品和社区。Salesforce 已经实现了所有这些，并且做得更多！他们在印第安纳波利斯增加了近 1000 个工作岗位，通过 Salesforce 基金会在城市投资，甚至致力于解决我们州的社会问题。今天，印第安纳波利斯是 Salesforce 全球第二大的销售点，仅次于旧金山总部。印第安纳州最高的建筑现在被称为 Salesforce Tower，向世界彰显着我们如科技社区一般的城市特点。

今天的印第安纳波利斯与我们刚成立 ExactTarget 时的印第安纳波利斯大不相同。我们有一个充满活力的机场，在过去八年中，它被评为北美最佳机场，每天有多趟直达旧金山和其他西海岸城市的航班。我们现在遵守夏时制，与全国其他地区同步。印第安纳波利斯市中心正在蓬勃发展，每年都有无数新的当地餐馆开业，似乎每个角落都在建设新的住宅区。千禧一代和空巢老人正在大量搬到市中心。

我们的科技创业社区正在蓬勃发展。无论取得何种成功的科技工作者和企业家们，都在通过投资、指导和创办新公司来回馈社区。以科技为主题的联合办公空间无处不在。史蒂夫·凯斯（Steve Case）和他的Rise of the Rest 团队在印第安纳波利斯进行了多次投资。印第安纳州创建了一个 2.5 亿美元的基金，名为"下一级别的印第安纳州"（Next Level Indiana），以吸引更多的风险资本到我们州，帮助我们的创业公司扩大规模。印第安纳州 Techpoint 技术加速器（协会）正在快速发展，并通过大规模人才引进计划增加价值。而位于沿海地区的大型科技公司也在快速开设印第安纳波利斯办事处。

我的下一家创业公司是 High Alpha。我同迈克·菲茨杰拉德（Mike Fitzgerald）、埃里克·托比亚斯（Eric Tobias）、克里斯蒂安·安德森（Kristian Anderson）一起，创建了一个风险工作室，以回馈社区并帮助扩大下一代云公司的规模。我们正基于以往的经验，开创一种新的创业模式，将公司创建（High Alpha Studio）与风险资本（High Alpha Capital）结合在一起。我们的核心作用是牵线搭桥，将有才华的创始人（其中许多人曾是 ExactTarget 的同事）、伟大的想法和资金三者聚集在一起，打造突破性的 SaaS 公司。High Alpha 平台为我们提供了一个巨大的机会来指导下一代印第安纳波利斯科技创始人。如果成功，它有可能产生比 ExactTarget 更大的影响。

曾在 ExactTarget 工作过的许多人都在投入时间、精力、经验和资本，帮助我们打造未来的公司。在我们之前的那些人已经树立了一个很好的榜样，我们希望产生持久的影响，不仅仅局限于从 IPO 或一家公司成功退出。突破性的技术社区不断发展和壮大，创始人在创建公司的同时也在创建社区。他们致力于利用自己的经验和资源，在未来推动更大的成功。

每个创业者都梦想着打造更伟大的事业。我们非常幸运能够在正确的时间出现在正确的地点。我们顺应了软件即服务和数字营销的浪潮，并与一个由创业者、投资者、大学和政府共同努力创造持久进步的社区建立了联系。我希望你也能像我一样，甚至做得更成功更好！

第九章
控制错觉

创业社区方式原则

创业社区可以被引导和影响，但不能被控制。与其自上而下地接触创业社区，还不如为其提供自下而上的合适条件。在创业社区控制人员、活动和信息，往往是徒劳的，甚至是具有破坏性的。

复杂系统令人费解，但正因如此才让它们独具价值。人类都渴望那种无所不知、无所不能的安全感，这就是挑战所在。我们想要相信我们完全了解自己周围所发生的事情，可以运用我们的技能来解决我们所面临的挑战，甚至可以掌控自己的命运。

人类天生渴望成为自己命运的主人，与此相辅相成的是一种代代相传的等级管理制度。一个多世纪前，由效率顾问、实业家弗雷德里克·温斯洛·泰勒提出的科学管理理论促进了专业化、严格控制生产和自上而下的管理模式。[1] 泰勒主义在工业时代开始流行，并在第二次世界大战后得到发展，它的遗留问题一直延续到今天。

泰勒主义是烦琐思维的本质。"宇宙之主"综合征也一样。[2] 但是，我们生活在一个日益复杂的世界，而不是一个繁复单一的世界。这些理论不仅不再充分，而且是有害的。事实证明，控制的错觉只是一种错觉而已。

不可控性

无尽的相互联系、反馈循环、无限可能的结果、不断的进化和分散的网络结构使得控制一个复杂系统变得不可能。相反，复杂系统只能被引导和影响。创业者凭直觉就明白这一点，因为创业公司的早期阶段就是一个复杂系统。

如果你曾养育过小孩，你会容易理解复杂系统。父母不应该试图控制孩子生活的各个方面，因为这是不可能的，如果试图这样做，往往会适得其反，最坏的结果则是具有破坏性的。好的方法是，父母在适当的年龄引导孩子做出更好的选择。

经济学家大卫·科兰德（David Colander）和物理学家罗兰·库珀斯（Roland Kupers）在他们的著作《复杂性与公共政策的艺术：自下而上解决社会问题》（*Complexity and the Art of Public Policy: Resolving Society's Probems from the Bottom Up*）中探讨了复杂思维在社会和治理中的实际应用：

> 一种育儿方法是为孩子制定一套明确的规则，如果规则是正确的，如果孩子遵循这些规则，那么，假设父母知道什么是最好的，孩子的幸福程度便会增加，这就是理想化的育儿"控制方法"。
>
> 但在这其中存在着两个问题，一是大多数家长并不确定哪些规则是正确的，如果他们选错了，那么孩子的幸福程度便不会最大化，二是孩子可能不遵守规则。

  ……自上而下控制式育儿的真正替代方法是我们倡导的复杂性育儿方法；一种自由放任的育儿法……比较少的严格规定的规则，通过引导的方式，有意识地试图影响孩子的发展，使他或她成为更好的人……

  复杂性育儿的重点不是控制，而是制定自愿的指导方针和提供积极的榜样。[3]

当抚养多个孩子时，这种不确定性尤其突出。虽然家长可以用同样的方式养育每个孩子，但不可能要求有同样的结果，因为两个孩子是不同的个体，结果必然有所不同。

由于我们无法控制复杂系统，因此无法预测、设计或复制它们。比如硅谷，它的诞生并非是政府专门设立的，而是周围环境造就的结果，使得这样一个"团体"自发地出现。如今，即便是硅谷也无法再创造另一个硅谷。

在安娜李·萨克森尼安的书《区域优势：硅谷与128号公路的文化和竞争》中，她对比了两个重要的创业社区及其发展过程。20世纪90年代，硅谷的创业社区蓬勃发展，而马萨诸塞州的创业社区（当时以128号公路为中心）却停滞不前。虽然发生这种情况的原因有很多，但这两个地区不同的文化规范是突出原因。硅谷是一种分散的、流动的、自下而上的文化，建立在悠闲的西海岸氛围之上。相比之下，128号公路是一种受控制的、自上而下的文化，反映了新英格兰地区的保守主义。毫不奇怪，自20世纪90年代中期以来，硅谷和波士顿都有了显著的发展，因此现在也许是需要进行新研究的时候了。

2007年至2012年间，随着博尔德创业社区的发展，人们没有采取任何措施来控制它。正如博尔德理论所解释的那样，相反的情况发生了，这与20世纪90年代科罗拉多大学博尔德分校和活跃在博尔德的风险投资家的努力背道而驰。当时，两个团体都想要扮演看门人的角色，但看门人非但没有被投入到一个回报递增的复杂系统中，反而阻碍了创业社区的成长和发展。然后，在 2007 年到 2012 年间，菲尔·威瑟和布拉德·伯恩塔尔领导的一个名为 Silicon Flatirons 的组织对博尔德的创业社区产生了巨大的积极影响，正如《创客社区：构建一座城市的创业生态》中所描述的那样。

价值观和美德：不要滥用权力

创业社区中的支持者通常比创业公司拥有更多的资源。作为创业公司蓬勃发展所需的许多重要资源的看门人，支持者可能对创业公司有巨大的影响力。

在健康的创业社区中，支持者通过他们的权力去帮助创业者，即使这可能与他们的短期利益不符。信任对创业社区至关重要，很难建立，但很容易打破。归根结底，对创业公司最好的就是对整个创业社区最好的。

不完全可知

在复杂系统中，结果是无法预知的，预测往往是错误的。在任何时候知识都是有限的，这导致基于自上而下方法的预测框架是无效或具有破坏性的。预测和预知通常是无用的。

设想一个 50 万人口的城市有一个创业社区。大学、一家专注于创业发展的非营利机构（联合办公空间是其工作的一部分）、当地市政府，这三个组织联手研究如何改善他们的创业社区。他们聘请咨询公司进行调查研究，并将他们的创业社区与其他规模类似但发展得更好的社区进行对比。这项研究带来了大量的数据和分析，一些人对这家非营利机构试图控制创业社区持批评态度。另一个反馈是，在这三个组织的领导层中，女性和少数族裔的代表人数远远低于人口比例。提供信息的机构，尤其是非营利机构，对此感到不安，并试图重写报告中的一些内容，以使其更具积极意义。

支持组织并没有利用这些数据来开展工作和刺激变革，而是更加强化他们的固有观点。在这个例子中，无论批评多么具有建设性，但他们在受到批评时依旧采取退缩及防御姿态。一旦他们无法控制事情，特别是反馈和信息，他们就不想听了。想想看，如果他们能更好地理解事情，并提高对创业者的支持，而不是对抗反馈的意见，情况会产生很大的不同。

面对不确定的结果，创业社区的建设是一项团队运动，最好由一群具有不同视角、才华和背景的人来完成。线性系统思考者积极地避免多样性，因为它使预测模型难以校准和维护。相比之下，多样性对于复杂系统至关重要，因为它可以建立弹性，产生不同的产出和结果。[4] 让所有人都参与进来的创业社区可以建立联系，建立信任，激发新想法，做出更好的决定，并产生更令人兴奋的结果。

考虑一下这两种情况：一种是创业社区内人们的年龄都超过 50 岁，并拥有 30 年及以上的工作经验；另一种是创业社区内人们的年龄低于 25 岁，仅拥有不超过 5 年的工作经验。在这样一个复杂系统中，对于创业社区来说，所拥有的员工年龄跨度越大，越能够产生更多样化的输入，从而产生更多具有创造性的输出。

现在，试着把性别、种族、民族、教育、工作、地域背景，或其他一些特征逐一替换，在这种背景下，多样性是生存的基础。

反馈和传染

复杂的系统经常让参与者接触到新的思想、信息和关系。反馈循环产生一系列的行动和反应。这些行为和反应会激发更多的反应和适应。复杂系统受到自下而上和自上而下的强化循环的影响。

自下而上的因素决定了系统，它影响着个体参与者和互动，这种情况反反复复地发生了很多次。就像资本市场，个体交易者的行为决定了宏观动态（价格、波动率和交易量）。与此同时，市场的行为也影响着交易者，比如在罗马、纽约或拉各斯等城市中，司机的行为会受到城市拥堵等各个因素共同汇聚起来的影响。有时因果之间的联系是显而易见的，但大多数时候却不是这样。

"传染"是一个与反馈相关的概念，行为、思想和信息可以在高度关联的系统中迅速而广泛地传播开来。虽然存在负面"传染"的例子，比如金融危机和病毒爆发，但积极"传染"却驱动着回报的增加，并可以将有益的思想和行为传递给他人。

"传染"对一个创业社区可能是有益的，也可能是有害的。健康的创业社区采纳并传播良好的行为和理念，特别是那些能够加强、扩大或加速社区支持、知识共享和协作的行为和理念。相应地，健康的创业社区会识别、呼吁制止不道德或破坏性的行为。反馈循环强化了良好的行为，同时消除了糟糕的行为。

在这里请注意，我们谈论的是行为，而不是结果。改善创业社区的一个高杠杆策略是仔细培养并广泛传播有益的行为和理念，从而创造积极的"传染"。

来自博尔德的一个例子是，创业社区的创业者采用了"给予优先"方式，科技之星在博尔德的加速器对此进行了放大。"先予后得"的态度非常有感染力，因为创业者们经常不遗余力地帮助其他创业者。敞开心扉，问自己"我能帮什么忙？"成为创业社区的文化规范。当有人搬到博尔德时，他们常常会惊讶于与周围的人建立联系和融入创业社区是多么容易。他们很快就会成为创业社区的一员，并在新的成员加入时立即对他们表示欢迎。当他们和来自不同城市的朋友们交谈时，他们对"先予后得"的气氛和博尔德的活力赞不绝口。

摆脱困境

创业社区转型所呈现的 J 曲线表明，社区可能会陷入一种缺乏活力的状态，很难从中摆脱出来。[5] 这种状态是一种低业绩的状态，如果这种状态持续下去，创业社区将继续处于僵尸状态。为了达到一个更具活力和持久的状态，表现不佳的创业社区必须经历一个过渡时期，在这个过渡期内，情况变得不那么稳定。这种转变是痛苦的，但也是必要的。

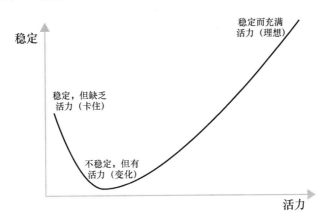

创业社区转型的 J 曲线

创业社区可以通过尝试新的大胆想法来引入不稳定性。这些举措可能会导致反复甚至巨大的失败，把事情搞乱，打破人们的界限，迫使他们改变。这种转变将使许多人感到不安，因为它直接挑战了强大的现任者、既得利益者、控制权力的政治掮客们，以及古板而舒适的思维和行为方式。

通过这种方式，创业社区应该成为纳西姆·尼古拉斯·塔勒布（Nassim Nicholas Taleb）所说的"反脆弱系统"。[6] 脆弱的系统很容易被破坏，或者非常容易受到压力、随机性和失败的影响，而反脆弱的系统可以增强其能力，使其在这种冲击、中断和无序的情况下茁壮成长。官僚是脆弱的；创业者是反脆弱的。华尔街、公司雇员、债务、学术和柏拉图都是脆弱的。相应地，硅谷、风险资本、艺术家和尼采都是反脆弱的。[7]在健康的创业社区中，领导者会寻求一定程度的随机性和破坏性，因为它可以促进学习与进步，从而也使得反脆弱系统变得更加强大。建立在守旧基础上的创业社区是脆弱的。它们不是为持久而生的，会变得陈旧或停滞，最终消亡。

因为创业社区在整个生命周期中不断展开，所以我们看到的创业社区转型的 J 曲线所呈现的是一个持续的过程。创业社区将继续向更具活力的状态（或不太具活力的状态）发展，期间会遇到很多困难与锁定期。

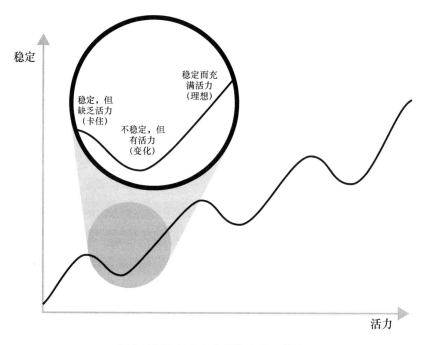

创业社区在整个生命周期中的 J 曲线

没有人知道哪些想法最终会是正确的。但我们可以通过感性的、开放的思维去试错，去尝试很多事情，直到我们弄清楚什么是有效的，什么是无效的。欣然接受包容的思想是有帮助的，因为最好的想法往往来自意想不到的地方。虽然很多方法都会失败，但只要有一个好点子，就能永远改变一个创业社区的发展轨迹。

放手

当只有一个参与者主导创业社区时，就会出现单节点问题。这个参与者是资源和关系的看门人。当单节点是一个支持者时，这是一个挑战；当它是一个旨在直接支持创业公司（如加速器、孵化器或联合工作空间）的组织时，这就变得尤为棘手。

即使一个占主导位置的节点能够为创业社区带来积极影响，比如一个相信"给予优先"的多次创业者，他将创业社区的需求置于首位，但这也不是能够让创业社区长久发展下去的状态。在这种情况下，单节点应该着眼于培养创业社区的下一代领导者，随着时间的推移，放弃原有职责——甚至在必要的时候可以突然放手。

接受不可控的事实，是创业社区的参与者能够采取的最有力的行动之一。管理学教授、系统思想家里克·纳森简洁地描述了这一点：

> 本质上，想要相信一个烦琐的世界是很有吸引力的。烦琐的事物都有明确的定义。当我们掌握它们的时候，它们让我们感觉自己充满智慧；它们让我们感到必要性；也许最重要的是，它们让我们觉得一切都在我们的掌控之中……
>
> 与我们对秩序的渴望相关的事实是，复杂的问题往往是混乱的。它们不像烦琐的问题那样有好的、简洁的解决方案。在烦琐思维中，解决方案越简洁，就被认为越好。我们喜欢可以用漂亮的蝴蝶结绑起来的东西……

烦琐的系统有一种诱惑力。它们让我们觉得自己很聪明，让我们觉得自己被需要和有价值。烦琐的系统让我们产生了一种错觉，让我们认为在我们获得成功的过程中，运气或者偶然性仅起到了有限的作用。因此，这让我们感觉无论我们获得了何种程度的成功，绝大部分都是我们自身的技能和努力的结果。

可能对烦琐思维最重要的激励因素是对不受控制的恐惧，以及它对我们的自我和自我价值感的影响。复杂性的属性，比如突发性，是以一种无领导的方式发展的。在自我意识的驱动下，我们发现这很难接受，于是我们冒着风险屈服于"冒名顶替综合征"。有意识或无意识地假设商业世界是烦琐的，这让我们避免了自我意识和自信方面的问题。[8]

放弃掌控一切的幻想。试图控制一个复杂的系统并将处理烦琐系统的观点强加于上是徒劳的，这并不会获得成功。

犹他大学学生创业指南

特洛伊·德安布罗西奥（Troy D' Ambrosio），犹他大学拉松德企业家研究所执行董事

当我们在犹他大学（University of Utah）创办现在的拉松德企业家研究所（Lassonde Entrepreneur Institute）时，我们有一个清晰的愿景——欢迎所有想要冒险并在实践中学习的学生。我们认为实现这个愿景的关键点在于我们将学生放在我们所做的一切事情的核心位置。

我们成功的关键就是——放弃控制。

让学生负责（几乎）所有的事情。 我们与150多名学生领袖一起运营我们的项目，他们负责确定和创建内容、编制程序、管理预算以及分配资源。我们最重要的两个项目来自于学生的想法，一个是原型基金

（我们的种子基金项目），另一个是为学生创业者提供的大型社区空间（拉松德工作室）。最后，学生创业者们组成了一个极其多元化的创业社区，他们几乎代表了学校里的所有专业，并且覆盖了从大一新生到博士生的每个阶段的学生群体。大卫·埃克尔斯商学院（David Eccles School of Business）院长泰勒·兰德尔（Taylor Randall）表示："放手让学生当家，是拉松德成功的秘诀。"

倾听学生创业者的意见。通过学生领袖，我们与数百家由学生创建的公司建立了一条直接、持续的连接渠道。当一个学生帮助另一个学生寻找资源、解决问题并与专家建立联系时，就会形成一个来自活跃创业者的实时反馈循环。学生们厌倦了讲座，擅长在网上查找和学习。他们最喜欢的学习形式是去做他们想做的事情。

在建设拉松德工作室时，我们与数百位学生创业者交流探讨，提出了增加住宅部分，即为学生创业者提供400个床位的宿舍，以及1858平方米的创新空间。学生们认为，24小时开放的空间非常有必要，因为在深夜和周末时，学校所提供的空间通常是关闭的。另外，对于他们中的一些人来说，最有创造力的时间是凌晨时分。有学生表示："这并不是一份早上8点上班下午5点下班的工作，它给予了我无限的激情，能够让我一天24小时都在思考。"

与学生们见面。随着我们越来越善于倾听学生的意见，我们愈发意识到学生创业者的多种多样，包括只听过"创业者"这个词但无法定义它的学生，以及那些已经从中获得一定收入的学生。为了支持这个多样化的群体，我们必须按需提供课程。比如，一个学生想要学习网络开发，下周她想要学习如何组建一家公司。另一个学生可能需要设计思维的引导或学习如何搭建公司。正因为如此，我们创建了一套灵活的、高度多样化的课程、内容和指南，在学生需要的时间和地点满足他们的需中，我们现在有 500 名名学中创业团队从事商业工作。最后，我们为了那些不确定是否成为创业者的学生创办了一个 24 小时营业的咖啡店，他们可以在这里观察创业行为，并决定是否想要成为其中的一员。

看一个，做一个，教一个。借鉴医学教育思维，我们发现，培养学生创业技能的最佳途径之一是一对一的指导或其他支持。其中一些是正式的，比如我们为那些想要创业但还没有自己的想法的学生提供奖学金，以及帮助他们获得其他积极的学生创业者的帮助和指导。此外，我们也会提供许多非正式的互动和指导，比如与创始人委员会的互动交流。

最后但同样重要的是，放手让他们去做！

第十章

缺乏蓝图

10

创业社区方式原则

　　每个创业社区都是独一无二的，不可复制。创业社区是由各种各样的因素、个人和历史环境塑造的。创业社区不应效仿他人，而应着眼于建立自己的独特优势。

　　没有两个创业社区是相同的，因为其中包含着众多的行为个体和因素，而他们往往深深扎根于当地的历史和文化，再加上复杂系统的动态特性，这些都让每一个创业社区都是不同的。内在的差异意味着复制的内在限制，但我们人类不喜欢这样的复杂性，所以我们借助抽象和概括的方法去寻找共性。

　　人类的本能是比较事物，尤其是将自己与他人进行比较，而这为学习提供了一种方法，并激发了我们的竞争本能。但在比较中，我们会将事物进行一定程度的概括，这可能会导致错误的理解和策略。创业社区的复杂件使这个问题变得尤为尖锐，在这里，抽象可能会带来太多让每个创业社区与众不同的独特特征。虽然"比较"可以提供信息，但更多时候，它会使人分心，并导致误入歧途。

最明显的例子是与硅谷无休止的比较，但问题远不止于此。人们始终有一种冲动（几乎是痴迷于此），通过将一套标准化的指标制成表格，来对创业社区进行比较并得出排名。这些方法虽然表明了有一套公式能够计算以及预测出创业社区的成绩，但并不是建立在创业社区所处的现实情况的基础上。这些模型甚至是最好的模型，都试图将烦琐的思维模式应用到复杂的系统中。它们经常混淆相关性和因果关系，并产生某种程度的错误理解。

虽然个体因素可能是相关的，但它们并不足以成为决定因素，因为每个创业社区都以不同的方式、不同的程度、不同的成熟阶段受到它们的影响。驱动系统行为的交互很难捕捉和评估。几项跨地域研究发现，大量标准资源与期望的系统绩效指标（如创业率、高增长企业、风险投资和退出次数）之间没有统计意义的关系。这些输出作为输入的作用十分有限。[1]

虽然我们鼓励进行基准测试和衡量，但要明白，当地环境非常重要，标准化的衡量标准并不能很好地捕捉到最关键的因素。最有用的比较往往是在同一个城市的不同时间点进行的。本地化指标应该实现高度定制。由于基本数据通常是定性的，因此必须通过实地采访或调查个人来收集。这种类型的数据获取既耗时又昂贵，这就是为什么要避免或忽略使用这种数据。

在对创业社区的研究中，有一些最具说服力的研究是以案例研究的形式出现的，这些研究遵循了一些关键原则，考虑了当地的因素，并强调了当地创业社区中的网络和这些关系的性质。俄亥俄州立大学（Ohio State University）的元山康行（Yasuyuki Motoyama）和他多年来的合作者是这方面的佼佼者。元山康行建议优先考虑最重要的事情，比如创业者获得导师、个人和组织的支持，并关注这些实体之间的关系，而不是试图做到全面的考量，因为这无论如何都是不可能的。[2]

价值观和美德：不要过度筹划你的参与

考虑到控制复杂系统的工作中存在的问题，我们要注意与创业社区合作中的过度程序化问题。每个创业社区都是独一无二的。在一个地方发挥作用的因素，在另一个地方可能不起作用。创业社区应坚持一套原则和价值观，而不是遵循一套程序。创业社区的项目和倡议应该反映当地的核心精神。

尝试不同的方法，看看哪些有效，哪些无效，进行必要的调整，再次尝试，重复这个循环。要知道，没有人知道所有的答案，也没有一种单一的做事方式。

初始条件和吸引力盆地

在复杂系统中，初始条件的细微变化可能会在之后产生大量不可预见的变化。比如著名的蝴蝶效应，巴西的一只蝴蝶扇动翅膀，两周后在美国得克萨斯州引发了一场龙卷风。这个想法是由爱德华·洛伦兹（Edward Lorenz）提出的，他是麻省理工学院的数学家，在 20 世纪 60 年代研究天气模式。他发现，随着系统的进化，输入到其计算机模拟系统中的微小数值差异会产生截然不同的结果。[3]

美国诺贝尔经济学奖得主、经济学家托马斯·谢林（Thomas Schelling）研究了种族隔离和个人密度偏好上的微小差异如何导致与这些偏好大相径庭的结果。[4] 经济学家大卫·科兰德和物理学家罗兰·库珀斯在

《复杂性与公共政策》（Complexity and Public Policy）一书中，就托马斯·谢林的观点提出了这样的见解：

> 这是复杂性的另一个重要模式：随着时间的推移，微观原因可以产生巨大的宏观效应，而随着脑海中线性模式的出现，人们会为巨大的效应寻找一个原因。对非线性系统的研究揭示了因果不成正比的模式，而系统的历史是一个重要的决定因素。[5]

很难想象，如果"叛逆八人组"从未离开肖克利半导体公司创建仙童半导体公司，硅谷今天会是什么样子。或者，如果罗伯特·诺伊斯不那么受前仙童半导体员工支持而另立门户，又可能会发生什么。[6]

试想如果美国殖民地不是建立在东海岸而是建立在西海岸。美国人民往东而不是往西迁移并开展新生活，那么在波士顿或纽约之外是否还会出现一个类似硅谷的复制品？整个技术历史的进程会改变吗？或者，旧金山湾附近的果园和阳光究竟有什么特别的地方？我们永远不会知道。

如果比尔·盖茨（Bill Gates）和保罗·艾伦（Paul Allen）如此热爱着新墨西哥州的阿尔伯克基（Albuquerque），以至于他们决定继续在高地沙漠中建设微软（Microsoft），那么今天的西雅图会是什么样？微软会如此成功吗？杰夫·贝索斯（Jeff Bezos）又会在西雅图创办亚马逊吗？这些都变成了未知。然而据报道，贝索斯在西雅图创立亚马逊，在很大程度上是因为微软在当地吸引了大量的软件工程师。[7] 而具有讽刺意味的是，盖茨和艾伦于 1975 年在阿尔伯克基创立了微软，而杰夫·贝索斯 1964 年也出生在这里。阿尔伯克基只是不够走运吗？

在博尔德发展的早期，联邦政府在镇上建立了几个研究实验室。这些实验室与加拿大大学博尔德分校有联系，该校的研究与国家实验室的工作重叠。几代人之后，博尔德拥有全美最高的人均博士学位的比例，该市在教育和研究方面具有影响力。[8] 不足为奇的是，许多"深科技"公司均在镇上设立了办事处，大公司也在此设立了第二个办事处，用于研究和开发新产品。

许多系统的结果是单一结果或平衡态。在复杂性理论中，系统有许多可能的状态，也称为"吸引力盆地"。在一个特定的状态中，存在着大量的持续的活力和进化。

这些吸引力盆地对系统中的元素不断施加引力。虽然这会导致活动向半稳定位置集中，但很难预测诸多潜在状态中的哪一个未来将成为主导状态。一些可能是健康的，而另一些则不是。吸引力盆地本身不是固定的，并且在不断进化。

由于这些吸引力盆地，复杂性系统表现出强烈的惯性效应（也称为锁定效应），健康系统则倾向于保持固有状态。同样，不健康的系统也很难摆脱束缚，这就是为什么不同地区的创业活动往往变化缓慢。繁荣的创业地区保持成功，而不那么成功的创业地区则持续滞后。

这些结果是可以改变的，尽管进展缓慢且不均衡，需要坚持和耐心才能取得更好的结果。在《创客社区：构建一座城市的创业生态》中，我谈到了要有长远的眼光。我将其描述为至少要有 20 年的长远眼光，但我随后修改了这个想法，从你当前的时间点出发，要有指向未来 20 年的长远眼光。对于创业公司的社区建设来讲，即使做得好，也需要时间才能看到巨大的回报。

在博尔德，经过很长一段时间的成功创业活动后，事情似乎发生了令人不安的变化。新人们来到这个城市，创业公司不断涌现，许多现有的公司也在不断发展壮大。尽管如此，一些早期的创业社区建设者开始抱怨，和从前相比，博尔德给人们感觉不一样了。一直存在的派系变得更加僵化，派系之争开始出现。一位已经离开博尔德一段时间的创业者说，当她回来时，她感到迷失了方向。尽管创业社区仍然充满活力，但现在的氛围不同了。它的重心转移了。

叙事谬误

心理学家、行为经济学家、诺贝尔奖得主丹尼尔·卡尼曼（Daniel Kahneman）在 2011 年出版的《思考，快与慢》（*Thinking, Fast and Slow*）一书中，列出了人类大脑拒绝周遭复杂性的无数种方式，以及支持简化版世界的情况。[9] 我们通过运用思维捷径或经验法则来做到这一点，而这主要是由我们自己的经验所决定的。但这些启发式思维会导致我们犯一些无法避免但却可能预见的错误。根据心理学家丹·艾瑞里（Dan Ariely）的说法，人类不仅是不理性的，更是"可预见的非理性"的。[10]

因为对不确定性事物的反感，我们经常容易误给事物强加因果关系，就像 18 世纪哲学家大卫·休谟（David Hume）所说的，这是出于对连贯性和意义的深层情感需求。这种模式非常普遍，以至于卡尼曼将其命名为"你所看到的就是一切"（WYSIATI）。[11] 它源于我们大脑中反应性或感官驱动的部分，这是一种本能的反应，往往主导我们的决策，但不适合进行细致的思考和分析。

我们想要了解我们的世界，即使我们并不知道所有的事实情况。虽然这满足了休谟和卡尼曼所描述的深层情感需求，但我们这样做也是因为我们想成为有用的人。我们认为在我们想要获得技术帮助的工作中应用工具和方法是有用的。但要知道正确的方法是什么（"预测"），我们必须首先理解潜在的关系（"因果关系"）。[12]

然而，在复杂系统中，因果关系和预测通常无法获知，尤其是提前获知。因为我们没有掌控所有的事实，以至于我们会编造它，然后用想象来为它填空，这样得到的故事往往不正确。通过将我们自己的经验投射到世界上，并从中得出广泛的结论，我们会犯可预见的错误。

纳西姆·尼古拉斯·塔勒布在他 2007 年的著作《黑天鹅：如何应对不可预知的未来》（*The Black Swan: The Impact of The Highly Improbable*）中也谈到了这一点。"黑天鹅事件"是一种高影响、低频率的事件。即使存在这样的事件，但因为它们的复杂性，以及大概率的前所未有性，使得人们很少能够预见到。但人们会编造一些因果关系，去试图解释这件事，从而误导了自己和他人。[13] 在塔勒布看来，关于这些复杂现象，人们不仅是现在不清楚事情的情况，甚至事情发生后，也并不清楚事情的真实情况。然后，我们却在回顾这类现象时，假装已经了解事情发生的因果关系，从而错误地解释了事情的原委。虽然黑天鹅事件不是随机发生的，有潜在的因素和某种关系驱动着它们，但它们太复杂了，使得人类大脑无法理解和预测。

硅谷的出现就是一种高影响、低频率、完全无法预测的黑天鹅事件。人们多次想要尝试重建硅谷，但都以失败告终，由此可以看出硅谷这个神话无法复制。这是人们告诉自己的，这样他们就能给创业生态系统的复杂现象带来连贯性和秩序。然而在通常情况下，我们会得到失败的教训。尽管如此，我们却仍然可以从硅谷学到一些原则。这本书借鉴了硅谷的许多原则。只不过硅谷并没有明确的规则，只存在可能性。

硅谷早期形成的诸多因素之一是政府在战时研发上的空前支出。规模巨大的刺激性计划塑造了整个行业，使得大量的资金和人才注入到了新兴的电子和通信公司。从这段历程中，我们获得了一个小经验：通过政府在研发上投入大量资金，可以创建一个技术和创业中心。虽然这个经验方法在有些地方是正确的，但在大部分情况下都无法实现。而从硅谷的建立中，我们还可以获得一个更为有效的经验——创业者能够对产品和服务的需求做出何种反应。目前尚未满足的创新需求在哪里？接下来的策略可能是寻找更好地将潜在创业者与客户联系起来的方法，或者为在职的员工指明创业的道路。有效的方法可能会让你感到惊讶，并且可能与其他地方的方法不同。对于我们来说，这似乎比等待下一场世界大战爆发或其他一些刺激使命驱动型国家的生存危机更为明智。[14]

建立优势，并从失败中汲取经验

在复杂的系统中，历史和当地环境至关重要。创业社区应该做最独特的自己，而不是与其他创业社区相竞争或是复制别人的成功案例。清楚这一点对于运营创业社区来说至关重要，它能够帮助创业社区取得更好的发展或者增加获得大跨度提升的可能性。没有什么是"一定"的，最终成功的结果也许与预期大不相同，甚至有可能出现意想不到的结果。

地球上的每一座城市都曾是一家创业公司，如今有着悠久的历史和根深蒂固的文化，这是数百或数千年人类历史的产物。这些复杂的物理、社会和经济结构对于每个城市来说都是独一无二的，它们应该发挥自己的优势。

错误的问题是：我们如何才能更像硅谷？正确的问题则包括：我们身处何处？如何实现我们的愿景？哪些方式对于我们的发展是有效的，哪些是无效的？如何让这些有效的方式效用最大化？如何摒弃那些无效工作？当下的创业公司需要什么？我们如何更好地去帮助它们？

由于复杂系统的结果存在固有的不确定性和非线性，创业社区的参与者需要接受失败，这是创业中必备的一点。如果未曾面对过失败，那便没有足够的能力去承担风险。如果你承担不了足够大的风险，那么随着时间的推移，你也将不会获得任何实质性的进展。接受失败并且能够面对失败带来的挫败感是非常必要的。失败，也是一种学习的机会，我们不能逃避它或是把它隐藏起来视而不见。

不计其数的用来改进的试验比没有通告的主要干预措施更有用。持续性的改善和提升源于不断重复看似细微琐碎的行为。这一实际情况使得规模较小的项目和策略更容易承担风险，因为失败的成本相比之下要低得多。失败、调整、再次尝试，是过程中的一部分。而在这一过程中我们汲取经验，接纳反馈，开发和推出新的策略。

对风险的长期规避，会成为创业社区发展的根本性障碍。它表现为担心把时间花在一些最终不会产生影响的事情上，以及害怕被创业社区的其他人拒绝。如果你害怕冒险，害怕失败，害怕改变，你会限制自己和创业社区的发展。

这种对风险的厌恶还表现为，由于过去的失败而回避与他人的接触。在失败的冒险中，我们学到很多东西，与其陷入恐惧的陷阱，不如拥抱那些经历过失败的人，鼓励他们去冒险，除非他们做了一些不合法或不道德的事情。

对失败的厌恶也表现为不诚实。人们会为此撒谎，甚至会不遗余力地掩盖失败，但这样做也只是推迟了这个不可避免的事情的发生，甚至很可能会让事情变得更糟，所以一定要规避这个危险且最终徒劳无功的方法。

最后请记住，创业社区建设不是一场零和博弈。在创业社区中，追求狭隘的私利会破坏整个系统。从长远看，自私者也会遭到打击，因为他们会越来越被创业社区的其他参与者孤立。相反，要接受收益递增制度的概念，在这个制度中，每个人都通过为集体做出积极贡献而获得更多。要保持富足的心态，而不是匮乏的心态。

培养恋地情结

创业社区参与者必须有恋地情结，即热爱他们居住的地方，并且非常迫切地想要改善社区。那些带头创建社区的人可能会对他们的城市有着很强的责任感，但需要记住的是，许多有类似恋地情结的人可能不会积极地参与社区的建设工作。我们要利用这种恋地情结，让那些旁观者参与到创业公司的社区建设工作中来。

约翰·希肯卢珀是一位成功的创业者，并在 2011 年至 2019 年期间担任科罗拉多州州长。他在科罗拉多州立法机构发表的最后一次州情咨文中，将"恋地情结"定为中心主题。他说：

> 在这里，我们作为建设者，建设这个我们所热爱的地方，并且待在这个我们所热爱的地方，一个让我们引以为豪的地方。这就是"恋地情结"，它传递出我们对地方的爱，以及对科罗拉多州的爱……
>
> 流行文化试图向我们兜售一个荒诞的故事，说科罗拉多的历史只与顽强的个人主义和冲突有关。但合作一直是我们基因中最重要的部分……
>
> 有时在这栋楼里，我们会偏离科罗拉多的路，但我相信，对地方的热爱是促进经济发展的关键因素。如果人们不信任领导他们的人，不相信这些领导人会共同努力，他们就不会渴望进行促进繁荣发展所需要的投资。[15]

当创业社区的参与者把现有的、蓬勃发展的创业生态系统中的丰富资源与创业初期所需的因素和初始条件等同起来时，就会出现反向因果关系问题。政府或那些以硅谷或其他蓬勃发展的创业生态系统为榜样的支持者，会对当前的环境进行盘点，并试图在自己的城市中采用这些相同的因素。

但这会让事情出现倒退的情况，或者至少是不同步的。他们将可持续发展的、成熟的创业社区中所发生的事情与帮助他们实现目标的初始条件混为一谈。随着创业精神的日益突出，创业社区中许多资源和支持机制的发展也随之出现。创业者在发展公司的同时，也建立了一个社区，形成了一个良性循环，使当地创业成功的可能性变得更大。[16]

正如创新地理学专家玛丽安·菲尔德曼所指出的：

一个重要的问题是，缺乏创业传统的环境应该如何改变才能变得慷慨大方。促进创业因素的传统智慧来自于优渥的环境条件。强大的本地网络、活跃的研究型大学和丰富的风险资本可能是成熟集群中成功创业的因素，但这些不能被视为因果因素。企业的起源或最初形成、机构的建立和社会关系似乎是一种独特的现象。文献表明，促进创业的许多条件似乎是滞后的，而不是引导其发展，从而质疑我们对区域变化动态和隐含政策规定的理解。[17]

地方政府如何更好地参与和帮助创业社区

丽贝卡·洛弗尔（Rebecca Lovell），西雅图 Create 33 执行董事，西雅图市经济发展办公室前代理主任

政府官员与当地创业社区对接时，应记住这一点——坚持你最了解的东西。在我任职西雅图市经济发展办公室代理主任这四年多的时间里，我一直在这么做。创业社区是独特的地方性社区，地方政府可以发挥有益（或有害）的辅助作用。

无论你是政府工作人员、以"帮忙"的身份参与进来的人，还是一个思考着"城市如何更好地帮助创业公司"的普通公民，你都可以通过三个问题找到答案：他们需要什么？缺少的是什么？政府能做什么？

无论你从什么角度出发，都必须首先评估当地的情况。

如果你是一名政府官员，那么你需要先自我审视，你也许在这种层级关系中拥有一定的声誉，当然，也许你是当之无愧地拥有这样的声誉。但你需要进行思维模式的转变，因为对于创业，首先要尝试自下而上的能力建设方向，并始终雇佣有创业经验的创业者。官僚制度在这方面的帮助是有限的。

当西雅图市聘请我为他们的第一个"创业倡导者"时，我用前三个

月的时间，　对　地去了解和收集创业者的想法和意见，从而明确了倡导方式。而这种听取意见和收集数据的过程，为最初规划的优先级提供了信息支持，我们通过不断参与到社区中，定期更新这些优先级。尽管市政厅可能会有一些好的想法，但在支持初创企业方面，走出大楼，与当地的创业社区合作是至关重要的！

我们能做什么，应该做什么？

我将以两个领域举例，这两个领域不是我们在西雅图时所选择的，但可能值得在你们的社区探索。

金融资本：在西雅图，我们有幸拥有一大批忠诚的早期投资者，他们优先考虑本地创业者。有了这些资产，我们没有优先设立城市启动基金（我们州的宪法也禁止这样做）。但即便如此，重要的是要记住，政府通常会造就糟糕的风险投资家。

物理空间：无论是为了促进合作而向创业企业提供廉价租金，还是工作空间中的偶然碰撞，都可以减少创业者加入的障碍，这可能是政府可以提供的资产。然而在西雅图，情况却并非如此。我们把所拥有的每一块土地都以经济适用房作为建设目标，私营部门已经凭借40个联合办公空间回应了市场需求，而且还在增加。

缺少的是什么？

另一个发挥了真正作用的领域是许多政府传统职责部分之外的领域，但政府可以介入其中并填补空白，从而产生重大影响。

链接：从在我们创业西雅图的网站上进行资源分类，到为创业公司提供直接支持（在镇上的联合办公空间，而不是在市政厅），西雅图现任创业倡导者，企业家大卫·哈里斯（David Harris）是分类方面的专家。他要么回答创业者的问题，要么加快解决问题的速度，要么帮助他们联系能提供帮助的人，这在我们的社区很有作用，因为我们有一大批愿意并能够帮助其他创业者的创业者。对于尚未达到这一"临界质量"的社区，即使是仅有一小群有决心的领导人，也可以开始引发变革。在西雅图，我们有一股推动创新引擎的潜流——在这里和任何人一起喝杯咖啡都很容易。但我们还有提升的空间——对于受到偏见的人群来说，这一引擎可能难以获得。因此，我们重点关注代表性不足的社区所面临的体制障碍，包括获得金融和社会资本不足的问题。我们试图为有色人种、女性和移民社区减少这些障碍，不仅因为这是正确的做法，更因为这是一种十分明智的做法（多元化的社区表现更好）。

人才培养：即使在一个工程师高度集中的城市，创业公司也很难在技术技能方面展开竞争，这是每年在大多数一对一会议或社区活动中反复出现的主题。由于我们的四年制大学和社区学院无法满足需求，因此我们努力支持（并将联邦和州的资金引入）加速培训项目。随着计算思维已经成为一种生活技能，早期的接触和相应培训有助于创新。全国各地的公立学区都实施了 Code.org 这样的项目，该项目为教师发放津贴，让他们在学校开展计算机科学课程的培训。地方政府可以在政策落地中发挥影响力，并促进技能中心和 STEM 学校的未来发展。

号召力：虽然本身并非超级势力，但值得注意的是，当选官员能够将包括通常不擅发言且不会合作的竞争对手在内的人带到谈判桌上，这本身就是一件非常了不起的事情。政府利用这种召集力量来探索公民问题的解决方法，倾听会议可以为创业企业带来真正的成果。2012 年，时任西雅图市长的迈克尔·麦金（Michael McGinn）召集了一群创业领袖，最终促成了西雅图市启动创业西雅图计划。在现任市长珍妮·杜尔坎（Jenny Durkan）上任的头几个月，召集了一个类似的小组来审查政策提案，并为她的政府探索新思路。然而，如果没有看到将言论转化为具体行动的迹象，创业社区可能会对这样的会议感到厌倦。因此，政府不仅仅要促进在会议室里的讨论，更需要成为变革的推动者。

政府擅长什么？

最后这两个关键领域，更符合地方政府的传统模式，西雅图的领导人才刚刚开始接触。不要忽视这些！

政策制定：众所周知，政府掌握着公共政策的决策权。但官员如果向大众承认他们可以控制什么（而不是在哪里发挥影响），并在政策制定过程中听取社区的声音，将会受益。尽管任何数量的流程和法规都可能抑制创新，但政府可以相对应地去提供激励措施，例如将免税范围扩大到新企业，或对净收入征税，而不是对营业收入征税。竞业禁止协议通常是美国各州政府的权限。加利福尼亚州长期以来一直享有竞争优势，便是因为其政府并没有对人才流动实施此类限制。在美国的国家层面上，良好待遇与遏制行动相结合（俗称"胡萝卜和大棒"）的情况不胜枚举。尽管如此，从资本政策到移民政策，再到（日渐衰弱的）创业签证，支持创业公司还有很多工作要做！

扩音器：我从西雅图市长杜尔坎的创业会议上获得的最令人惊讶的见解是，参与者们无比强烈地敦促她使用一项资产，这项资产成本不高，但影响却是无价的——那便是她的发言权。从历史上看，西雅图人都有着友善、自嘲的心态。我们很可能永远不会鼓足勇气去宣布我们是"不眠的硅谷"（就像前纽约市长迈克尔·布隆伯格）。但是，每一位市长都有一笔财富，那就是热情而真实地讲述当地创业公司里所发生的那些难以置信的故事。

因为这一点，我希望对我们正在做的、没有做的和可能做的事情做一个简要的概述，能够为如何让你们所在地的地方政府参与和支持各地的创业社区提供有益的见解。

第十一章
衡量陷阱

创业社区方式原则

创业社区必须避免让衡量需求掉入有缺陷的策略的陷阱。在一个创业社区中，最有形、也最容易衡量的因素对社区长期表现的影响也最小。在资源和理解程度有限的情况下，许多组织，特别是支持者，会在衡量事物的欲望的驱使下将策略引向错误的方向。

管理学传奇思想家彼得·德鲁克（Peter Drucker）被认为是"如果你不能衡量它，你就不能管理它"这句话的创造者。"能衡量的事物才能被管理"这一流行说法是商业世界中最常被引用的名言之一。但有两个问题。首先，德鲁克从未这样说过。[1] 其次，也是更重要的是，这与他关于有效管理的更细致入微的观点在概念上是不一致的。

尽管德鲁克是"衡量结果"的强烈倡导者，但他也知道，对商业领袖来说，更重要的任务是建立一些并不那么有形的东西。

它是与人与人之间的关系、相互信任的发展、人们的认同
感、社区的创建……

它无法衡量，也不容易被定义。但这不仅仅是一个关键功
能。这是一个只有你自己才能完成的任务。[2]

虽然关系在一定程度上也是可以衡量的，但并不是所有可以衡量的东
西都很重要，也不是所有重要的东西都可以被衡量。对于创业社区和创业
生态系统的参与者来说，这是一个重要的教训。

基本衡量的问题

对创业社区和创业生态系统的有效衡量仍处于起步阶段，但随着参与
者范围的扩大和投入资源的增加，对衡量指标的需求正在增长。然而，复
杂系统的衡量本身就很困难。因此，这一空白快速被不符合标准的方法所
填补和修复了，这些方法强调了许多极其不重要的因素。这导致人们对什
么是最重要的感到困惑，并实施错误的策略，从而导致最终失败。利用数
据来决定哪些策略得到了实施，这就是众所周知的谚语"尾巴摇狗"（形
容本末倒置）。

之所以会出现这个问题，是因为人们，尤其是投资者，需要证明项目
或活动的直接影响，以佐证他们继续投资和支持的合理性。由于最容易衡
量的东西是有形的、基于数量的或以投入为导向的，这就促使围绕这些类
型的因素去设计程序。不幸的是，这些因素往往是不应该被施加压力的，
因为它们对创业社区的长期表现影响很小。

许多被强调的衡量指标需要很长时间才能实现，同时还会受到许多其
他因素的影响，这一事实使情况更加复杂。然而，一系列行动的影响预计

会很快发生并直接归因于此。这些期望被误导了。

在复杂的系统中，交互作用比人员或资源的多少更重要，而这些交互作用的价值需要时间来体现。具有最高杠杆作用的干预点是那些与系统结构有关的点，例如行为或关系，以及相关人员的潜在态度和价值观。但是，这些因素的定性、本地化和个性化特性使得对它们的衡量工作具有挑战性，需要大量定制的实地工作，从而增加了大量的时间和成本负担。此外，数据收集最好是在个人层面上持续地、长时间地进行。在某一时刻，纵向数据比横向数据更为重要。

除非知名的富商（或成功的企业家）将为全球创业社区的主数据集提供担保，否则我们将陷入一种困难的境地，即有能力收集数据并快速衡量，但没有足够的资源或准确的领悟力来做好这件事。这就形成了一个陷阱：快速实施修复，采用次优策略，却导致结果不佳。

现在可以重新定义德鲁克那句被张冠李戴的名言："容易衡量的东西得到了优先考虑。"或者，正如专栏作家西蒙·考尔金（Simon Caulkin）曾经调侃的那样："被衡量的东西得到了管理，即使衡量和管理它毫无意义，即使它损害了组织这样做的目的。"[3]在创业社区，这转化为围绕容易看到的事情和容易调整的参数制定策略，即使这样做的影响有限甚至是负面的。

尽管存在这些挑战，但在过去十年中，许多有智慧的人一直在努力推动创业生态系统衡量领域的改进。总的来说，它信息丰富，如果使用得当，可能是有益的。然而，没有理想的方法，更没有捷径。每种方法都有优点和局限性。归根结底，这场博弈的根基是实用主义和谦逊的态度。为了有效地完成这项工作，你必须采取广泛的方法，并投入到艰苦的工作中，并深知这将是不完美的。

参与者和因素模型：一种分类方法

最著名的创业生态系统框架是参与者和因素模型。这是相关人员和组织的列表，通常按角色或职能以及所涉及的资源和条件进行组织。随着创业生态系统现象的形成，这些模型在过去十年发展起来，它们是率先跟随流行运动的模型。[4]

在实际应用中，生态系统制图是在特定地点开发分类模型的过程。它是对创业生态系统中发生的"谁和什么"的审计，在创业生态系统中，个人和组织被分类，并被赋予角色或职能。通常，人们会超越角色的局限或身兼多重角色。这是一个有用的练习，有助于了解城市中的人员和活动，并在某个时刻建立创业社区的基准模型。

澳大利亚的研究人员和社区建设者查德·雷南多（Chad Renando）提供了开发这项工作的一个很好的例子。[5] 除此之外，他还以自下至上的角度绘制了该国创业生态系统的详细地图，并建立了一套有用的工具与之配套。[6]

另一个例子是我在《创客社区：构建一座城市的创业生态》一书中对领导者和支持者的分类（本书中增加了发起人）。今天，我们将其归纳为两类。第一类是参与者，包括领导者、支持者和发起人。第二类是因素，包括七大资本。通过将这些元素合并成几个类别，我们将细节的关键精华提炼成一个简单而深刻的结构。下面是一个简单的图表，直观地说明了这一点。

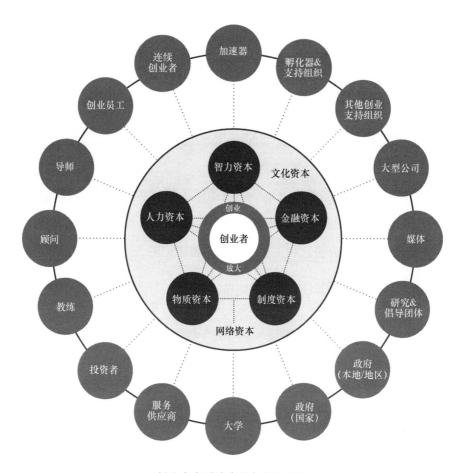

创业生态系统中的角色和因素

标准化衡量模型：一种比较方法

　　另一种采用比较方法的创业生态系统模型则是：某些情况下，可以在现有数据源不存在的情况下创建指标，研究人员则直接或间接通过指标去应用现有数据源来量化参与者和因素。使用标准化指标可以系统地比较不同的创业生态系统之间的区别，而这通常会产生生态系统排名和基准工具。

多年来，阿斯彭研究所（Aspen Institute）、世界经济论坛（World Economic Forum）和经济合作与发展组织（OECD）[7]等组织在国家和城市层面开发了许多比较模型。如今被广泛使用的两个指标是全球创业指数（GEI）——这是由全球创业网络（Global Entrepreneurship Network）编制的国家级排名，以及创业基因组（Startup Genome）对全球城市和地区高科技创业生态系统的评估。[8]一些组织，如科技之星，已经开发了专有模型来评估世界各地城市的创业生态系统。所有这些模型都从现有来源输入数据，如世界银行、全球创业监测（Global Entrepreneurship Monitor）、PitchBook（一家金融投资数据公司）和 Crunchbase（覆盖初创公司及投资机构生态的企业服务数据库公司）。

比较模型有助于形成一个地理位置相对优势和劣势的高层次视图，并对特定投入（例如风险资本的数量）或产出（例如创业率）进行基准测试，最好的方法包括从调查中获得定性信息，这些调查捕捉了创业和社区态度等信息。运用比较模型是有用的第一步，可以帮助你了解创业生态系统中的运作状态，并找到在哪里施加压力、解决挑战或找到机会的线索。

然而，这些模型很容易被误导。变量的广度往往等同于全面性和准确性。输入变量通常是我们实际想要测量的指标。在跨多个地区标准化变量时则需要权衡取舍；深度、实用性和一致性是固有的挑战。在经济和社会科学领域，生成具有此类局限性的模型并没有什么不寻常或错误，但让用户了解这些局限性很重要。比较模型并不是万能的，即使它们看起来是。

当比较模型被纳入生态系统排名时，就会出现问题。在这些方案中，一个创业生态系统被认为比其他的更好，这是对现实的过度简化。排名在本质上是标准化和公式化的，并且是建立在一致性、线性和可预测性的假设之上的。这些都不适用于复杂的系统。排名还会直接导致前面讨论过的一个问题：排名可能会鼓励围绕容易被发现的内容和容易调整的参数制定策略。

当使用不当时，比较模型会导致一种错误的可预测性，这是没有根据的，并放大了叙述谬误（简化了我们不能完全理解的东西）。根据设计，比较模型通常不能捕获最重要的因素——参与者的交互作用和潜在的心理模型——因为在许多地区收集所需细节的可信数据太困难了。虽然我们理解与其他生态系统竞争的吸引力和乐趣，但我们希望不要过于认真地对待这种方法。使用这些模型来提供信息，而不是开处方。把其看作是一个更大谜题的一部分。不必过度依赖于指数或比赛，而是从其中包含的单个指标中学习。

抛开实用方法上的吹毛求疵不谈，在概念层面上，我们主张避免过度比较的陷阱。相反，要认识到最重要的比较是同一生态系统中不同时间点的比较。

网络模型：一种关系方法

了解将创业生态系统中的参与者联系在一起的网络至关重要。两种文档化的方法为如何分析这些网络提供了很好的例子。首先是由学者玛丽安·菲尔德曼和特德·佐勒（Ted Zoller）提出的交易撮合者方法。[9] 另一个是由奋进组织和世界银行的研究人员制作的一系列网络图。[10] 这些模型表明，与非创业参与者占主导地位或没有创业社区的城市相比，在那些经常产生高影响力公司的创业生态系统中，处于有影响力职位的成功创业者比例更高。有影响力的参与者之间的合作也是成功的创业生态系统的一个重要特征。

网络分析展示了创业社区在个人层面和系统层面上建立的关系，包括指导、投资或之前的就业等维度。它还显示了谁在网络中有影响力，以及他们与谁有联系。创业社区业绩最关键的因素是连通性和网络结构，以及个人自身的潜在价值观、态度和世界观。网络分析可以反映这一点，这使得它成为一种非常有价值的建模方法.

下图展示了纽约市科技创业公司创始人的人脉圈，突出显示了那些曾在该市其他科技创业企业工作过的创业者。[11]

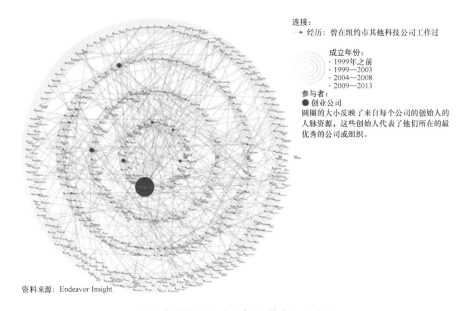

资料来源：Endeavor Insight.

纽约市科技创业者之间的前雇员网络图

不幸的是，网络模型很难获得，这就是它们的利用严重不足的原因。在创业社区中，你很难轻松下载一个上下连接的主数据集。相反，你必须自下而上一个接一个地把它们画出来。这需要时间、资源和专业知识。它还需要可信度，因为数据收集是通过对许多参与者的采访来进行的，这些参与者的正式和非正式关系与他们的业务相关。采访者必须权衡主观的和可能敏感的信息，比如谁投资了一家公司，或者谁在创业社区中发现了有问题的行为。

动态模型：一种进化方法

复杂系统是动态的，随着时间的推移不断演化，并沿着发展和成熟的连续阶段而存在。一些地方，比如硅谷，是先进的、自我维持的。西雅图、奥斯汀和新加坡等其他地区和国家正在崛起，代表着下一代全球创业生态系统。还有一些地方仍然处于发展的早期阶段，甚至可能处于休眠状态。另一些地方正在衰落。

从进化的角度看待创业社区可能在实践中很有价值。[12] 了解初始条件和路径依赖会让参与者思考根深蒂固的因素对他们的影响有多深。对相变和吸引力盆地的探索可以阐明潜在的转折点，从而促使系统进入下一阶段。人们常常错误地将更先进的创业生态系统中存在的因素与欠发达的创业生态系统变得更先进所需的因素等同起来。重要的是要认识到，启动事物的方式不同于加速和维持事物的方式。[13] 这个系统和驱动它的因素是共生的。

创业生态系统的成熟分为五个阶段：新生阶段、发展阶段、新兴阶段、持续阶段和衰退阶段。[14] 最后一个阶段——衰退阶段经常被忽视。例如，当今领先的创业社区与 20 世纪初作为前沿枢纽的克利夫兰和底特律有着惊人的相似之处，包括早期形式的创业、天使投资和商业孵化等方面。[15] 波士顿是二战后美国领先的创新中心，在 20 世纪 80 年代经历了严重的衰落。相比之下，硅谷在技术变革面前不断重塑自我的能力是其韧性的一部分。[16]

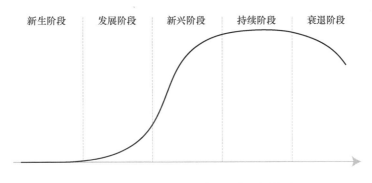

创业社区或创业生态系统的生命周期模型

虽然动态模型提供了一个有用的思维训练，但应用它们还是有挑战的。比方说，我们沿着七个资本：智力、人力、金融、制度、物质、网络和文化中的每一个，创建了广泛的基准。每个维度上每个阶段的客观定义阈值或拐点是什么？定义这一点可能会引入主观性，而做这类工作本身就需要对创业生态系统进行比较。

尽管如此，在对创业社区进行评估时，把时间维度考虑在内仍是一项有用的工作。它让参与者思考这些因素会如何演变，以及在不同时间点的成功是什么样子。我们仍然可以从其他处于更高级阶段的生态系统的历史演变中学习。而且，最重要的是，计算时间可以提醒我们，我们的工作是永远持续的，创业社区的工作永远不会终结。

文化—社会模型：一种行为方法

《创客社区：构建一座城市的创业生态》和博尔德理论与上述模型不同。首先，他们从创业者的角度确定了改善创业社区的实际步骤。与许多分类和比较模型暗示的自上而下的方法不同，自下而上的变化是《创客社区：构建一座城市的创业生态》的核心观点。行为方法可以作为积极改善创业社区的定性指导，即使只是渐进式的改善。

其次，《创客社区：构建一座城市的创业生态》关注的是文化规范和实践，这些规范和实践有助于创建一个充满活力的创业社区。《创客社区：构建一座城市的创业生态》主要关注的是人际关系的本质、行为、态度和价值观，这些都有助于创建一个健康的创业社区。在这方面，《创客社区：构建一座城市的创业生态》的根本目的是改善人际关系。

另一种文化社会模式也与创业社区最为相似。维克多·黄和格雷格·霍洛维特是两位经验丰富的创业者和生态系统建设者，他们出版了《雨林：建设下一个硅谷的秘密》。与创业社区一样，创新雨林是一种实际变革的模式，强调以人为中心，改善不同个体之间的关系，使他们能够更好地合作，以此帮助创业者取得成功。

这两种模型都指出了一种未被充分利用但强大的衡量手段——对个人进行调查，以评估创业社区中各种文化和社会规范的行为、态度和观点。随着时间的推移，模型可以跟踪这些人的情绪和行为，评估他们对各种倡议的反应。跟踪人们随着时间的推移如何改变行为和思维模式，尤其是当以特定的计划（例如，新的咖啡聚会、新的创业加速器等）或事件（例如，当地公司的大规模退出、引人注目的失败等）为基准时，是在复杂系统中将因果联系在一起的一条潜在途径。

不要忘记，创业社区的一个重要功能是找到让人们在创业方面更好地合作和彼此支持的方法。如果做得好，调查可以帮助围绕关键的行为和态度结果建立证据。

逻辑模型：一种因果方法

逻辑模型通常是理论模型，是学术论文的基础。研究者在这个领域已经进行了一些有限的研究，并产生了一些有用的想法。[17]

把创业生态系统看成一个价值链，前端是它的参与者（人员和因素），后端是它的源头（创业）。要创建价值链模型，你需要先确定内部流程和非正式的管理结构，它们是将输入转化为输出的一部分。与其专注于之前和之后的状态，不如专注于过程。然后，详细说明你想在系统中改变什么以及为什么，假设什么可能会导致改变发生，跟踪进展，评估影响，并做出调整。虽然这一过程是抽象的，但重要的是要理解，你的方法应该高度依赖当地条件，并在高度不确定的情况下保持灵活性。

虽然在复杂的背景下，无法在一个系统范围内可靠地建立因果关系，但因果思维可以是一种有用的练习。首先，它优先考虑驱动价值创造但不容易被发现的因素。通过绘制一个行动过程预计会产生的影响，我们被迫更加认真地思考潜在的关系和反馈循环。这导致了寻找一种明确的"那又怎样？""然后呢？"的方法。[18] 很多时候，我们在潜意识中探索着假设和目标。说明这些通常揭示一个事实：即使是那些为同一目标共同努力的人，作为不同的利益相关者考虑的框架仍然不同。

逻辑模型是描述因果关系的一种方法。逻辑模型是一系列关于预测如何发生变化的假定性质（if-then）的说明，分为以下四个部分：[19]

1．投入：参与者（人员、组织）和因素（资源、条件）。

2．活动和产出：我们做什么，这些事情如何结合，以及我们在哪里干预。哪些可以顺其自然（处于发展初期的进程），哪些可以进行干预（程序）。

3．结果：这些活动和产出的预期和后续结果。它们具有短期、中期和长期性质。

4．目标、原理和假设：我们正在努力实现什么，我们对变化如何发生的看法，以及我们认为成功所必需的条件。

投入被视为固定的。活动和输出可被衡量，并归于一个来源。复杂性使得结果很难或不可能被衡量和归类，结果离直接行动或输出越远，衡量就越具有挑战性。

支持者，尤其是政府，对直接将产出与创造就业机会等长期结果挂钩施加了巨大压力。但是，在实践中，在一个复杂的系统中，这几乎是不可能做到的，这将导致次优策略，即优先遵守衡量要求，而不是做最有效的事情。相反，使用"如果这样，那么那样"的方法，则可以更好地模拟变化是如何发生的。它可能会遇到一些额外的障碍，但它更诚实地面对现实。

问题陈述 我们希望为感兴趣的人群解决的特殊挑战
当地经济没有为工人和家庭提供足够的优质机会。我们缺乏那种能够创造就业机会、创造收入、恢复整个社区活力的高影响力的公司。

目标
一个长期要达到的目标
我们想要达到的目标
创造更多和更高质量的创业公司和大规模企业，为所有人创造就业机会，收入和繁荣。

基本原理
关于变化如何发生的信念
创业公司和大规模企业是城市/地区经济活力的关键来源。

经济活力带来更多更快乐、更具文化和社会凝聚力的社区。

假设
成功所需的条件已经存在
我们希望公司能够在社区中产生强大的影响力

我们有创业者成功所需的资源，或者至少有关于如何发展这些资源的答案

资源
现有系统输入
创业者、技术工人、投资者、导师、顾问、支持组织

网络、文化、金融、资本、密度、地点、质量、思想、知识、共享

活动
我们可以做些什么来改善；行动、策略、工具、过程、方法

黑客马拉松、竞赛、聚会、指导计划、讲故事、社区建设活动

需求评估、政府政策和参与、企业和大学

输出
活动的有形、可量化、直接产出的东西

活动参与者的多样性、博客、建立的指导关系、知名演讲者

新闻文章、知名演讲者

调查和建议改善连通性和行为或改变的策略的研究

长期结果
近期改变发生后，希望知识、功能或条件也随之发生变化；一连串的事件

根深蒂固的创业文化；许多创业公司和大规模企业；创业是城市/地区经济活力的关键来源；增加就业机会、财富和收入繁荣。社区恢复活力和繁荣。

中期成果
短期变化后学习，行动或条件的预期变化；一连串的事件

增加/改善创业投入（创始人、员工、创业公司）

增加/改善创业产出（高增长公司、退出、盈利企业）

短期结果
学习，行动或条件的预期短期目标

报告因活动/产出而产生的学习、联系的指导关系

由于加强关系建设，联系发生明显变化

由于加强关系建设，行为和心态发生明显变化

创业生态系统中价值创造的逻辑模型的例子

通过使用因果方法（也被称为变革实践理论），你可以弥合人们对创业社区不同期望的分歧，例如社区应该提供什么样的项目以及在什么时间尺度上提供什么样的项目。除了创业社区的成长和发展，政府希望创造就业机会，企业赞助者希望获得高影响力的收购目标，大学希望找到未来的捐助者。选择这些目标是可以理解的，但期望一个单一的项目直接得到如此崇高的长期成果是不现实的。通过勾勒出一个变革理论，我们可以定义一组更现实的预期，即可以衡量什么，应该衡量什么，以及长期成功的初始指标可能是什么样子。此外，这项工作允许多个利益相关者出面，调整假设、理由、目标和期望。

基于因素的模型：一种模拟方法

基于因素的模型是分析复杂自适应系统的常用方法。[20] 在这些模型中，"因素"基于一系列"规则"行事。对于人类参与者来说，规则构成了行为、想法、原则或资源禀赋等。这些规则决定了个体如何独立行动，或者他们如何对他人的行动和周围环境做出反应。基于因素的模型模拟了许多单个动作是如何聚合以形成系统结构并生成紧急模式的。

这种方法通常对交通拥堵、病毒或金融危机等领域的引爆点或传染性扩散等问题进行建模。[21] 回想一下我们对诺贝尔奖得主托马斯·谢林的描述，他证明了一个著名的观点：对种族同质性和密度的偏好上的微小差异，可能会导致排序结果与这些偏好之间的巨大差异。[22]

尽管确实存在一些例子，但时至今日将基于因素的模型应用于创业生态系统的研究仍然很少。在这项工作中，研究人员模拟了创业生态系统中创业公司形成或知识的扩散等活动。[23] 除了规则之外，创业生态系统中各种类型的参与者，他们的搜索空间（资源和信息），他们的目标，以及他们与其他参与者的连接，都共同决定了紧急系统的特征。[24]

对于一些实践者来说，这可能太抽象了，我们认为，这个领域已经成熟，可以衡量本书中提出的许多想法。例如，创业社区要广泛采用"给予优先"的心态，所需的饱和率是多少？发生这种连锁反应的临界值是多少？随着时间的推移，这将如何展开？或者，对抗一个资源丰富但最终有害的组织（例如，一个剥削性的天使投资集团或一个配置不良的政府赞助的企业孵化器）需要多少支持性社区成员？

这些问题的答案对创业社区的参与者来说，不仅在理论上，而且在实践中都很有价值。它们可以作为绩效指南，用来设定有意义的目标，或者帮助阐明一个生态系统的业绩是如何随着时间的推移而提高的，只需调整一些行为，就能让创业者更具协作性。与本章讨论的其他方法一样，基于因素的模拟也有重要的限制，例如难以捕捉非线性行为或所有模型中固有的交互的全部复杂性。

运用不同的模型

虽然上述每个模型都有缺点，但综合起来，它们有助于理解、描述和衡量创业生态系统。以下是每种模型的总结及其优缺点。

现有生态系统模型概述

模　　型	描　　述	优　　点	缺　　点
参与者和因素模型（分类）	确定角色和职能；应用时，可以对生态系统中的人员、组织、资源和条件进行审计	能够提供一个生态系统中正在发生的事情的清晰说明——谁和涉及什么；容易理解	描述性的，通常不提供关于参与者和因素的质量或数量的信息，也不提供它们之间的关系
标准化衡量模型（比较）	将标准化指标应用于参与者和因素、输入和输出，然后可以使用这些指标以系统的方式对一个生态系统与另一个生态系统进行基准测试	通常利用现成的数据；允许在生态系统之间进行相对统一的比较，以确定优势/劣势，以及一些绩效指标；容易理解	公式化；经常被误用为排名，这可能会错误地围绕表面层面的参数而不是驱动生态系统的潜在联系、行为和态度来制定策略

（续）

模　型	描　述	优　点	缺　点
网络模型（关系）	绘制生态系统中的关系图，通常按角色、功能和方向绘制；说明了网络的结构（有影响力的参与者是谁，以及他们如何相互联系）	在生态系统中建立关系；系统结构可视化；测量连通性和密度（这是系统性能的关键因素）	资源密集型；不容易跨越城市；必须在每个地点自下而上地建立；对某些人来说可能太抽象了
动态模型（进化）	解决生态系统中的变化和进化问题，以及成熟度或发展阶段的问题	表示需求随开发阶段而变化；帮助确定这些需求是什么；能够识别生态系统进化的拐点	抽象和主观；很难客观地定义各个阶段之间的临界值，很难应用数据或其他信息来设置这些参数
文化—社会模型（行为）	专注于改善人际关系，促进不同个体之间的协作、信任和支持	高杠杆，行动导向；直接测量行为和思维模式；可以评估干预措施，跟踪记录随时间的变化	成本和时间密集，需要一些调查/社会科学方法的专业知识；一般来说与其他地方不可比较；发展缓慢
逻辑模型（因果）	基于"变革理论"，这些模型迫使人们明确说明价值是如何创造的，以及对行动过程的预期影响	绘制不同阶段行动方案的预期影响图；有助于项目评估和规划；行动导向；能够在一定时间范围内调整对可实现目标的期望；展示利益相关者的目标和假设	理论：在复杂的系统中很难或不可能建立因果关系；可能比一些人想象中的更抽象，更缺乏系统性
基于因素的模型（模拟）	模拟复杂的因素，如行为、想法、目标和个体参与者的连通性，在多个时间段内塑造和影响系统	关注生态系统作为新兴现象的核心功能——参与者之间的互动；说明了模式如何随着时间的推移而演变，确定了全系统变化的杠杆或拐点	可能太抽象了；对难以了解的假设和输入参数高度敏感；建模所需的调整可能会过度简化了复杂性和初期行为

　　与其选择一种模型，不如采取务实而全面的方法。例如，对参与者及其角色或职能进行审计；收集有关标准化措施的现有数据，寻找优势、劣势或宏观表现方面；绘制并分析网络中关系的存在和性质；收集定性信息，如态度、行为和文化，并跟踪这些事情在同一个人身上是如何随时间而变化的；通过建立变革理论和收集信息来评估项目进展；模拟由于一些想法或行为的传播而可能发生的全系统变化的方式和时间；并将这些见解整合到对创业社区健康状况的整体看法中。

总而言之，这里有一些简单的原则需要注意，以避免衡量陷阱。

要广泛而务实。 没有单一的道路。每种模式都有优缺点。通过实施所有这些方法，或者结合你自己的一些方法，采取一种广泛的方法，以整体的方式评估你的创业生态系统。要诚实且坦诚地对待每一种方法的局限性，并且要现实地看待最重要的因素为何最难捕捉并需要时间去发展。

抵制过度比较的诱惑。 如果你接受自己正在处理一个复杂的系统，那么你也应该避免过度关注将一个系统与另一个系统进行比较。基准是有帮助的，但不要落入排名陷阱。虽然在短期内进行比较可能让人感觉良好（或糟糕），但复杂系统是无法被游戏化的。记住，最重要的比较是同一地点或同一个人在不同时间点的比较。

关注联系，而不是部分。 洞察来自于衡量和跟踪系统中的联系，而不是系统的各个部分。如果你想改变一个复杂的系统，你要改变的是部分的交互作用，而不是部分本身。这不仅包括理解联系和联系的本质，还包括理解网络的整体结构——谁最有影响力。

随着时间的推移，跟踪一切，特别是变化。 去了解随着时间的推移发生了什么，特别是个体行为或态度的变化，比用断层（固定时间点）的方式衡量任何特定类别的事物更重要。

十年来，我从衡量创业社区中学到了什么

雷特·莫里斯（Rhett Morris）纽约市，纽约公益实验室（Common Good Labs）合伙人

在过去10年里，我与比尔及梅琳达·盖茨基金会（Bill & Melinda Gates Foundation）、科技之星和哥伦比亚国家政府等合作伙伴领导了一些衡量创业社区的项目。这些项目覆盖了几十个城市，如纽约、底特律、迈阿密、台北、班加罗尔、墨西哥城、伊斯坦布尔和内罗毕。

很明显，在过去的几年里，创业者精神的衡量方式发生了重大变化。虽然一些落后的组织仍在计算容易计算的东西，但领先的机构正在使用网络分析和其他学科的工具开发复杂的衡量系统。根据我的经验，最好的组织会按照以下四个步骤设计创业社区衡量策略。

1. **定义和对齐**。你为什么支持当地的创业社区？你是想创造新的就业机会，促进经济增长，增加弱势群体的融入度，还是想完成其他事情？有效衡量的第一步是明确定义工作目标。一旦定义好了，就该对齐了。没有一个单一的衡量体系适合每一个创业社区。你所使用的工具和方法应该能够在以下两方面提供最有效的反馈：

（1）社区朝着你所定义的目标取得了多少进展？

（2）我们可以做些什么来提高社区在未来达到这些目标的能力？

这并不意味着你需要从头开始设计。我们在美国最近的一个合作伙伴对衡量当地创业社区成员的价值观感兴趣。我们没有创建一种全新的方法，而是从世界价值观调查（World Values Survey）中发现了一些问题，这些问题解决了他们想要追踪的问题。这让他们相信，该项目可以有效地评估他们想要衡量的内容，因为其他研究人员已经投入时间来确保这些问题是有效的。它还使我们能够将一个社区的数据与全国其他社区的价值观数据进行对比。

2. **分享和讨论**。创业社区建立在信任之上。如果你正在努力衡量你当地的生态系统，成为一个好的社区成员并分享你所学到的东西是很重要的。（展示透明度也可以让未来更容易收集衡量数据。）

社区需要的不仅仅是共享信息。领导机构还应召集当地决策者（例如，关键创始人、支持组织领导人、投资者、当地基金会领导人、政府官员等）讨论如何应用衡量结果，为创业者创造更好的环境。还应鼓励为其他社区成员进行更多的讨论和演示。

正如本书明确解释的那样，创业社区是一个复杂的系统。在这种环境中，数据应该被用来为决策提供信息，而不是"驱动"决策。一个有效的衡量系统将提供很多东西，但它本身并不完整。社区领导人的观点和经验应该与当地衡量活动的发现相结合，以解释其结果并指导决策。

当我召集社区领袖时，我发现一个有趣的现象，那就是提供有关当地创业者的新资料的预览，可以让很少参加同一社区活动的人聚到一起。召集更多样化的领导人群体，借助分享的行为鼓励合作，并促进社区成员之间共同目标的发展。

3. **赞美和提高**。我经常看到数百人参加当地衡量项目的演示。市长、政府部长，甚至当地"独角兽"公司的创始人，都会安排日程，参加关于衡量结果的讨论小组。这可以为领导者提供一个参与和增强创业活动的宝贵平台。

你分享信息的方式将成为一个重要的反馈循环，影响人们在生态系统中如何思考和行动。领导者应该利用这个机会赞扬他们希望的行为类型，并提高社区成员对能够和应该完成的任务的期望。

鼓励那些能体现出你所追求的目标的行为类型的榜样是非常有效的。不管他们愿意承认与否，大多数社区成员都很关心自己的地位。（毕竟他们也是人。）

提高人们认为可以实现的目标以及应该如何在当地采取行动的标准，有助于防止停滞，并带来更积极的行为改变。在使用网络地图来衡量每个社区成员在指导和支持他人方面的活跃程度的城市中，通常不会看到人们因为赚了多少钱而竞争，相反，他们更关注帮助了多少人。

4. **改进和重复**。最后但并非最不重要的是，领导者需要将衡量行为纳入创业社区发展的长期规划。这需要改进和重复。

有两件事需要改进：社区策略和衡量过程。社区在变化。一旦你当前的目标完成，更新你的目标和计划是很重要的。这通常需要重新调整你的衡量过程，以获取新数据，从而评估你的进展，并就如何改进提供反馈。

重复也是成功的关键。有效的衡量不是一次性事件或快速解决方案。领先的组织现在正计划对他们的创业社区进行年度甚至半年的评估。

第三部分

从博尔德理论到创业社区之路

第十二章
简化复杂性

12

创业社区方式原则

优秀的创业社区与其他创业社区相互关联。创业社区在与他人分享想法和资源时变得更强大。持续的接触和参与加强了跨越地域界限的纽带。

《创客社区实践指南》不同于传统的创业生态系统思维，因为它将创业社区和创业者置于生态系统的中心。我们把所有的活动都集中在创业者身上，通过围绕文化、社会和行为因素采取以网络为中心的方法来加强关系，创建一个更具支持性和协作性的创业社区。

我们作为个人和集体的局限性在社区更广泛的社会动态中被放大。改变我们的思维方式、行为方式、协作方式、分享方式和支持方式，使我们能够更有效地工作，而不必考虑现有的资源。这是很难做到的，因为这需要人们考虑他们当前的处境，并改变阻碍创业社区发展的根深蒂固的思想和行为模式。然而，任何地方的创业社区都有能力立即改善自己的外境，即使是一点一点地改善。

现有的两种文化-行为的创业社区模式告诉了我们如何应对这一变化。一种是《创客社区：构建一座城市的创业生态》中提出的"博尔德理论"；另一种是"创新雨林法则"，这是一个强大的文化、社会行为模式，由两位企业家、投资者和创业社区建设者维克多·黄和格雷格·霍洛维特共同构建。[1] 系统思维是一套工具、方法、概念和语言，可以进一步指导组织活动以获得最大影响。

博尔德理论

《创客社区：构建一座城市的创业生态》的核心理论框架是"博尔德理论"，它解释了为什么人口刚刚超过 10 万的科罗拉多州博尔德市能够持续产生数量庞大的高影响力创业公司。尽管有一些可以观察到的数据，比如创业公司密度，但更多正在发生的令人兴奋的事情激发了博尔德的活力。[2]

《创客社区：构建一座城市的创业生态》在 2012 年开辟了新的领域，当时我发现博尔德与其他创业生态系统有些不同。在博尔德的创业社区中，编织着一套原则，使羽翼未丰的公司有更高的成功机会。我将此提炼为"博尔德理论"，它有四个关键组成部分。

1. **创业者必须领导创业社区**。尽管包括政府、大学、投资者、导师和服务提供者在内的一系列参与者对创业社区至关重要，但创业者必须领导组织工作。从这个意义上讲，创业者是指已经或共同创立了一家以增长为导向的创业公司的人。

2. **领导人必须有长期的承诺**。创业者必须致力于建立和维持一个长期的创业社区。领导者至少应该拥有指向未来 20 年的长远眼光——一个每年更新的眼光。一个创业社区要想持续下去，它必须经历短暂狂热，或者将被视为是对经济衰退的回应。

3．创业社区必须包括任何想要参与其中的人。创业社区应该持有一种极端包容的理念。任何想参与进来的人都应该能够参与进来，无论他们是刚来这里还是刚开始创业，或者他们是公司创始人、员工，或者只是想帮忙。一个具备多样性和开放性的创业社区是一个更灵活、适应性更强、更具弹性的创业社区。

4．创业社区必须有持续的活动，让整个创业团队参与进来。创业社区的参与者必须持续参与——不是通过鸡尾酒会或颁奖典礼等被动的活动，而是通过黑客马拉松、聚会、开放咖啡俱乐部、创业周末或导师驱动的加速器等催化性活动。这些场所可以让创业社区的成员进行有形的、专注的参与。

自 2012 年以来，世界各地的创业者和创业社区建设者都将这个简单而强大的框架纳入其中，并根据当地情况进行了调整。实践者之所以接受博尔德理论是因为它容易理解，并且反映了创业社区在实践中的情况。虽然我的方法在本质上是经验式的，但考夫曼基金会的一项研究发现，在堪萨斯城，博尔德理论得到了实证支持——将创业作为一种当地现象，由创业者领导，以网络为中心的结构，以促进同行学习和关系建设，这需要一系列不同的创业需求和兴趣。[3]

创新雨林法则

大约在《创客社区：构建一座城市的创业生态》出版的同一时间，两位企业家、投资者和创业社区建设者维克多·黄和格雷格·霍洛维特出版了《雨林：建设下一个硅谷的秘密》。观点包括：

1．创新产生于不同人群之间相互联系、结合并分享想法、技能和资本的方式。

2．人们不愿意自由和公开地参与，因为人们不信任他人，特别是那些与他们不同的人。地理、语言、文化和社会地位等社会障碍阻碍了有意义的合作。

3．围绕参与度的问题给高影响力创业带来了核心挑战。它需要对各种各样的思想和人保持极端开放，但获取这些资源的主要手段需要违背我们不信任他人的基本人类本能。

4．像硅谷这样的社区可以克服这些障碍，因为有超理性的文化动机和社会规范，比如隐性信任契约和正和博弈。

5．硅谷通过反复实践、角色示范、面对面互动、社会反馈循环、信任网络和社会契约，维持着一个建立在多样性、信任、无私动机和文化规范之上的系统。

6．重要的不仅仅是思想、人才和资本的存在，还有这些资源在系统中流动的速度。降低社会壁垒对于加速创业群体的流动至关重要。

7．领导者在推动和促进流动以及这些因素的汇合方面发挥着核心作用，激励和引导人们以最有利于整个系统长期可持续性的方式行事。

一个健康的创业社区创建并维护一套实践和规范，允许具有不同观点和才能的个人在信任和相互支持的环境中共同工作，使他们能够公开分享创意、专业知识和资本。借助个人互动和超越短期私利的动机，底层的社会契约得到了强化和多次重复。关系的性质决定了创业社区的健康程度。

据我们了解，"博尔德理论"和"创新雨林法则"是创业生态系统主题中仅有的两个重要框架，这些框架是由那些既有创业经验又有创业社区建设者经验的人提出的。这两种模式也与更传统的生态系统开发方法不同。我们认为，这是因为创业者看待世界的方式从根本上不同。

价值观和美德：实践隐性信任

从隐性信任与隐性怀疑的角度看待每一种新关系。假设大多数人都会诚实正直地行事，不会欺骗你。这并不意味着你应该天真；每一个系统都有不好的因素，或好的因素表现不佳的情况。一个健康的创业社区，作为一个有机体，会很快过滤掉不良参与者。它还将很快原谅好人做出的不可避免的错误决定。如果你以隐性信任的方式接触新的人，包容任何想要参与的人，他们更有可能以同样的方式回应。如果不这样回应，他们的声誉就会迅速传播，并得到明确的反馈。如果他们不改变自己的行为，创业社区将针对他们进行重新调整。

强制执行隐性信任代码的一种方法是应用我的"两击即出"（strikes-and-you're-out）规则。我会持隐性信任的态度进入每一段新的关系，并允许这种信任被侵犯一次。如果发生这种情况，我有责任处理违规行为。如果发生了第二次违反信任的情况，我就会结束这段关系。

这很容易理解。

这种隐性信任的方式减少了网络中的摩擦。当创业社区的绝大多数参与者从这个角度出发时，正直诚信的行为就会得到加强。

运用系统思维

另一位创业者出身的投资者本·霍洛维茨在最近的一次采访中表达了相关的观点，但用在了不同的语境中。[4] 当被问及什么能体现卓越的管理智慧时，他指出了两种技能：理解同事更深层次动机和愿望的能力，以及应用系统思维的能力（这一点对本节内容至关重要）。

虽然复杂性框架帮助我们理解创业社区和创业生态系统的特征和行

为，但如何应对它们是系统思维的领域，它指导我们如何有效地影响复杂系统。[5]

系统思维的核心是几个关键概念。例如，系统思考者：

- 同时或整体地处理问题，而不是局部或孤立地处理问题。

- 提倡一种不断学习、适应和灵活的心态，而不是计划、执行和僵化的心态。

- 依靠直觉和综合，而不是理性和分析。

- 对当前状况负责，要知道系统的问题和解决方案都来自内部——它们不是由外部力量引起的，也不是由外部力量解决的。

- 明白有意义的、持久的变革需要在一个持续的时期内解决深层次的、结构性的问题——他们知道表面的快速修复是行不通的。

- 要知道，少量高杠杆干预措施产生的强化反馈回路，比许多较小、更孤立的干预措施具有更显著的影响。

应用系统思想家戴维·彼得·斯特罗（David Peter Stroh）在其著作《社会变革的系统思维》（*Systems Thinking for Social Change*）中比较了传统思维和系统思维的要素。[6] 我们对他的语言做了一些修改，并在下表第三栏中加上了我们的解释。

传统思维与系统思维

传 统 思 维	系 统 思 维	我们的解释
问题及其原因之间的联系显而易见，也很容易追踪	问题及其原因之间的关系是间接的，并不明显	在复杂的系统中，把因果直接联系起来是一种错觉
其他人，无论是在我们的组织（或系统）内部还是外部，都应该为我们的问题负责，必须做出改变	我们无意中制造了我们的问题，并通过改变我们的行为对解决这些问题产生重大的约束或影响	系统本身就是问题的原因和解决方案。答案是"在这里"而不是"在外面"
旨在实现短期成功的政策或计划也将确保长期成功	大多数快速解决方案都会产生意想不到的后果。从长远来看，它们没有任何影响，甚至会使情况变得更糟	用简单的方法解决复杂的问题是无效的，而且往往会使事情变得更糟
为了优化整体，我们必须优化部分	为了优化整体，我们必须改善各部分之间的关系	系统是通过改变连接而不是改变部分来改善的

（续）

传 统 思 维	系 统 思 维	我们的解释
同时积极处理多个独立项目	随着时间的推移，只有少数和谐的变化才会产生大的系统变化	优先考虑少量持续、高影响的干预措施，而不是更多的干预措施

资料来源：改编自斯特罗，《社会变革的系统思维》（2015）。

深入观察

1990 年，系统科学家、麻省理工学院（MIT）管理学教授彼得·圣吉（Peter Senge）出版了《第五项修炼：学习型组织的艺术与实践》（*The Fifth Discipline：The Art and Practice of The Learning Organization*）一书。这本书成为那些对系统思考和管理感兴趣的人的必读书。圣吉理论的一个框架是系统思考的冰山模型。

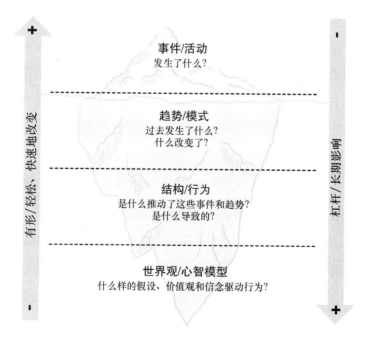

系统思考的冰山模型

我们倾向于关注发生在我们周围的事情，因为它们很容易被观察到。这导致我们无法认识到在表面之下塑造我们世界的深层结构。为了有效地处理复杂系统，我们必须更深入地研究驱动系统行为的结构。为了理解驱动这些行为的价值观、信念和假设，我们必须更深入地探索相关人员的潜在心理模型（现实的抽象）。

让我们以犯罪为例。[7] 在表面上，我们看到有人犯罪。然后我们看到最近的犯罪活动激增。为了更深入理解，我们会问为什么。也许我们发现，犯罪浪潮的出现与社会福利项目的取消总是同时发生的。假设我们还看到，新的犯罪分子来自一个经历了贫困加剧和经济流动性下降的边缘群体。削减对这个边缘化群体提供基本支持的社会福利项目，会导致该群体中的绝望感和社会动荡加剧，并激发了一种早已存在的信念，即整个社会、经济和政治机构都在反对他们。

对犯罪率上升的表面反应可能是增加警力和监禁率。系统层面的观点则会采取不同的方法，通过增加社会和教育项目来缓解贫困和不平等。它甚至可能进一步消除系统性压制边缘化群体的体制障碍。第一种类型的干预很容易实施，它可能会让那些控制我们的人觉得有用，因为他们解决了问题！然而，它不会改变根本问题，甚至可能会让事情变得更糟。

在许多创业社区中，人们的注意力都集中在容易观察和量化的表面事物上。人们会关注创业公司的数量，投资的风险资本，或者在给定的时间内举办的创业活动。人们将这些测量值与其他地理区域进行比较，并记录下来，不断地追求这些指标的提升。关于正在发生的事情的讨论并不能揭示更深层次的驱动因素。

另一种方法是可以通过有效的测量来看到下一层，即确定趋势和模式的部分。如果对测量指标进行讨论和判断，而不是简单地进行推广，就会出现一种有趣的模式。关于事物如何变化以及为何发生变化的问题可能更具有启发性。这里的重点是可量化指标会随时间而变化。但这些指标正反映了社区中正在发生的事情。

但是，当前的事件和趋势对创业社区的驱动力及其演变的原因提供了有限的看法。它们是系统的输出和结果。它们是正在发生的事情的表象，而不是原因。为了理解驱动系统模式的因素，我们必须深入了解创业社区的行为、互动和网络结构。是什么推动了这些事件和趋势？是什么导致的？为什么？

将我们的注意力转移到表面之下发生的事情，可以让我们探索创业社区的思维方式、文化、价值观、信念和假设。重点应该放在改变人类行为和持久改变并消除已形成的心理障碍上。那些停留在表面之上或表面之下的努力，是在以一种不会产生持久改变的方式进行干预，也可能是由于过于无关紧要而无法产生重大影响。你只是在"修补一个破碎的系统"或"玩弄细节"。[8]这很少会改变行为。[9]

要在创业社区中创造变化，你必须从整个冰山着手，而不仅仅是冰山一角。

强杠杆点

麻省理工学院著名教授杰伊·赖特·弗雷斯特（Jay Wright Forrester）在 20 世纪 50 年代创立了系统动力学领域，他将"杠杆点"定义为广泛采用并持续一段时间的小措施——能够在整个复杂系统中产生重大的、偶尔可预测的变化。[10] 杠杆点的一个经典例子是疫苗，在疫苗应用中，一个简单的医疗程序会导致人类免疫系统的长期变化。而且，当重复多次以达到人口的临界阈值时，疫苗会显著影响整个社会更广泛的长期健康状况。或当中央银行调整银行隔夜贷款利率时，这个似乎很平常的动作，却会影响整个经济的短期表现。

换句话说，一个或几个恰当的干预措施，相对于它们想要改变的系统规模来说，看起来相当小，但实际上可以改变整个系统的动态和行为。它们可能会让人感觉渺小，但却能在很大程度上刺激改变。它们被称为杠杆点，是影响复杂系统的关键。

在与创业公司打交道时，杠杆点是一种需要利用的强大力量，但它们非常罕见，很难精确定位。反复实验、学习和调整，不断地尝试和试错是发现它们的必要过程。

利用杠杆点则更具有挑战性，因为它们的作用往往与直觉相悖。这意味着，即使它们很明显，也很容易将它们应用到错误的方向。弗雷斯特说：

> 人们凭直觉知道杠杆点在哪里……我一次又一次地对那些公司进行分析，并找出杠杆点——也许是库存原则，或者是销售人员和生产力之间的关系，或者是人事政策。随后我去了公司，发现已经有人关注这一点。每个人都非常努力地把它推向错误的方向！[11]

无限的相互依赖、反馈循环、延迟效应、非线性行为和历史遗留问题通常使杠杆点以意想不到的方式发挥作用。初衷良好却造成了意想不到的破坏性后果的决策在我们的历史上随处可见。

那么，我们如何更好地理解杠杆点和我们想要施加力量的方向呢？

达特茅斯学院（Dartmouth College）的环境科学家、杰伊·弗雷斯特的学生多内拉·梅多斯（Donella Meadows）提供了一些指导。她开发了一种普遍适用的方法来识别复杂系统中的杠杆点，这在她撰写的书籍《杠杆点》（*Leverage Points*）中有概述。[12] 在这本书中，她详细介绍了复杂系统中的 12 个杠杆点，按它们的影响程度进行升序排列。

梅多斯注意到，许多影响复杂系统的举措规模太小，范围有限。她发现，塑造复杂系统的干预措施往往会进行表面层次的调整。人们会修补数量或参数，而不会深入探究导致整个系统行为的根本原因（或结构）和范式（或心智模型）。

我们将梅多斯的 12 个杠杆点浓缩为 4 个可以在创业社区中使用的杠杆：物理杠杆、信息杠杆、社会杠杆和意识杠杆。[13] 这 4 个杠杆为在创业社区中寻找能产生最大影响的干预点提供了一个指南针。它还展示了在获取它们时所面临的固有挑战，因为最强有力的杠杆是最难看到和改变的，它们依赖于人类来改变它们的思维和行为方式。

物理杠杆是指创业社区中的有形资产，如办公空间、金融资本、基础设施、员工以及公司和大学等组织。这些领域是许多创业社区建设工作的重点，因为它们是最直接的杠杆，具有直接和有形的影响。但是，从长期来看，物理杠杆的变化对系统的影响最小。专注于此的努力会产生一个反馈循环，即做一些短期内感觉良好的事情，但对创业社区的长期活力影响却十分有限。而且，那些只会给一个运转不良的社区增加更多限制性的举措，其影响有限，甚至可能加剧衰退。

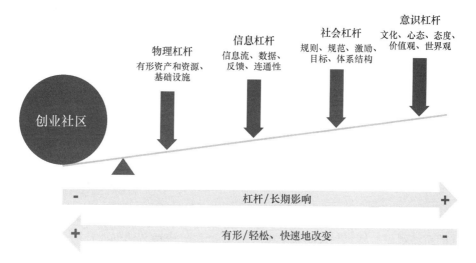

创业社区或创业生态系统中的杠杆点

信息杠杆包含数据流、反馈回路和系统元素之间的连接，这里的改进包括将创业社区参与者联系在一起，提高实体密度，使信息流民主化，维护一个开放、包容的网络，以及收集、分析和传播更好的活动和项目数据。加强和创造新的反馈循环途径，可以放大良性行为和思想，从而更好地了解情况，并形成对情况的共同认识。当创业社区参与者从一组共享的事实开始运作时，评估、学习和适应就会发生。然而，除非潜在的行为和态度发生转变，否则将人们联系起来、共同定位、改善信息流和收集更好的数据只能起到微弱的作用。一个整合良好、信息灵通的创业社区，如果其中埋下了不良实践、规范和思维方式的种子，将不会是一个充满活力的社区——它只会是一个涡轮增压式的不健康社区。

社会杠杆是规则、规范、行为、激励、目标、结构和组织发展的杠杆。随着越来越多的人参与到这个系统中，他们如何参与变得比他们是否参与更为重要。系统中不同团队之间的协作（桥接）比团队内部的协作（连接）重要得多。[14] 最终，系统目标源于行为、规则、规范和激励。[15] 你可以通过卓越的领导力和调整一些高杠杆的目标来改变这个体系。

意识杠杆代表了价值观、假设、心智模型、思维模式、信念体系和世界观，这些构成了系统的基础。例如，人们如何看待创业者在社会中的角色，如何看待帮助他人，领导角色和风格是什么，谁对创业社区的状况负责，信任在系统中如何发挥作用，以及人们如何看待集体责任和个人责任。在这里，你改变了你看待世界的方式和你在其中所扮演的角色，更加关注协作的价值。如果没有围绕协作进行的个人转变，即使拥有世界上最好的系统组织、连通性和资源，也不足以产生一个持久的创业社区。

寻找、应用和发展这些杠杆点通常并不容易，可能需要很长时间。梅多斯说：

我还没有发现在复杂动态系统中找到杠杆点的快速或简单的公式。给我几个月或几年时间，我会弄明白的。从痛苦的经历中我知道，这些杠杆点的分布是如此违背直觉，因此当我发现一个系统的杠杆点时，几乎没有人会相信我。[16]

创业社区有许多人和组织同时追求个人议程。这些议程经常相互冲突。当最好的想法和策略胜出时，一定程度上这是自然的、不可避免的，甚至是健康的。但是，正如经常发生的情况，在追求目标时，目标之间相互矛盾，从而导致产生不利的结果。这种动态通常是无意中发生的，因为创业社区的参与者在孤立地追求目标，不知道他人的活动，最终会破坏彼此和整个社区。

正如彼得·圣吉所描述的那样，作为一个社区，分享信息和想法，讨论共同的优先事项，可以在很大程度上改善协调程度，减轻无益的冲突，在关键领域投入大量精力，减少"意外对手"现象的盛行 [17,18]。这种信息共享还创造了透明度和信任，并增强了创业社区内的理解。相反，缺乏开放性会造成误解和冲突。当创业社区的参与者看不到整个系统时，他们会用他们认为正在进行或应该做的事情去填补空白，这可能不是最佳的行动方案，甚至不能反映实际情况。

当处理一个复杂的人类社会系统（比如创业社区）时，没有需要遵循的脚本，也没有需要部署的主算法。会有持续的挫折、分歧、徒劳的努力，以及无休止的感觉进展停滞的时刻。在一个复杂的世界中，前进的道路本来就不确定。但这是唯一的选择，因为将线性系统世界观应用于复杂系统根本行不通。唯一的选择是一条需要毅力和充满不确定性的长期道路，而不是一条感觉轻松舒适但注定要失败的道路。

运用创业思维培养大学创业精神

比尔·奥莱特（Bill Aulet），麻省理工学院创业马丁信托中心董事总经理，麻省理工学院斯隆管理学院实践教授

对于在麻省理工学院教授创业课程的十多年，我感到很荣幸也很幸运，这是一段不断学习和提高的过程。这里总结了 11 个重要的经验教训，我鼓励各地的大学对此进行思考。

1. **自己去定义术语。**创业者精神是什么意思？中小企业和创新驱动型企业有什么区别？[19] 什么是创新？创业和创新有什么区别？这些差异很重要，太多的人把创业看作一个包罗万象的术语，或者只专注于估值数十亿美元的独角兽初创公司。在麻省理工学院，我们相信创业者精神不仅仅是创业。

2. **理解你的任务，不要分心。**除了推动创业的个人之外，还有三个群体发挥了作用。每个都很重要，但目标不同。经济发展组织（例如，公帑资助的区域倡议）希望看到大量的公司投产。投资组织（如风险投资、天使投资）希望获得高增长公司的股份，以获取有吸引力的回报。学术机构（例如，学院、大学、教育中心）应通过教育手段，致力于重点培养创业者。模糊这三个类别之间的界限很容易做到，但从长远来看，这是极具破坏性的。当学术机构承担起创建或投资公司的角色时，通过扭曲激励机制，创业教育的效果就会大大降低。学生们深知这一点。他们是将我们视为专注于个人发展的教育者，还是将我们视为在推动特定结果的投资者？他们是应该对我们坦诚相待，还是应该试图给我们留下深刻印象？我们不投资的项目会发生什么，这会发出什么信号？当我们不再是 100% 的教育者的时候，就是我们失去"诚实的经纪人"独特身份的那一天。虚荣的衡量标准，如公司成立、筹集资金、创

造就业机会、获得奖项等，可能会分散大学对我们作为教育工作者的独特使命的注意力。

3. **创业者精神是可以学习的。**历史上，人们普遍认为创业成功者是天生的，而不是后天培养的。但数据表明了另一点：一个人参与创业的次数越多，他们成功的可能性就越大。[20]作为一名连续创业者，我知道这是事实。我对第二次创业的理解比第一次多得多，第三次甚至更多。随着时间的推移，我们在生活中的大多数事情上都会变得更好，那么为什么创业应该有所不同呢？事实并非如此，数据并没有撒谎。问题是，我们能教它吗？我相信我们可以。

4. **创业是一门手艺。**许多人在思考创业教育时感到沮丧的部分原因是，他们希望这个领域成为一门确定性科学；也就是说，如果我们做A、B和C，我们将得到结果D。但这根本不是创业者精神在现实中的运作方式。创业也不是一门抽象的艺术，成功只限于少数有天赋的人。相反，它是一种工艺，这意味着它既容易获得，又可以产生不同的输出。[21]创业也是可以学习的，因为有一些基本概念可以增加你成功的概率。就像一门手艺一样，利用学徒模式进行教学，将理论（基本概念）结合到实际应用中，可以将知识转化为能力。

5. **创业不是一项观赏性的运动。**创业教育应该更多地关注实践，而不是倾听和反思。实干和取得成果是创业者的信条。

6. **创业是一项团队运动。**许多学者的研究表明，创业团队的成功概率大大高于单一创业者。[22]人们过多地关注绝妙的想法，却很少关注创始团队的实力。[23]这就是为什么我们的教学很大一部分涉及让学生在项目团队中工作。他们还必须学会如何做出增加和剔除团队成员的艰难决定。团队是创业计划成功的关键因素，这也是大学在教学中必须效仿的。

7. **创业教育还处于起步阶段。**与金融、会计、战略和组织设计等其他商业学科相比，创业教育相对较新。因此，它的知识库仍在不断发展。严格、高质量的创业教育远远供不应求。我们必须避免用不那么严谨的故事来填补这个空白。部分人会认为，将成功的创业者聚集在学生面前，让他们滔滔不绝地谈论努力工作的陈词滥调，就足以为迎接未来的重大挑战做好准备，但事实并非如此。[24] 讲故事有助于培养潜在创业者的精神，但不能代替教授严格的基础知识。

8. **系统思考是必不可少的。** 当我听到关于创业的简单解决方案时，我畏缩了。创业是一个复杂的、多方面的挑战，需要系统的思维方式，而不是线性思维。我们必须不断地寻找系统不同部分之间的联系和关系。同时，我们必须认识到，在行动和行动取得效果之间存在一个时间延迟。在教学中这样做是令人畏缩的，因为它使评估任何一个项目是否成功变得困难。然而，系统思考是培养我们未来需要的高素质创业者的唯一途径。你必须尝试、学习、适应和迭代，始终思考任何行动的连锁反应。

9. **使用通用语言的开放系统是扩展的最佳方式。** 集体智慧大于个人智慧。创业知识并非来自个人、机构或国家。如果我们想要培养一个被学术界、从业者和学生所尊重的学科，我们都必须为此做出贡献。我们用工具箱的比喻来构建我们的教育方法，如果这一方法适合我们的学生，我们会定期整合来自许多来源的工具。新工具经过策划调整与现有工具集成在一起。当新概念被证明有价值时，我们可以很容易地将它们结合起来，而不必放弃我们以前所做的有效工作。相反，我们在前人的基础上不断改进，然后与创业社区的其他人分享我们所学到的东西。

10. **应用 4h 理论。** 在麻省理工学院，4h 理论是我们创业教学的核心。首先是心（heart）。创业者精神不仅需要追求与众不同，探索未知，还需要理解前方的艰辛旅程，相信成功是可能的，而且相信所有的努力最终都是值得的。接下来的两个"h"是头（head）和手（hands）。我们必须教给学生最基本的原则和知识，以增加他们成功的机会——这是头。然后，我们必须创建让学生边做边学的项目，让他们把他们的知识转化为能力——双手。理论和实践的结合是必要的，因为它加强和深化了两者。最后，家（home）是指建设可持续发展社区并成为其中有活力的一员的能力。创业者缺乏很多资源，所以他们必须高效，并接受去中心化的结构。他们需要拥有一套核心技能，并与其他创业者和合作伙伴共同建立社区，以确保他们的公司和社区作为一个整体取得成功。

11. **玩得开心！**失败是创业过程的一部分，如果他们太看重自己，不仅自己无法生存，他们的组织也无法生存。作为教师，我们的行动至少和言语一样重要。所以，在教学的时候，我们不要把自己看得太重，但要非常认真地承担起教学的责任。享受这美好的时光，并教会我们的学生如何适时地进行团队建设和团队鼓励。创业之路上有无数的坎坷，我们都需要振作精神，才能生存和发展。

第十三章

领导力是关键

创业社区方式原则

　　创业者必须领导创业社区。一个没有创业者领导的创业社区将不会成长、繁荣或持久。

　　博尔德理论的第一条原则是，创业者必须领导创业社区。当我写这篇文章时，我没有想到复杂系统中的传染问题。当我们翻阅这本书时，我们意识到传染是创业者需要领导创业社区的一个根本原因。

　　当大多数人听到"传染"这个词时，他们会产生负面反应，并想到有害事物的传播，比如疾病或金融危机。2020 年 4 月，当我们将这本书送至出版商那里进行最终修订时，我们和其他人类正痛苦地面对这一现实，因为那时新型冠状病毒正在肆虐世界。

　　然而，传染也可以成为一种强大的力量，善加利用，它也可以传播积极的行为和态度。在复杂的系统中，思想、行为和信息可以迅速传播给大量的人。在互联时代，这一点被放大了。健康的习惯被快速采纳，而有害的行为也被强化。有地位或知名度的人会放大好行为和坏行为。但不幸的是，这是把双刃剑。有时候，糟糕的想法和行为似乎比有益的想法和行为更容易传播。

收益的增加强化了传染的有利因素。当事情进展顺利时，更多的人接受这些价值观，并使之传播得更快。这不是线性的改进过程，而是一个指数增长的正反馈回路，随着时间的推移，它会引起状态变化。

当有害思想和行为传播时，创业社区的领导者必须积极避免强化它。与其火上浇油，不如让它缺氧。例如，当一个不良的参与者滥用权力或以其他方式不公正地对待创业者时，与其让自己继续受到不平等待遇，创业者应该找到替代方式以免受到不良参与者的影响。或者，如果现有的供应商的运作方式与健康的创业社区运作方式背道而驰，那么不要试图继续通过将他们完全纳入创业社区来强化和改变他们的行为。相反，只有当创业社区具有凝聚力，并围绕着可能资源丰富的供应商而形成一个可选择的足够数量的人员群体时，这种方式才会奏效。

以一个城市为例，一个由国家资助的创新中心为创业者提供有限的资源。当这家创新中心表现出一种自然但不健康的行为，试图控制创业社区的发展时，这很容易让人觉得每个人都必须附和，因为这看起来是唯一的选择。然而，如果当地创业者公开合作，并不积极响应创新中心的控制需求，就削弱了创新中心在创业社区制造负面影响的能力。如果创业者和创新中心的工作人员只参与健康的合作，创新中心可能会随之改变其工作方法。这样的转变通常需要很长一段时间，所以它依赖于创业者们的坚持不懈。

负面传染无处不在。《创客社区：构建一座城市的创业生态》里的一个例子是"家长制问题"，即当一个城市的掌权者（通常被称为"城市之父"）控制和限制下一代领导人，而不是让他们成为领导者时，就会出现家长制问题。在这种情况下，你是谁、你认识谁比你知道什么或你能做什么更重要。创业者应该从长计议，忽视"家长制"，同时包容任何想要参与的人。开明的"家长们"将与下一代一起合作，而其余的"家长们"将逐渐淡入幕后。

对于经验丰富的创业者来说，负面传染的一个特别具有破坏性的例子是"痛苦的创始人问题"，当前一代成功的创始人拒绝帮助今天的创业新人时，就会出现这种问题。这些创始人经常对他们所经历的挑战感到愤怒，并认为，他们是在一个不发达的创业社区中建立了自己的企业，所以其他人也应该以同样的方式奋斗。

这种思维方式是非常短视的。痛苦的创始人没有帮助下一代创业者，并认为，在成功之前，创始人需要经历同样的挑战，并被剥夺同样的资源。最终，高价值的公司将会以一定的规律性而产生，创业社区也将随之取得关键性的成功。当这种情况发生时，心怀怨恨的创始人会被抛在一边，被创业社区忽视，并在其他人成功的背景下变得更加怨恨。最终，这位心怀怨恨的创始人伤害了自己，同时创业社区也失去了他的参与、资源和经验。这是所有相关方面的损失。

我们呼吁这些心怀怨恨的创始人，以及其他试图以一种自私的方式控制创业公司的不良行为者，听从佛家的建议："我们此生的首要目的是帮助他人。如果你帮不了他们，至少不要伤害他们。"

成为导师

从根本上说，创业是一个学习的过程——了解自己的产品、团队、公司、客户，尤其是自己。人们普遍认为，导师可以极大地帮助创业者应对高增长企业面临的挑战。[1]

导师通常是经验丰富的企业家或其他在商业、工业或技术领域有深厚专业知识的人，他们也有合适的个性和沟通技巧，可以为公司创始人带来同理心、支持和成长的心态。[2] 他们将相关知识和气质结合起来，帮助创业者应对建立和扩大企业规模的诸多挑战。他们必须善于激励、挑战、引导、质疑，同时还需要诚实、直接，要表现出求知欲，最重要的是，要亲自参与学员的项目。[3] 虽然很多关于如何成为一名有用的导师的知识都是通过向其他导师学习得来的，但像科技之星这样的组织已经开始通过《科技之星导师宣言》（*Techstars Mentor Manifesto*）等文件，对导师进行持续的积极教育。[4]

随着时间的推移，相互学习是师徒关系的一个基本要素。尽管如此，导师们必须把学员的需求放在前面和中心。它不能像许多其他优先事项那样被权衡，比如以金钱利益换取自我回报。[5]《创客社区：构建一座城市的创业生态》一书谈道：

> 导师是经验丰富的创业者或投资者，他们积极地为创业公司贡献时间、精力和智慧，可以成为创业社区的一员。

"顾问"和"导师"这两个词经常被混为一谈。顾问与向他咨询的公司有经济关系。相比之下，导师则不然。导师在帮助尚未有明朗前景的创业企业时并不是为了获取经济回报。

导师制、共享学习和支持是充满活力的创业社区的核心。经验丰富的创业者必须将他们的时间和知识奉献给下一代创业者。一个好的导师不会期望他能从关系中得到什么。相反，他应该拥有一种"给予优先"的动力，并愿意让这种关系自然发展。

创业型领导者必须接受导师的角色，并在日常活动中为之留出时间。

这种指导分为三个层次：指导其他创业者、指导未来的创业社区领袖和相互指导。最终的导师关系是双向的，导师和学员在很长一段时间内相互学习。从根本上说，导师制是一种基于网络而非等级制度的活动，同级导师制对创业社区具有不可思议的强大影响力。

创业者是榜样

创业者可以作为榜样发挥关键的领导作用。[6] 在一个社区中，创业者的存在和创业成功可以通过提高人们对创业是一条可行的职业道路的认识，[7] 为下一代创业者提供信息。这些榜样激励潜在的创业者实现飞跃，并激励现有的创业者在所有的起起落落中坚持下去。

在创业者精神不那么盛行的地方，这种榜样的作用尤其重要。这些当地的成功案例更接地气。高调、讲故事、成功的创业者领袖是至关重要的。有抱负的创业者会受到前人的启发和激励，这与音乐、电影和体育等其他高效能型工作和创造性职业类似。

以身作则的榜样会产生巨大影响，他们在展示什么有效、什么无效的同时，为人们的行为定下基调。如上所述，导师制就是一个有力的例子。《创客社区：构建一座城市的创业生态》一书谈道：

> 最好的领导者可以成为伟大的导师。他们意识到作为导师是领导者角色的关键部分，并相应地分配自己的精力。
>
> 最重要的是"以身作则"。就我而言，我不断地告诉人们为什么做一个导师是很重要的，而我也通过做一个导师来证明这一点。

坚持回馈下一代，帮助他人而不期望回报，保持正直，包容任何想要参与的人，这样其他人也会学习这种方式，并加以效仿。反馈循环将这种积极的行为传播到整个创业社区，这是一个积极传染的有力例子。

价值观和美德：成为领导者

改变吧。指导经验不足的年轻人。教他们学习创业社区的方式。回馈，以身作则。玩得开心。

没有人比苏斯博士（Dr. Seuss）更能表达这一原则了，他在 1971 年的儿童读物《老雷斯的故事》（*The Lorax*）中写道：

除非像你这样的人很在乎，

没有什么事情会变得更好。

没有。[8]

领导的关键特征

因为存在着许多不同的领导风格，描述不同风格的领导框架也几乎一样多。例如，一个框架包括以下类别：教练、有远见的人、服务者、专制者、放任主义者、民主主义者、先锋者和变革者。另一个框架则包含了有魅力、变革性、自由放任、交易性、支持性和民主性等特征。第三个可能包括结构性、参与性、服务型领导、自由思考和变革等特征。创业社区中的个别领导者可以有许多不同的风格，而且不需要特定的领导框架，但创业社区中的领导者必须有几个关键特征。

从根本上说，领导者必须是人，而不是组织。虽然博尔德理论说"创业者必须领导创业社区"，但我们已经意识到，"支持者"也可以扮演领导角色。今天，这些参与者被称为创业社区组织者、创业社区领袖或创业社区建设者——他们都是发起人。这些发起人是人，不是组织。当一个组织试图成为领导者时，事情很快就会崩溃。相反，这些组织应该成为创业者和创业社区的支持者。

这些领导人应该是变革的推动者。事实上，成为一名变革推动者是创业者和领导者的本质所在。令人惊讶的是，在建立创业社区和创业生态系统的工作中，人们总是更关注外部环境如何塑造创业者，而却很少关注创业者如何塑造他们周围的外部环境。[9]

与其请求别人的许可，然后等着别人告诉自己该做什么，领导者应该做的只是去行动。虽然有些事情会成功，有些事情会失败，但领导者们不断的实验是创业社区发展的一个基础部分。这种成为变革推动者的方法对应于积极采取行动而不是等待请求许可的任何类型的领导风格。

系统思维的一个核心组成部分是接受我们是问题的起因，并找到解决方案。创业社区参与者必须从指责他人失败的心态转变为承担责任的心态。虽然没有人愿意为失败承担责任，但有必要为创业社区承担责任。系统思想家戴维·彼得·斯特罗在《社会变革的系统思维》中写道：[10]

> ……这种方法的另一个关键好处在于它强调责任和赋权。我们每天都能环顾四周，看到那些曾经被认为是最好的计划所带来的意想不到的后果。毫无疑问，无论是谁制订了这些计划，都是出于好意。
>
> 对于任何需要被解决的复杂问题，每个参与者都应当认识到自己是如何在无意中引发了它们。一旦他们明白了自己对某个问题的责任，他们就可以从改变系统中他们最能控制的部分开始：他们自己。

寻找外部解决方案来解决问题是一种不负责任的做法，当创业社区参与者说服自己答案是"在那里"而不是"在这里"时就会出现这种情况。

更多的外部资源只会加剧这些问题。这就像彩票中奖者的诅咒一样，普通人一夜之间变得无比富有，很多时候并没有因此过上了幸福的生活，而且常常会导致�...。事实证明，在一个不稳定的基础上投入数百万美元只会加速它即将到来的崩溃，世界上所有的风险投资者、孵化器和联合办公空间都救不了一个脆弱而无用的创业社区。

最终，当创业社区的参与者，尤其是领导者，将他们所面临的问题归咎于其他人时，就会造成一个让任何人都很难成功的不良环境。对问题承担责任是必要的。与其请求某人或某事来拯救你的创业社区，不如主动去领导变革。负责任和承担责任展示了真正的领导力，当你知道自己掌控着自己的命运时，你会感到解放。

承担责任和问责不仅意味着不责备他人，还意味着负责。创业社区的助力只能和创业者的投入一样强。等待别人的领导是失败的秘诀。

企业家主导的融资模式如何建立社区并帮助创业者

詹妮·菲尔丁（Jenny Fielding），纽约科技之星董事总经理，The Fund 基金创始人兼管理合伙人

纽约市是创业的最佳地点之一。这是一座人才、企业和客户云集的城市，更不用说一些仅次于硅谷规模的风险投资基金和投资公司了。表面上，一切看起来都很棒。然而，当你深入观察时会发现，纽约创业公司可用的融资选择要有限得多。

虽然这个话题很少被提及，但我在纽约的科技之星项目中亲眼看到过这个问题的发生。建立高影响力公司的杰出创始人一直难以在当地获得第一批资金，因此不得不前往西部的硅谷筹集资金。但事实上所有的资金都在纽约流动，这一资金缺口便显得尤其令人困惑。

为了解决这个关键挑战，一些经验丰富的当地创业公司创始人和运营商聚集在一起，更密切地关注风险投资和天使投资的动态。我们希望找到一种方法，确保早期资金能够更好地流向最需要的创业公司。

我们通过评估发现了三个问题。首先，风险投资作为一个行业在纽约市几乎没有发展，尤其是在产出方面。风险投资的规模不能很好地扩展。风投公司中有限的员工数量及其所投入的时间和精力决定了它的生产力。

其次，纽约的创始人和运营商比大多数风投公司更早看到交易。因为纽约有一个活跃的创业社区，在寻求建议、指导、商业模式发展、融资和引荐风投时，获得风投资金的创业者成了新兴创业者的第一个联系人。然而，尽管运营商在交易流方面具有优势，但活跃的天使投资者却寥寥无几。原因很明显：他们忙于建立自己的公司，而且大多数人没有足够的流动性，无法每年开出大量支票。

最后，尽管成功的硅谷创业者有将自己的财富再投资给下一代创业者的悠久传统，但这种心态在纽约并不那么普遍。创业者倾向于购买房地产或旅游，而不是成为创业公司的积极天使投资者。

为了应对这个完美的因素风暴，我们创建了 The Fund——一种旨在通过利用创始人和经营者群体的集体力量和资源，超越传统风险投资公司的限制和约束的投资工具。我们聚集了 75 位纽约知名人士，围绕着共同的使命，与在纽约创建公司的下一代创始人分享资本和专业知识。我们共同投入资金、网络、知识和时间，以一种全新的方式帮助纽约的科技生态系统发展壮大。这是一个实验，我们喜欢它！

我们只关注纽约市的投资者和投资组合，因为我们相信，通过这样做，我们可以找到最好的交易，有效地支持我们的投资组合公司，并帮助建设我们的社区。是的，我们认为这会带来经济回报，但同样重要的是，这关乎社区发展，并为创业文化创造动力，这种文化可以超越任何单一基金。我们不是天使投资人，我们也不会取代传统的风险投资。相反，我们正在构建一种新的模式，专注于公司生命周期的最早阶段，即创始人，尤其是缺乏经验的创始人最需要外部支持的阶段。

我们将投资视为一项社区努力，并创建了基金机制，以反映我们在核心运营商群体中分享基金利润的信念。这种结构为纽约市一些最有经验的创始人和运营商提供了令人信服的财务激励，他们不仅将资金投资于有前途的年轻创业公司，更重要的是投入了宝贵的时间和专业知识。

每个建立基金的人都有意在业余时间这么做。我们坚信，我们的创始成员积极地参与社区工作会比保留全职工作人员更有效。通过将我们大部分的工作时间集中在创业活动上，我们将处于创业生涯的最高峰，并接近最有前途的交易流程。

我们的社区拥有蓬勃发展的数字科技和实体存在。交易采购、讨论和尽职调查都集中在网上进行，在这里，热烈的讨论有助于为投资决策提供信息。每个月，我们都会聚在一起吃饭，建立关系，分享经验。我们的创始人涵盖了医疗保健、加密、数字媒体、软件即服务（SaaS）、零售、金融科技和硬件等领域。这种知识深度使我们能够在跨行业和垂直领域进行投资。我们相信并支持多元化，因为我们的投资委员会中有50%是女性，而且我们的投资中有 50%以上是针对女性创始人或有色人种的。

这个基金的规模很小，但我们的愿景很大。我们设想这样一个世界：每个城市、地区和社区都有自己版本的基金。为了实现这一目标，我们制订了一套计划，并在其他地方建立了基础设施。现在是我们扩大规模的时候了。

第十四章

代代相传

14

创业社区方式原则

领导人必须有长期的承诺，应该为创业社区做出至少 20 年的承诺，并将长期思考纳入战略和决策中。他们应该每年重置时钟，这样对未来 20 年的展望则是永久的。

博尔德理论的第二条原则是领导者必须有长期的奉献精神。最初，我将其定义为 20 年的展望，这与传统上对一代人的定义大致相符。[1] 我的目标是围绕长期的定义，当我和不同的创业社区的人讨论这个问题时，我意识到我最初指的是利用持续的长期观点创造一些统一。于是我将"20 年的展望"修改为"从今天起的 20 年展望"。虽然我知道我在博尔德已经生活了 25 年，但我更期待从第 25 年到第 45 年的未来 20 年。

这个观点很好地对应了复杂系统中发生的变化。变化往往不是一致和恒定的，而是不成比例的（非线性的），或者看起来几乎是瞬时的（相变）。[2]

近期发生的例子包括美国的#MeToo 和#Time'sUp 运动，在这些运动中，少数勇敢的人引发了重大的系统性变革。这些变化是长期积累的力量的结果，但明显的变化却突然发生了。

临界点是一旦超过特定阈值就会发生重大、不可阻挡的变化的情况、过程或系统。在这本书的出版之时，世界各地的许多人都面临着这一问题，因为新型冠状病毒正在以人类难以处理的方式扩展。在创业社区中，这可能会在一次高调的创业成功事件或采纳了一个良好行为之后发生。但是，结果往往相反，它可能会引发一系列备受关注的失败、道德背弃或不当行为。临界点可以将平衡转向广泛传播的健康的或破坏性的行为和态度。

这些临界点会导致阶段转变，从而破坏线性系统思维和基于资源的方法。意外的活动会刺激一个临界点，而不是稳定地增加投入以获得预期的产出。临界点与特定的输入或明确定义的输出并不对应，而是突然戏剧性地出现。这就像大坝决堤。直到某一刻，大坝才突然崩溃。然后，生态系统中的事物就会发生重大变化，从而过渡到一个新的阶段。

十多年来，外界对博尔德创业社区的批评是，尽管它很棒，但太小、太偏远，无法支持一家上市公司。然而，在 2013 年年中至 2014 年秋季的短时间内，两家约有十年历史的在博尔德成立的公司，以相当高的市值上市，还有一家公司被以 12 亿美元的价格收购。[3] 突然之间，除了几位非常成功和富有的创始人之外，还有数百名员工因为他们持有的股票期权的价值而一夜之间成为百万富翁。博尔德的创业社区发生了巨大的变化。

进步是不平衡且缓慢的

线性系统显示出稳定和一致的进展，或者至少是在给定输入和能量的情况下可以预测的进展。复杂的系统恰恰相反，进步是不可预测和不一致的。可能会有显著进步的时期，然后是停滞或衰退的时期。你能够感觉到自己在进步，却意识到什么都没有改变。这种动态可能令人沮丧，尤其是当感觉大量工作正在进行而没有产生明显的影响，或者事情出现倒退的时候。当外部因素（如2007—2008年的全球金融危机或2020年的新冠病毒大流行）影响系统的宏观动态时，尤其如此。

在一个创业社区中，人们之间的互动影响着它的表现。每个参与者都有独特和共同的生活经历、根深蒂固的思维模式和行为特征。随着新事物在创业社区的出现，参与者接触到新的想法和经验后，每个人都需要一段时间来吸收和接受已经发生的事情。新事物必须整合，旧事物必须摒弃。

各种各样的反馈循环都会出现。虽然有些方法有效，但许多方法仍然无效，而且问题和响应似乎不均衡，而且存在延迟。这些问题往往在我们意识到它们之前很久就已经存在了，并且在我们注意到它们的影响之前就已经得以改进。然而，当将一系列健康的行为和态度应用于一个复杂的系统时，它们则具有持久力，从而产生强大的惯性效应。这种惯性效应具有弹性，有助于推动创业社区向前发展。

很多人都没有意识到，硅谷的种子其实早在100多年前就已经播下了。[4]弗雷德·特曼（Fred Terman）在20世纪50年代早期领导了如今的斯坦福研究园区（Stanford Research Park）的开发，但早在20世纪30年代，他就鼓励斯坦福大学（Stanford University）的学生创办新的高科技企业（甚至对其中一些企业进行了投资）。[5] 60多年前的1957年，"叛逆八人组"离开肖克利半导体公司，创办了仙童半导体公司，这是一个关键的催化事件（硅谷的企业数量很多，但这次是一个重大事件）。人们很容易指出今天的成功，却不理解它是如何实现的。硅谷的形成已经有很长一段时间了，并继续发展到今天。

作为一个创业社区的领导者，你必须坚持下去，相信这个过程，并且知道结果可能与你预期或希望的不同。朝向未来 20 年的展望与视野是至关重要的，因为在这一过程中没有需要达到的固定目标。你可能会觉得很长一段时间内都没有什么变化，但突然间，由于你前期所做的所有工作，一切都变了。然后更多的事情发生了，改变再次到来。

价值观和美德：履行承诺

言行一致。人们信赖你的话语，而你也将履行你的承诺，这是至关重要的。建立信任和创造社会资本是维系人际关系的黏合剂，也是维系创业社区的黏合剂。人们往往会过度膨胀，因为他们对自己能做什么并不能站在现实角度考虑，或者因为他们不敢说不。这种行为缺乏透明度和诚实。当你意识到你已经承诺要做一些你无法坚持的事情时，承认它并与之沟通。如果你不想做某事，就要直接拒绝。

无论原因是什么，当人们承诺做某件事，但却没有履行他们的义务时，这就会破坏信任，并在创业社区中播下不满的种子。声誉是全系统的，信息在创业社区中传播得很快。如果你被认为是不可靠的，人们就不会愿意和你一起工作。更糟糕的是，如果你是创业社区的领导者，这将促使其他人采取类似的行为。于是，创业社区就被这样一种观念所感染：不可靠是可以的。这是不对的。

可靠性作为凝聚力的一种手段，是一个古老而久经考验的概念。德国哲学家马克斯·韦伯（Max Weber）在 1905 年写道，西方资本主义的根基是根深蒂固的清教徒式的诚实、互惠和尊重承诺。[6] 尽管这种模式已经无法代表资本主义今天的发展，因为我们现在生活在一个更加正规、基于合同和交易的世界中。但资本主义的早期灵感可以为创业社区提供参考。

创业社区在流动性更强、更非正式、交易性更弱的环境中运行得更好。实现这一点的一个方法是展示你的可靠性，尤其是当你是一名领导者时。

无尽的长期博弈

在玩一款无尽的长期游戏时，你必须要超越时间概念。在当今社会，你需要充分考虑经济周期、政治日程和最新短期趋势的影响，要做到这一点其实很难。公司按季度和年度的节奏运作。学术界的暑假周期与公司日历不一致。政治周期则是两年或四年，其中至少 25%的时间用于选举和过渡。宏观经济周期的时间框架是不确定的，会以随机的间隔影响不同的地区和行业。

虽然这对创业社区产生了影响，但领导者必须以完全不同的参照框架来运作。创业社区必须按世代周期运作。虽然来自支持者的参与者必须在其组织的规范和环境中发挥作用，但他们应该从长远的角度看待与初创社区的互动，特别是如果他们在支持者中扮演领导角色的话。任何领导者缺乏长期的承诺都会阻碍初创企业的健康和发展。

虽然弗雷德·特曼可能为硅谷创造了一个转折点，但硅谷还有很多其他的转折点。惠普（Hewlett Packard）成立于 1939 年；仙童半导体公司成立于 1957 年；斯坦福研究所于 1969 年加入阿帕网（ARPANET）；施乐帕克研究中心（Xerox PARC）成立于 1970 年；行业巨头苹果（Apple）、雅达利（Atari）、甲骨文（Oracle）等都成立于 20 世纪 70 年代。就连谷歌（Google）也已经有 20 多年的历史了；脸书（Facebook）也在不知不觉中出现。硅谷的联系跨越了时间和公司边界。

建立一个充满活力和可持续发展的创业社区需要很长时间，这是目前创业社区面临的最大挑战之一。对于一个可持续发展的创业社区来说，非控制哲学是必不可少的。在这一过程中我们将面临聚焦于更容易控制但影响较小的问题的诱惑。重要的是要抵制这些冲动，让复杂系统进化。

正如我在《创客社区：构建一座城市的创业生态》中所写：

> 如果你渴望成为创业社区的领导者，但你不愿意在接下来的20年生活在这里，并在这段时间里努力领导创业社区，那么问问自己，你想要成为领导者的真正动机是什么。要维持一个充满活力的创业社区，至少需要一些领导者做出这种程度的承诺。

虽然我们目前正经历着来自世界各地的城市对创业的高度兴趣，但转移注意力的周期和外生因素总是会发生。当不可避免的挫折发生时，比如新冠疫情，创业社区领袖必须继续领导社区的发展。2020 年春季，创业社区及其领导者的复原力和韧性正在接受重大的考验。

北卡罗来纳州达勒姆市的创业社区是如何通过长期的领导力来转型和加速的

克里斯·海夫利（Chris Heivly），北卡罗来纳州达勒姆（Durham, North Carolina）科技之星高级副总裁

像许多优质的创业社区一样，北卡罗来纳州达勒姆市的创业社区的形成，是在坚定的领导层的推动下，许多项目以出乎意料或违反直觉的方式汇集在一起的结果。达勒姆转型的故事展现了一代人的承诺和演变。但是，要真正理解达勒姆近 20 年的复兴，你还必须了解它的创业史。

在整个 20 世纪初，达勒姆都拥有繁荣的烟草业和纺织业。美国烟草公司（Lucky Strike 卷烟的制造商）是一家巨头公司，1945 年，它的总收入为 54 亿美元（经通货膨胀调整）。对于这座当时人口不到 7.5 万的南方城市来说，这不是一个小数目。

和许多南方城市一样，达勒姆的关键产业正在崩溃。烟草和纺织业是达勒姆经济的两大基础产业，而如今大多数企业已关闭并迁往海外。到了 20 世纪 90 年代，这座城市不再以烟草和纺织品而闻名，更多的是作为标志性电影《百万金臂》（*Bull Durham*）的故事背景所在地而为人所知。到 20 世纪 90 年代末，达勒姆市中心的住房空置率徘徊在 50% 左右，位于达勒姆市中心的美国烟草公司总部，一个占地 100 万平方英尺的综合体，也被废弃了。

但这一切都将改变，一个难以置信的英雄介入了。

达勒姆的复兴在很多方面和一家第四代家族广播公司，即总部位于邻近城市罗利（Raleigh）的国会广播公司（CBC）有关。CBC 在社区参与方面有着悠久的历史，最值得注意的是它收购了小联盟棒球队达勒姆公牛队，并随后与达勒姆市合作开发了一座新的市中心棒球场。体育场对面是达勒姆市著名的美国烟草园区（ATC）。CBC 试图说服几家开发商参与 ATC 的重新开发，但没有成功。尽管对商业地产了解不多，CBC 还是在 1999 年接手了该项目，并在四年时间里重新开发了园区。

那么，达勒姆公牛队、废弃的烟草厂、一个空置建筑和使用建筑一样多的市中心，以及由处于职业生涯晚期的南方人吉姆·古德蒙（Jim Goodmon）领导的第四代家族有什么联系？

到了 2009 年，该地区的一群创业者开始寻找一个物美价廉、富有创意的聚集空间。教堂山有北卡罗来纳大学（University of North Carolina）和大学城的氛围，但在可用的工作空间方面是有限的。罗利有很多房地产可以选择，但规模太大，不连贯，无法创造一个有意义的群聚效应。达勒姆有勇气（废弃建筑、历史）和一位听到召唤的领导人（吉姆·古德蒙），他愿意投入时间和资金来扭转这座城市的状况。

几年后，一些科技公司入驻了 ATC，这些公司开始制造轰动，ATC

还渐变成了某种意义上的创业目的地。2009 年，一群具有公民意识的企业家与吉姆和他的儿子迈克尔（Michael）聚集在一起，制订了一项计划，以开发相对便宜的空间来容纳创业支持项目。ATC 和达勒姆都有这种氛围，这是创意阶层的自然目的地。在这些讨论中，我想到了一个简单的创业空间，现在被称为美国地下创业空间（American Underground）。在成功企业家的帮助下，该空间成为著名的创意中心，优先考虑那些可以为独特的租户组合做出贡献的人，而不是那些可以支付最多租金的人。

那年，美国地下创业空间在 ATC 的地下室中启动了一项占地 30000 平方英尺的工程。古德蒙家族了解到，为当地创业者创造一个安全的空间是一个关键因素。以少数创业者传播消息，这个空间只租给创业者、他们的公司和专门支持创业者的组织。在第一年里，他们拒绝了 72 家老牌公司的租赁咨询。早期对创业社区的长期承诺至关重要。

此外，园区还引入了一些公司作为核心租户。其中两家是创业加速器（Joystick Labs 和 Triangle Startup Factory），一家导师组织（CED）和全州创业基金会（NC IDEA）。接下来是几位成功的创业者，他们正在创建自己的新公司。总的来说，美国地下创业空间是由大约 35 家公司开始的，包括那些参与加速计划的公司。免费的互联网，一些免费的联合办公桌和美味的咖啡，美国地下创业空间很快成为我们社区创业者的目的地。

2012 年，CBC 和美国地下创业空间聘请了一位资深人士亚当·克莱因（Adam Klein）在之前的势头基础上再接再厉，致力于打造一个世界级的创业空间，为多样化的当地创业者提供服务。大约在那个时候，一个由创业者和创业社区领袖组成的小型但专注的团体每月聚在一起喝啤酒。这不是一个正式的团体。它没有名字。没有人设定议程，对话是自由形式的，但始终围绕着如何发展创业社区。像我和 Startup Factory 的戴夫·尼尔（Dave Neal），以及 Joystick Lab 的约翰·奥斯汀（John Austin）、CED 的琼·西弗特·罗斯（Joan Siefert Rose）和达勒姆商会的凯西·斯坦巴克（Casey Steinbacher）这样的领导人都是常客。这些对话形成了一个共同的愿景，即达勒姆的创业社区将如何发展。对话者由拥有资源和热情实现这一目标的人组成。

2013 年，美国地下创业空间从 ATC 向北扩张了两个街区，直指达勒姆市中心，其支持的创业公司数量增加了近两倍，达到 100 家。我和亚当·克莱因之间的一次非正式交谈，强化了布拉德·菲尔德提出的创业密度概念。

实体空间并不是古德蒙家族对创业社区的唯一投资。随着需求的确定，社区出现了新的活动和机会。古德蒙家族抓住机会，在一些领袖们可能会选择去控制或发号施令的领域，去投资创业领袖的激情项目（passion projects）。古德蒙家族提供了一个例子，说明了显赫的家族如何能够推动自下而上的变革，而不是自上而下地主导活动。

美国地下创业空间在达勒姆市中心和罗利市中心又扩建了三倍，时至今日已占地 13.5 万平方英尺，容纳了 275 家初创公司。随着公司不断扩张以寻找自己的发展空间，达勒姆围绕着美国地下创业空间逐渐发展起来。

在达勒姆创业社区，领导者采取自下而上的合作方式。我们有一群深思熟虑、胸襟开阔的社区领袖，还有一些关键商业领袖的资助，他们密切关注我们社区的创业公司最需要什么。通过我们对合作领导的关注和对彼此的真诚支持，我们的创业社区变得更加充满活力，而不是分散行动，彼此独立运营。由于我们的领导人表现出的态度和我们社区的密度，我们的网络变得更加紧密和强大。最终的结果是构建了一个真正的创业社区，愿意利用自己的网络来造福他人。

吉姆·古德蒙和他的家族展示的经验是，伟大的社区是由扮演不同角色、个性多样化的、充满激情的领导者组成的。古德蒙家族摒弃了控制，从一代人的角度来看，他们的观点表明，合作和支持他人的愿景是创业社区加速成长所必要的因素和条件。

第十五章

多样性是一个特点，
而不是一个错误

创业社区方式原则

创业社区必须包含任何想要参与的人。复杂的问题需要不同的视角。对广泛的想法、身份和经验的彻底接受可以建立信任，这是释放整个社区的创造潜力所必需的。

博尔德理论的第三个原则是创业社区必须包含所有想要参与其中的人。今天，多样性和包容性是围绕创业者精神和我们的社会进行的许多讨论的前沿和中心——这是一个迟来的发展。性别和种族多样性是主流话题，诸如"思想多样性"之类的短语经常被用作政治口号或破坏性别和种族多样性的努力。然而，当我写《创客社区：构建一座城市的创业生态》时，我在考虑具体意义上的（如性别、种族、民族和年龄）和一般意义上（如经验、教育、社会经济和观点）的多样性。在某种程度上，这些是重叠的。两者都很重要，对创业社区的实现尤为重要。

建立多样性

复杂系统，如启动和扩张一家创新驱动的创业公司，最好通过团队合作来处理。与多样性较低的团队相比，多元化的团队更具有创新精神，更能适应持续和不可避免的变化。强大的互补性和新颖的组合推动创新，而韧性则源于更强的适应性。[1]

在复杂的系统中，多样性不仅仅是一件好事——它是一种必需。回想一下，协同效应是一个复杂系统的主要价值来源，它描述了由于部分相互作用而产生的非线性行为。如果系统的所有部分都相同，就会减少或否定有价值的非线性行为，导致系统等于部分之和，而不是大于部分之和。

尽管我们对多样性的看法超越了"身份多样性"，即性别、种族、民族、宗教、性取向、年龄、社会经济背景和地理来源等方面的差异，但出于道德和公平的原因，我们深切关注身份多样性。我们自己的国家——美国，有着基于这些因素歧视个人的悠久历史，可悲的是，这些因素在今天仍然真实存在。我们意识到，受过良好教育的异性恋美国白人男性是处于特权地位的。我们都坚定地致力于多样性和包容性，并且都意识到我们的特权为我们提供的资源和权力。我们也意识到，我们永远不会完全理解没有这种特权的生活是什么样子。因此，我们向所有其他人学习，仔细倾听那些没有特权的人，努力不让我们的特权限制我们对这个话题的思考，并以极端谦逊的同理心参与这个领域。我们鼓励其他人也这样做。

我们不想争论纯粹基于道德和正义的身份平等。这句话让我们感到痛苦，但并非每个人都会被这一论点说服。在许多国家，身份平等是一个比在美国本土更大的问题。性别角色未能实现现代化；种族、宗教和阶级分歧似乎不可逾越；部落或家族的分裂可以追溯到几个世纪前。我们强烈支持在身份认同方面的平等和多样性，我们也希望在创业社区中倡导更广泛的多样性。

当我们描述多样性对创业社区和创业精神等系统表现的重要性时，我们是用广义的"认知多样性"来描述的，它的定义是观点、想法、经验、专业知识、教育和技能的多样性。[2] 创业社区需要不同思维方式的人，需要具有互补技能的人，需要通过自己的生活经历塑造的独特视角来看待世界。群体思维和单一文化对创业公司和创业社区来说是致命的。我们的个人身份是由我们的环境、我们的机会、我们的经历，以及最终，我们成为什么样的人所塑造的。通过这种方式，身份多样性在一定程度上推动了认知多样性。

多元化对于创业公司能够蓬勃发展的高效环境来说是必要的。密歇根大学（University of Michigan）的斯科特·佩奇（Scott Page）的研究表明，多样性比原始能力更能发挥作用。[3] 换句话说，多元化的团队胜过由"最佳"个人组成的团队。[4] 简而言之，多样性会产生更好的结果。

狭隘地关注身份多样性，而没有看到认知多样性的重要性，这样的多样性倡议是自我限制的。许多创业社区在这方面还有很长的路要走。"文化契合度"这个短语被当作"像我们一样"的代名词，这种思维方式是错误的，也会导致错失机会。"不像我们"可能正是你应该让他人加入的原因。与其追求"文化契合"，倒不如追求"文化附加"[5]，这样做会以一种与众不同和超出预期的方式产生价值。

价值观和美德：可渗透的边界

优质的创业社区的参与者都知道，吸纳任何想参与进来的人都是有益的。虽然创业社区的所有成员都应该努力相互沟通，但领导者尤其应该讨论并分享战略、关系、想法和资源。由于优先事项、承诺或地理位直的改变而来来性性的参与者，在他们回来时都应该受到欢迎。

其中一个挑战是信任。在许多情况下，人们还没有建立起对彼此的信心，创业者往往觉得有必要保护自己的创意，并将其紧紧地握在手中。在创业过程中，虽然创新往往与知识产权有关，但创业公司的基本概念很少是原创的。相反，创意的价值体现于执行的过程，而不是最初的想法。而且，合作并与不同的观点碰撞往往会产生更好的想法。

Netflix 奖就是一个很好的例子，这是一个让团队改进公司用户评级预测算法的公开竞赛。经过几次勇敢的尝试，没有一个团队能够独自达到改进基准。直到几支队伍联合起来才选出了冠军。获胜的团队——或者更确切地说，获胜的团队组合——来自不同的背景，并带来了独特的视角。密歇根大学的斯科特·佩奇称其为"多样性红利"，这让他们能够为 Netflix 公司开发出一种更好的评级算法。[6]

拥抱多样性

包容性是一种心态或实践，旨在促进环境的多元化，让不同群体感到受欢迎、受尊重，并能够充分参与。如果多样性是必需的——无论是出于业绩还是道德原因——那么促进包容性的一种激进方法就是采取一系列让多样性蓬勃发展的行动。

创业社区应该接纳任何想要参与的人，包括他们的经验、背景、教育程度、性别、种族、性取向、公民身份、年龄和观点，等等。在创业社区中应该有一种强烈且坚定的信念，那就是让更多不同的人参与进来是一件好事。创业社区不是一个只有赢家和输家的零和博弈。一个社区成员的成功可能会对整个社区产生积极影响。

创业社区的领袖定下了基调，并有责任确保创业社区的大门向所有人敞开。领导者和发起者应该向新人介绍影响大、容易接触的活动和少数关键人物；应该为下一代领导者腾出空间，让他们放下现有的活动，承担新的责任。

创业社区如果不欢迎所有想要参与进来的人，那是不健康的。复杂系统需要开放和削弱限制；当他们接触到各种各样的人才时，才会茁壮成长。回避外来者或要求新人按照规定的方式加入是低效的，并且会阻碍创业社区的发展。这种行为的影响在当下更为明显，因为许多文化开始着手处理社会许多领域中根深蒂固的歧视。

健康的创业社区的参与者尽可能广泛地思考如何具有包容性，这远远超出了我们上面定义的特征。例如，活动举办的时间是星期几。如果活动只在晚上举行，是否会减少一些人参加的可能性？一些有抱负的创业者可能是单身家长或从事晚间工作，这使得他们无法在晚上参加活动。白天上班的时间呢？也许有些人正在寻找创业的机会，但他们没时间去参加上午举行的活动。周末或一周中的任何其他时间也是如此。许多情况会超出原计划，例如活动需要巨大的财务支持等。举办方会寻找各种方法让外人更容易参与进来。现在，可以将这一思路扩展到创业社区中各类与个人或团体进行系统性协调的决策方式，以此来消除障碍与阻力。

全面思考创业者精神

创新和创业是截然不同的活动。通常，创业企业将创新商业化，但创业过程与整体创新不同。因此，创业社区比单一部门或单一技术更为广泛，它适用于任何想要围绕一个新想法来寻求业务发展的公司。

伊恩和其他人所做的研究表明，尽管高科技公司实现高增长的可能性很大，但大多数高增长公司都来自高科技以外的行业。[7] 在两年前的一项研究中，伊恩发现 30%的高增长公司是高科技公司，这是一个惊人的比例，因为整体上只有 5%的公司处于高科技领域。即便如此，70%的高增长公司仍处于高科技领域之外。

软件和信息处理技术的普及正在模糊技术和非技术之间的界限。因此，非传统高科技领域的创业者可以向高科技创业者学习，高科技领域的创业者也可以向其他行业的成功创业者学习。你们还记得我们之前说过要广泛地考虑多样性吗?这就是一个很好的例子。

接触相邻或不相关行业的创业公司会产生新的视角和独特的见解，而这些在你的行业中是不会自然出现的。虽然分享特定行业的知识会带来好处，但在同一地区的同行、顾问、导师和投资者组成的网络中，管理一家高增长的年轻企业所面临的诸多挑战对许多人来说都是共同的。

在《创客社区：构建一座城市的创业生态》中，描述了当时博尔德不同行业的并行创业社区。科技公司有一个创业社区，天然食品、生物技术、清洁技术和乐活生活方式（lifestyles of health and sustainability）领域也有自己的创业社区。尽管活力的程度各不相同，但在过去的六年里，一些创业社区已经做出了一些努力，比如科罗拉多州的黑石企业家网络（Blackstone Entrepreneurs Network Colorado），为一个单一创业社区内的不同行业提供了更多凝聚力。[8]

多元化是有益的

米里亚姆·里维拉（Miriam Rivera），加利福尼亚州帕洛阿尔托乌卢风险投资公司（Ulu Ventures）董事总经理

人才在所有性别和种族中平均分布，但机会却并非如此。创建健康的生态系统，包容所有种族、背景和性别，对于建设强大的创业和投资社区至关重要。虽然投资者是支持和培育这些社区的关键，但风投行业

系统地忽视了整个类别的人。这不仅对创业者和社会来说是一个糟糕的结果，对投资者来说也是一个糟糕的结果。

在乌卢风险投资公司，多元化是我们的投资理念。我们坚持不忽视这些类别带来的卓越的财务业绩。乌卢对每一项投资都采用客观标准，每个人都在相同的、而非变化的标准下得到评估。以下是一些有助于指导我们公司的实践和原则，我们认为这些做法和原则可以在其他地方复制。

指导

在语言和某些微妙的方面，风险投资文化仍然主要是白人男性主导的文化。这种投资者语言对许多创业者来说是陌生的，尤其是对女性、移民和有色人种来说。在乌卢，我们做了大量的指导，帮助创业者在创业世界中找到正确的方向，并将他们的故事翻译成投资者理解的语言，从而增加他们成功的机会。我们还试图帮助投资者了解无意识的偏见和不一致的应用标准是如何导致某些群体无法获得投资的。

讲故事

乌卢运用决策分析和市场测绘指导各种背景的创业者提高面向投资者的演讲技巧，使他们能够讲述引人注目的、量化的市场故事。这些故事帮助他们从创业者和投资者的角度更好地理解自己的业务。市场测绘为创业者如何开拓市场创造了一幅直观的画面，也为他们的业务提供了一个可量化的机会模型。这也让他们看到在一个市场占据主导地位后可能出现的问题，以及在公司的生命周期中他们将遇到哪些类型的风险。讲故事使创业者能够以更有效的方式阐述他们的创业历程。

协作

有一个设计思维的原则是，与其拆解人们的想法，不如努力让他们的想法变得更好。在我们的指导讨论中，我们做的很多事情都是协同帮助创业者找到更好的方法来构思或描述他们的商业机会或商业模式。或者，也许我们可以通过将他们从建立业务的沉浸式经验中获得的不同知识和直觉输入到比较的、敏感性分析的财务模型中，以帮助他们在市场中找到更好的切入点。

增值

作为一个团队，乌卢能够做出这些贡献，是因为我们希望在投资方面对创业者透明。在一个目标多样化的环境中，我们只能投资我们所看到的 1%的机会，我们希望为我们无法满足或没有投资的创业者增加价值。为什么？创业者是我们最好的引荐来源之一，我们希望通过分享我们的知识和经验，为创业生态系统做出真正的贡献，分享的方式比我们每年可以参加的会议或提供的讲座更具扩展性。我们曾经也是创业者，了解创业者时间的价值；我们希望减少花在毫无成效、毫无帮助，甚至令人沮丧的募资会议上的时间。

减少偏见

决策分析过程有助于减少偏见，因此按照行业标准，创业者是非常多样化的。截至 2019 年 10 月 31 日，乌卢的投资组合包括约 39%的女性联合创始人，37%的少数族裔联合创始人，37%的移民联合创始人，以及 13%未被充分代表的少数族裔（URM）联合创始人。（请注意，有些创始人既是女性，又是 URM、移民或少数族裔，所以这个数字之和并不是 100%。）乌卢的多样性水平远远高于整个行业的平均水平，也更接近于科技行业中此类人员的占比。

瞄准看不见的市场

我们还提倡倾听不同人的声音；风险投资者需要提高他们理解、倾听和看到多样性的能力。通常，一个人自己的生活经历不足以应对不同市场。我们的一些公司专注于金融普惠市场，而这些市场的特点往往是对某些消费者进行金融剥削。例如，美国有一个价值 700 亿美元的行业，涉及发薪日贷款、先租后买模式（rent to own，一种房屋交易方式）、产权贷款和其他高利贷行为，这些金融经济类行为都对收入较低或较不稳定的人不利。不幸的是，种族和收入之间经常存在相关性。尽管风险投资者处于收入最高的1%人群中，但约有一半的美国人却面临着截然不同的经济现实，因为没有信用卡，他们无法在网上购物。然而，许多风险投资者不愿意投资那些在普惠金融领域打造亲民品牌的公司，因为他们无法与这类市场建立联系，也没有对机会的直觉。量化工具可以提供帮助，也可以提供一个积极的框架，说明为什么创始人在此类市场上的意识和/或生活经验会让他们拥有所有风险投资者都在寻找的进入特定市场的相对优势。我们想让风险投资者看看他们错过了什么。我们量化的市场测绘，投资的高门槛率，基于风险量化的投资组合构建，以及跟踪记录，帮助我们掌握风险投资者和有限合伙人的语言，同时为更多样化的创业者提供资金。我们希望这些策略能够带来不同寻常的成功。多元化与我们为有限合伙人带来卓越经济回报的使命是一致的。

透明度可以建立信任

我们向创业者承诺，在整个过程中，无论乌卢是否决定投资，我们都将分享合作市场测绘活动产生的所有尽职调查信息。我们分享我们收集的所有数据和模型中的假设，无论来源是他们还是我们。他们可以使用自有的数字或假设重新运行所有分析方式制作财务模型。我们提供了一份定制的书面报告，这样创业者就可以了解如何使用该工具，从而了解如何自主收集信息，而不仅仅是在筹集资金的痛苦中进行一次性单一计诉。这些是我们作为投资者与创业者接触的一些方法，我们希望这些方法能帮助他们取得成功。因为我们更普遍地重视企业和世界的关系，我们相信，如果我们的指导或决策分析过程对人们有所帮助，我们就建立了良好的声誉，这可能会直接或间接地帮助我们和我们想要帮助的其他人。

从某种程度上来说，良好声誉表现为虽然我们没有足够多的投资人，但在竞争情况下，我们几乎总能得到一些关注和资源分配。创业者在尽职调查中与投资者建立的关系是他们应该如何选择投资者的一部分。对乌卢来说，我们给予的回报是与具有相似价值观或尊重我们方法的创业者建立长期关系，这带来了许多可能与最初的投资对话无关的机会。

第十六章

要主动，别被动

创业社区方式原则

创业社区必须持续开展有意义的活动，让整个创业团队参与进来。持续的参与可以发展关系，建立跨越边界的信任，创造实验和学习的机会。整个社区参与到创业活动中，为拥抱多样性提供了基础。

博尔德理论的第四个原则是，创业社区必须有持续的活动来吸引整个创业团队。这意味着创业社区参与者之间不频繁或不定期的接触不会建立足够有意义的联系来推动真正的变革，这些活动的性质应该是主动积极的（如黑客大会、竞赛），而不是被动消极的（如鸡尾酒会、颁奖典礼）。这也意味着活动必须提供与创业社区参与者广泛接触的机会。

自相似性和复制

复杂系统通过将较小规模的模式复制到高阶模式来显示自相似性，当了系统表现出与大型系统相似的行为模式时，就会出现这种情况。因此，一个更大的系统是无数次更小系统交互作用的产物，这些交互作用可以通过在更小的范围内检查和改变模式来理解和影响。[1]

改善行为和心态的努力，即使是在创业社区的小群体中，也会随着时间和持续的努力对整个系统产生深远的影响。你不必设计一个试图让每个人都同意的自上而下的计划。相反，只需要开展行动即可。经济学家大卫·科兰德和物理学家罗兰·库珀在《复杂性与公共政策的艺术》一书中很好地描述了这一点：

> 看起来复杂的东西，以及从整体上看不可能复杂的东西，可以相对简单地理解为一组几乎无限多的小变化的结果，所有这些都遵循相对简单的规则。随着时间的推移，规则的简单复制导致了复杂的模式。寻找控制系统演化的简单规则……是复杂性社会科学不同于标准社会科学的主要方式。[2]

这些不是传统意义上的规则，而是强调有益行为、协作思维和积极领导的非正式规范和活动。小规模干预可以促成影响整个系统的有意义的变化。

我在博尔德的经历反映了这一点。1995 年，我和妻子艾米·巴彻勒（Amy Batchelor）毫无计划性地搬到了博尔德。[3] 其实那时在博尔德我们只认识一个人，而且不到一年他就搬走了。我从没想到会在博尔德做任何生意。但是，几个月后，我决定在城市中寻找一些其他的创业者。我的一个曾经住在博尔德的朋友把我介绍给了一个律师和一个银行家，他们又把我介绍给他们认识的所有创业者。1996 年秋，我邀请这群人参加了一次晚宴，青年创业者组织的博尔德分会（很快就变成了科罗拉多分会）便成立了。[4]

随着互联网公司在博尔德和丹佛兴起，我在丹佛邀请了一群创始人共进晚餐，最终我们在 1997 年创建了科罗拉多互联网集团（Colorado Internet Keiretsu）。[5] 几年后，博尔德出现了一群充满活力、人脉广泛的创业者。参与这些组织的一个基本理念就是"帮助彼此取得成功"。对我来说，这是同伴指导力量的一个早期且重要的例子，这一理念已经成为所有创业社区的基础部分。[6]

不要等待或征求他人许可

在上述每种情况下，我都没有等待有人邀请我一起参加某事，也没有等待比我工作时间更长的其他人的许可。我联合创办了青年创业者组织科罗拉多分会和科罗拉多互联网集团。我接纳了任何想参与的企业创始人，但却没有试图让其他任何股东加入。

我只是在模仿我在其他复杂系统中看到的情况，特别是我在波士顿和世界各地的青年创业者组织的经历。我开始在博尔德与一群高度忠诚的核心人员一起做一些小规模的事情。这些活动吸引了许多人，形成了新的参与模式。大约 25 年后，这种创业者决定创建一个新的活动、事件或组织的模式和方法在博尔德已经十分常见。

这种行为是非常开放的。许多创业社区建设者感到被困住了，任由重要捐助者、非营利组织、大学或地方政府摆布。虽然我们承认在系统中拥有财务资源来支付费用的重要性，但你可以通过走出去并催化有意义的联系来产生即时影响。答案不一定是新的建筑、项目或组织。它可以很简单。找个借口让当地创业者们在一个有趣、有吸引力的环境中聚在一起，并同他们建立有意义的纽带与联系。

正和博弈

许多人将个人和商业关系视为一场零和博弈，有赢家也有输家。在某业情况下，比如国际象棋比赛或体球比赛，零和思维是最佳策略；我要赢，你就得输。然而，这种想法对创业社区非常有害，因为它会侵蚀信任，使人们无法自由协作和共享信息。创业社区的参与者必须摒弃稀缺性思维，转而接受丰富性和成长性思维。在信息丰富的环境中，要接受这样一个事实：每个人都会通过对集体做出积极贡献而获得更多，从而促进集体的成长。

创业者以成长的心态来经营是至关重要的，因为他们本质上是在创造以前未存在过的新事物。研究进化生物学和博弈论的研究人员已经很好地确立了这种结构。当个体面对对合作有益的反复互动时，他们更有可能在未来也仿效此种方式。[7]随着时间的推移，这种合作行为会给他们带来回报。这种合作的途径包括"亲属"关系（在同一个"家庭"中）和间接互惠（转发或从社区中的其他人那里得到回报）。

美国政治经济学家埃莉诺·奥斯特罗姆（Elinor Ostrom）因实证论证了这一点，而获得了诺贝尔经济学奖。[8]她在合作和集体治理方面的研究表明，标准的经济理论是人们追求理性的利己主义，从而导致共享资源的耗尽，但这与现实世界的观察结果不符。她发现，那些拥有社会资源和重复参与既定纽带的人也共享资源，他们极有可能通过合作来叠加系统中每个人的可用资源。

创业社区是一种共享资源。该社区不是个人能够单独拥有的资产，许多人可以从中受益。奥斯特罗姆的研究证明了为什么在共享资源上与他人玩正和博弈可以确保随着时间的推移，该宝贵资源的强度、稳定性和寿命。因此，伊恩决定授予奥斯特罗姆创业社区诺贝尔奖。[9]他写道：

美国政治经济学家埃莉诺·奥斯特罗姆因其在合作和集体行动方面的研究而获得 2009 年诺贝尔经济学奖。她对这样一种观点提出了质疑，即在没有中央管理机构的情况下，共享资源将面临开发不足和过度利用。当时的传统思维是，我们自私的人性阻碍了我们的合作，使我们无法确保共享资源的可持续性（就像在创业社区中那样）。

但奥斯特罗姆推翻了这种想法。通过使用实验技术和对依赖于共享（稀缺）自然资源的社会的观察，她证明，在适当的条件下，人们愿意为了更大的利益而合作，并以一种正和博弈的心态参与合作。

在她的诺贝尔奖获奖感言中，她这样描述她的工作：

"实验室中精心设计的实验研究使我们能够测试结构变量的精确组合，以发现从公共池资源中过度收获的孤立的、匿名的个体。与博弈论的预测相反，简单地允许交流或'闲谈'使参与者能够减少过度获取并增加联合收益。"

换句话说，我们倾向于与我们认识和信任的人合作。而且，相反，我们更容易背叛我们不认识的人，或与他们进行零和博弈。

创业社区背后的核心思想是改善人际关系，让协作、合作和创意共享成为第二天性。社会凝聚力和信任对于各种规范和非正式规则至关重要，这些规范和规则将使合作能够在创业社区中发生。频繁的参与可以让这种情况得以发展。

在创业社区中，我将其称为"非零和博弈"[10]。回顾一下积极传播的概念，我们认为更好的标签是玩正和博弈，这也是对复杂性科学中收益递增和非线性思维的认可。在发展过程中的任何阶段，创业社区都只是其最终形态的一小部分。因此，这里还有大量未开发的机会。

创业社区中的每个人都应该创造出能够在很长一段时间内持续使用的东西。尽管个体公司的起起落落总是会发生，但要把创业社区视为一个整体。如果有更多的创业活动，这将引起创业社区更多的关注，从而再创造更多的互动。

接下来，审查创业社区在当地经济中所占的市场份额。如果宏观经济环境变得更好，创业社区的整体动态也会好转。周期是不可预测的，但这些上下波动可能只会对全球环境产生影响。在经济低迷时期，创业社区有机会在当地经济中获得市场份额。

我们在 2007 年开始的金融危机中看到了这种积极的表现。虽然经济衰退在很长一段时间里给世界经济蒙上了一层阴影，但在此期间，美国和世界各地的创业社区都在显著增长。最终，人们的注意力转向了创业者精神对全球经济复苏的作用。

价值观和美德：召集与连接

不需要任何许可就能将人们联系起来，这是充满活力的创业社区的另一个特点。如果你在创业社区中是值得信赖的人，并且认为有两个人可以参与进来，不要先征求许可，直接向他人介绍就可以了。这种联系人们的激进方法减少了网络中的摩擦，让社区接受了隐性信任的概念，并树立了一个榜样，即没有人因为太忙或太重要而不能与他人联系。

有些忙碌的人更喜欢选择性地加入和介绍。要尊重这一点。如果有人喜欢这种方式，在你介绍之前先问问他们。通常，他们会接受你把他们介绍给其他人的请求。但如果没有，你也通过尊重他们的意见而提高了自己的声誉。

如果你信任负责联络的中间人，便会接受这种联系。如果你正在建立联系，说明你相信那些有联系的人会自己决定是否要建立一段关系。有时候一段关系会马上发展；其他时候，它会导致一些事情的发生，甚至可能导致关系进入一条死胡同。根据我们的经验，一些最有意义的对话来自于我们最意想不到的地方。

　　科技之星的创建就是一个例子。大卫·科恩第一次见到我是在一个"随意的日子"[11]里。在大约十年的时间里，我每个月都会抽出一天时间，与任何想与我见面的人一起度过 15 分钟。这些会议排了六个多小时，所以我一天可以随机参加 20 多个会议。我在其中一次会议上认识了大卫。他给了我一份他正在考虑的叫作科技之星的新项目的概述，说他将筹集 20 万美元，并将亲自出资 8 万美元。在谈了大约 10 分钟后，我说："只要你不是一个骗子，我就出资 5 万美元。"他接着告诉我，大卫·布朗（科技之星的现任首席执行官），曾是他们第一家公司（Pinpoint Technologies）的合伙人，也可能会投资 5 万美元。大卫离开后，我给贾里德·波利斯打了一通电话。他是我的好朋友，十年前我通过我的第一个商业伙伴介绍认识了他。我告诉贾里德，我将投资 5 万美元以支持一个名为科技之星的新项目，我想让贾里德了解更多。贾里德回答说："我也要加入，算上我的 5 万美元。这项目是什么？"就这样，科技之星获得了第一笔融资。归根结底，召集创始人和其他创业社区参与者，创造空间来提高建立联系的概率是至关重要的。科罗拉多大学法学院的"Silicon Flatirons"项目就是一个很好的例子。在众多活动中，该项目向博尔德创业社区敞开了大门，使其成为一个聚会场所。我们的朋友布拉德·伯恩塔尔是该校的教授，他在《创客社区：构建一座城市的创业生态》中写道：

　　　　大学是伟大的、天然的召集者，通常拥有出色的设施，但有时这些设施却未得到充分使用。利用这一点，我们启动了一系列的公共活动来连接创业社区，并雄心勃勃地将科罗拉多大学校园和创业生态系统的软件/电信/极客部分连接起来。

持续而积极地参与

创业不是一项观赏性的运动。建立创业社区也是如此。诸如鸡尾酒会或颁奖典礼等强调成功创业者和公司的活动是很有趣，但还不够。相反，社区需要催化性和连续性的活动，如黑客大会、专题会议、开放的咖啡俱乐部、创业周末和导师驱动的加速器。这些场所可以让创业社区的成员围绕创业活动进行切实且集中的参与。

当你的创业社区每天都有不止一个与创业社区相关的活动时，你就已经达到了临界质量和另一个临界点。当你开始不得不在各种活动中做出选择时，你已经达到了一个饱和点，拥有了充满活力的创业社区。你想要的是超级饱和，即在数量和范围上比任何人都要多的活动。而且，作为创业社区的一名成员，与其简单地浏览你没有参与的各种各样的活动，不如随着时间的推移，持续深入地了解一些活动。

创业社区项目：为弱势创业者建立通道

杰基·罗斯（Jackie Ros），科技之星美洲地区总监，Revolar 首席执行官和联合创始人

当我接受科技之星社区项目美洲地区总监的职位时，我感到十分幸运，因为正是这些项目让我这个没有任何技术或商业经验的拉丁裔能够创办一家公司。

我联合创办 Revolar 是因为我的妹妹和家人给了我灵感，在很长一段时间没有安全感之后，我想要保持安全。我和我的联合创始人与 Revolar 一起走过的六年历程是令人难以置信的。多亏了我们出色的团队，我们推出了多个产品，遇到了很棒的导师和朋友，为《福布斯》撰

稿，并从创业历程中吸取了一些惨痛的教训。很多时候，我都在思考，我们是如何成为第一批从风投那里筹集到数百万美元资金的拉丁裔的。

虽然这段旅程有高潮也有低谷，但我们的创业社区让我们保持清醒，这也是我们最初存在的唯一原因。有许多社区领袖在幕后默默地为我们安排了改变生活的机会，而我从来都不知道该如何感谢他们。也有一些导师帮助我们学习如何建立一个团队和发展我们的公司。我从博尔德和丹佛的社区中得到了巨大的支持，那时我还不知道在一个强大的创业社区中意味着什么。当我决定搬到科罗拉多时，我只知道，我父亲告诉我，在科罗拉多的日子是他一生中最快乐的时光，他可以随心所欲地去攀岩。我用亲身经历证明了博尔德理论是有效的，但我想知道它是否适用于其他地区的创业社区。

两年来，我在美洲各地参与了以多样性为重点的创业社区项目，对许多不同地方的创新和创业生态系统有了深入的了解。我很清楚，在基层支持创业公司的社区项目，对于支持多元化的创始人以及让科技行业更加多元化至关重要。

未被充分代表的或被低估的创业者经常参加创业社区项目，如科技之星、创业周末（Startup Weekend）、创业周（Startup Week）、创业加速器（Launchpad）、创业磨坊（Startup Grind）和100万杯（1 Million Cups）。这样的活动可以让创业者通过精心策划的活动，参与到创业生态系统中，进而与当地的网络建立联系。当他们与关键连接点接触时，他们的网络会重叠，并帮助扩展和连接生态系统中的各种网络。虽然这些项目的参与者可能涉及不同的创业领域，但由于创业社区项目的力量，他们得以起步并找到自己的定位。

真正具有包容性的创业社区会积极主动地邀请人们，而不仅仅是在有人碰巧来的时候才欢迎他们。在被邀请参加活动后，多元化的创始人

⋯⋯原意与他人建立联系，或则进入其他项目、加速器或网络的方式。他们会像我经历的路径一样，从丹佛创业周到本地孵化器 Innosphere，再到科技之星。鉴于这些经历，他们现在可以通过"给予优先"的方式，把这些经历带给社区的其他人。

我所看到的最大的误解是，人们认为活动必须是完美的，并且有很多参与者才能产生影响。社区处于不同的阶段，在不同的时间学习不同的课程。只要领导者们带来真正的活力和热情，多元化的社区就可以在生态系统中发展。除此之外，还有谷歌创业加速器（Google for Startups）、卡普尔中心（Kapor Center）、黑人院校风投（HBCU.VC）、爱国者自助营地（Patriot Bootcamp）、聋哑企业家网络（Deaf Entrepreneurs Network）和考夫曼基金会共同创造的这些网络的交互空间。这些活动让这些社区的人们获得更大的机会，并成为一名创业者。

我在科技之星担任区域总监的经历让我想起了我在美国教师协会（TFA）工作的许多时光。我们在社区中所做的小小调整所带来的改变会以最美妙和意想不到的方式戏剧性地累积起来。但就像我在 TFA 的经历一样，这些项目的资金严重不足，团队在努力为尽可能多的社区提供服务时也捉襟见肘。在许多社区领导人感到不稳定或不安全的国家，如果你观察社区计划的连锁反应，你就会发现，他们会从透明度、为社区服务和真正领导力的原则中找到希望和灵感。

与来自世界各地的社区领袖会面，并从他们那里找到帮助社区的希望和指导，这让我屏息以待。在拉丁美洲和巴西的区域经理伊丽莎白·贝塞里尔（Elizabeth Becerril）和普雷塔·埃梅林（Preta Emmeline）的帮助下，我得以快速了解他们所生活的生态系统。我的母语是西班牙语，当我在新的商业环境中摸索时，我显得十分笨拙，因为我的葡萄牙语十分糟糕，但社区总是很热情地欢迎我。有一次，我在巴西弗洛里亚诺波利斯（Florianopolis）看到一件 T 恤衫上印着布拉德讲的对创业社区的一句话。它讲的是要从长远的角度看待社区，这句话是用葡萄牙语写的。但这真的击中我的内心，尽管我们的社区存在着细微差别和差异性，创业社区的某些信条都能引起共鸣，无论你使用什么语言。

去年对我们的团队来说，是令人心碎的一年，因为对委内瑞拉的制裁措施生效了，我们不能再像过去那样支持那里的创业社区领袖了。伊丽莎白多年来一直在指导他们。我想到了我在南佛罗里达长大的好朋友们，他们像我一样是委内瑞拉人、古巴人或哥伦比亚人。当我了解到残疾创业者在获得同样的支持方面所面临的挑战、退伍军人家庭在创业方面所面临的挑战，甚至是那些因本国政策而无法创业的创业者所面临的挑战时，我的世界观变得更加开阔了。

在这次经历以及通过全球团队成员的视角来体验世界后，我对多样性的理解提高了。多元化和未被充分代表的创始人在全球范围内的影响不断提高，他们在当地和世界各地的社区之间建立桥梁，这真是令人难以置信。

第十七章
结论

思考

《创客社区实践指南》提供了一系列理论与实践相结合的创业方式，致力于提高各地创业社区和创业生态系统的功能性。我们强调这一观点，是因为尽管在许多地方都存在着共同的问题，这些原理和观念也广泛适用，但每个城市仍然存在着根本性的不同。而最终起到关键作用的细微之处只有通过对比不同时间和地点所独有的不同才能显现出来。

我们的核心思想是，任何创业社区都可以通过加强协作、相互支持、知识共享、采取"给予优先"方法，将创业者置于事情的中心来加以改善。由于创业社区是人类社会系统，当这种关系以信任、互利互惠以及地方管理为基础时，它们就会进化和改善。然而在许多城市，要做到这一点并不容易，这需要改变人们的思维方式和行为方式，尤其是当许多组织内部的激励结构与此背道而驰的时候。这项工作需要时间，而且没有捷径，需要一代人或更多代人的奉献。一旦有了一定数量的具有敬业精神的个人，事情就会变得更容易，更多的人会学习采纳社区的既定规范和行为，而大家的工作是确保规范和行为是正确的。

创业社区最大的作用就是帮助创业者获得成功。这个想法看似简单，但当我们按照大脑对结构性和稳定性的偏好去指导我们的行动时，问题就会出现。创业社区和创业生态系统是一个复杂的适应性系统，我们永远无法完全了解，也无法从过往经验中预测或推断究竟在什么时间和什么地点应该做些什么才是正确的。（我们仍在争论是什么让硅谷变得伟大！）避免把事情复杂化。相反，通过寻找方法来提高创业者成功的机会，通过有意义的方式——或大或小——始终如一地帮助他们，成功因社区而异，但在我们看来，成功不是人为地增加某种产业类型的产出，或满足某一个城市对成功的某些所谓客观定义，而更多地是随着时间的推移而不断改善，并最大限度地利用所在城市现有的资源。

这不是一本关于如何建立创业社区的手册或步骤指南。虽然我们相信在这方面可以做更多的工作，但重要的是要记住，实用指南有其局限性，因为每个社区的地理和时间条件都不同。泛化的好处是有限的。每一个成功的城市的背后，都有其他一些做了同样的事情却没有成功的城市。同样，过去曾经有效的东西可能不再有效，因为基本条件已经改变。要对反复试验而发现可复制经验的过程进行测试。试图将这项工作变成样板配方或在许多地方复制公式是毫无意义的做法，但拥有一个清晰的理念和过程则具有巨大的价值，我们试图阐述这一论点。如果解决方案是显而易见的，那么充满活力的创业社区将无处不在。

全书概要

我们认为在此处提供这本书的概要是有益的。我们以概述创业社区的各个组成部分开始。首先描述了创业社区存在的原因，包括创业者的角色和基本功能、外部环境对创业的重要性、以信任网络结构而非等级制组织而成的创业社区、创业密集度所产生的价值，以及为什么地区的质量在现代经济中尤为重要。在此基础上，本·维纳解释了创新阶层的崛起和反抗精神是如何帮助耶路撒冷创业社区在经历了十年的衰落后恢复活力的。

接下来，我们详细介绍了创业社区和创业生态系统中的各个组成部分。我们描述个人和组织的角色，我们将其称为参与者。创业社区的领袖必须是创业者。发起人是仍然扮演关键领导角色的非创业者。支持者是其他人。创业蓬勃发展所需的资源和条件称为要素。我们将它们称为七大资本：智力资本、人力资本、金融资本、网络资本、文化资本、物质资本和制度资本。该框架具有双重目的，即承认要素的性质是创造价值的资产，需要投入时间或资源，与此同时还鼓励参与者将"资本"一词不仅仅视为财务资源。在这一节中，阿兰·汉密尔顿描述了"给予优先"方法和如何设定正确的方案为被低估的创始人建立一个社区。鲍比·伯奇详细介绍了《星空新闻》的发展历程，解释了故事的力量是如何以意想不到的方式释放创业社区价值的。

我们在第一部分中对创业社区和创业生态系统之间的相似性和差异性进行了细分，前者代表了一座城市创业的核心，而后者则围绕着关键的参与者和因素展开。创业社区的概念是狭窄且有深度的，参与者围绕身份、价值观、伙伴关系和帮助创业者成功的基本承诺有着更紧密的联系。创业成功为创业社区提供了一个吸引器，吸引并激活了来自生态系统的其他人员、组织、资源和支持。我们称之为社区/生态系统健康。斯科特·雷斯尼克描述了这些因素的序列如何帮助和推动威斯康星州麦迪逊的创业生态系统向前发展。

第二部分解释了创业社区和创业生态系统是复杂的适应性系统。从全系统的观点开始，我们首先强调需要认真对待系统的影响。我们定义了三个系统——简单、烦琐和复杂——以及为什么复杂系统的含义和处理策略与其他两个有很大不同。复杂系统中有许多相互依赖的参与者相互影响并相互适应。这就产生了一系列反馈循环，在这些循环中，个体和系统永远共同进化。布拉德·伯恩塔尔描述了"新风险挑战"采取的全系统观点如何改善科罗拉多大学博尔德分校的创业精神。

随后，我们介绍了"涌现"这个概念，它是一个不可预测的创造力过程，正是这一过程使每个复杂系统都具有价值和独特性。涌现或有价值的模式的发生是由于各部分之间的相互作用。这些协同作用产生了非线性行为，其中涌现出的整体远远大于各部分之和，并且与之有着本质上的不同。复杂系统中的初期行为是自组织的，这意味着它在没有计划和无人控制的情况下自然发生。像创业社区这样的复杂系统之所以有价值，是因为它们之间的相互作用，而不是各个部分本身，价值创造的过程在没有计划或操控的情况下自然发生。这需要一种非常不同的方法来建立创业社区，而不是沿用至今的工业时代的传统指挥和控制策略。里克·图罗奇讲述了他在俄勒冈州波特兰市建立 PIE 时接受失败和不可预测的创造力的故事。

关于创业社区作为复杂系统的含义的三章中的第一章从数量的神话开始，在那部分我们断定了"万物皆有"方法是存在固有缺陷的。因为少数高影响力的创业成功推动了整个系统的价值，所以在复杂系统中，重点应该放在异常值上，而不是平均值或数量上。一种现象是创业循环，成功创业公司的创始人、投资者和员工将他们的时间、财富、知识和人脉网络重新投入到下一代创业者或他们自己的下一家创业公司。最有影响力的网络节点是成功的创业者或由其组织的创业社区，比那些缺乏此类经验却有影响力的领袖所领导的社区拥有更好的成果。斯科特·多尔西领导了印第安纳州印第安纳波利斯创业社区的发展，同时将 ExactTarget 公司发展至庞大的规模（最终以 25 亿美元的价格被收购），并继续领导他的新公司 High

Alpha。他解释了他是如何做到这一点的。

　　创业社区和创业生态系统不能被控制，只能引导和影响。参与者无法抵挡所谓的控制错觉，因为我们有着根深蒂固的规避不确定性的人类本能，渴望全面了解我们周围的世界，成为我们命运的主人。我们说服自己这一切都是真的，但事实并非如此。持续的反馈循环（信息流和自适应行为）使我们无法完全了解正在发生的事情，因为它们会产生非线性，包括大量延迟、阶段性转换（发生重新定义系统的重大系统转变）和传染（好的和坏的），思想和行为在这里被迅速传播并采用。人类的大脑无法有效地处理这些动态，并试图通过控制事物来做出反应。为了在复杂系统中取得成功，我们必须放弃一种错觉，即一切都在我们的控制之中，因为事实上我们并没有控制，而控制的努力最终只会造成损害。特洛伊·德安布罗西奥解释了犹他大学在获得建立创业中心的授权时如何做到了很少有大学会做的事情，那便是放弃自上而下的控制权并让学生创业者参与其中，从而取得了巨大的成果。

　　许多研究人员、顾问和社区建设者都在寻找成为下一个硅谷的蓝图。创建创业社区的公式化方法的吸引力源于叙事的谬误，即我们的大脑用简化版的事件来填补理解上的空白。然而这些想法是有缺陷的，因为每个创业社区都是独一无二的，并且深受当地历史和文化的影响。在复杂系统中，过去的微小差异可能在未来产生巨大差异。随着永久性进化的发生，创业社区被推向了许多半稳定状态之一，在这种状态下，健康或不健康的模式变得根深蒂固并难以抵消。鉴于缺乏蓝图，唯一的前进道路是不断试错、从失败中吸取教训并发挥城市独特优势的过程。培养恋地情节有助于创业社区参与者有能力去承受不可避免的起伏。丽贝卡·洛弗尔描述了西雅图市是如何采取自下而上的方式来响应创业社区的需求的，而不是自上而下地规定应该做什么。

当创业社区对数据和"衡量"的渴望发挥作用时，就会出现衡量陷阱。在复杂系统中，最不重要的因素是最容易被衡量的，因此策略是围绕这些因素而不是真正重要的因素制定的。创业社区的一个主要问题是，容易衡量的东西会被优先考虑。当标准化指标被纳入排名时，这一点会被放大，因为排名过分简化了生态系统，并让城市相互对立。重要的是要记住，创业社区最重要的品质不是单一部分，而是相互间的互动（更难看到和衡量）。此外，最有用的比较是对同一城市不同时间点进行的比较。为了衡量这些，我们必须关注连通性和系统结构（网络模型）以及相关人员的基本行为和态度（文化社会模型）。我们借鉴了许多其他方法，包括分类、比较、动态、逻辑模型和基于因素的模型，这些方法提供了创业生态系统的更完整的图景，并强调没有单一的正确答案。雷特·莫里斯分享了他过去十年对生态系统的衡量，并解释了清晰性和一致性、分享和讨论、社区参与以及持续不断的重复过程等主题是如何发挥至关重要的作用的。

在最后一部分，我们试图简化复杂性并使其具有可操作性。虽然复杂性描述了系统特征，但系统思维是有效处理复杂系统的工具和方法。我们描述了复杂系统中的"杠杆点"，这是干预产生最大影响的地方。最有效的杠杆点是改善网络的连通性和结构，以及参与者的基本规范、思维模式和价值观。其次，影响最大的是增加信息流和反馈渠道。影响最小的是调整输入量。不幸的是，创业社区对影响最小的因素投入了大量精力，因为它们是最有形、最容易改变的。支持我们对持久变革进行优先排序的两个现有框架来自创业社区的创新雨林法则和博尔德理论。后者是最具可操作性的，因此，我们在接下来的四章中更深入地讨论了它，同时使用复杂性的视角来支持并论证它。本章以比尔·奥莱特的一篇文章结尾，他描述了如何运用创业思维和系统思维，使麻省理工学院成为全球最适合学生创业的大学之一。

博尔德理论的第一个原则是创业社区必须由创业者领导。这并不是说,我们称之为发起人的其他人无法发挥领导作用,而是强调一个创业社区如果没有足够数量的创业领袖,就不是一个持久的社区。成功的连续创业者在其他创业者中具有特殊的重要性。经历了多次创业后,这些领导者可以成为创业社区中最好的榜样和导师。他们最有能力在社区中灌输良好的思想和行为,同时抑制不良影响。但激励型领导者并不是自然而然产生的,因为在许多社区中有经验的创业者表现出较差的行为特征。如果一定数量的创业者,甚至是那些影响力较小的创业者,他们合作形成另一个重心,那么那些不良行为者可能会被边缘化。詹妮·菲尔丁描述了创始人优先的方法如何在纽约市创造了一种新的社区驱动的投资模式。

博尔德理论还指出,领导者必须有长远的眼光——一个 20 年的承诺。复杂系统的相变、临界点、时滞、反馈回路和非线性特性支持这一观点。人们需要很长时间才能以有利于创业蓬勃发展的方式改变行为和思维模式。就连硅谷的成功也源于其 100 多年的历史。克里斯·海夫利讨论了北卡罗来纳州达勒姆创业社区的长期发展观点,以及公民和慈善领袖愿意接受不受控制的原则,让创业者来领导,让解决方案自下而上出现。

博尔德理论的第三个原则是,创业社区必须包括任何想要参与的人。复杂系统的蓬勃发展依赖于多样性。在等级制、自上而下的方法中寻求严格控制,从而实现一致性(缺乏多样性),不会使创业社区受益。目前对多样性的讨论往往侧重于身份多样性(例如性别、种族和性取向),然而,我们主张对认知多样性有一个更广泛的看法,即认可身份多样性(这是认知多样性的一个子集,因为身份影响思维),但增加了其他类型的多样性,例如经验、背景和观念。采取包容性的方法还意味着对创业精神采取更宽泛的视野,不仅局限于高科技、风险投资支持的创业公司,还包括所有创始人和具有增长思维的人。要让多样性站稳脚跟,我们必须实施激进的包容，并欢迎所有人。米里亚姆·里维拉介绍了乌卢风险投资公司如何通过拥抱多样性和构建工具来消除投资决策中的偏见，从而提高其业绩。

博尔德理论的最后一个原则是，社区只有通过不间断的和有意义的参与才能持续。社区建设的一个好处是，你不需要许可或预算就可以开始，你只需要一小部分精力充沛的人，他们致力于为创业者创造更好的环境。这种方法得到了复杂性科学中一个称为自相似性的相关概念的支持。在复杂系统中，变化可以以任何规模发生，这些模式——例如，一小群致力于改变不良环境的创始人——可以在整个系统中得以复制或推广。如果有好事发生，即使周围有很多坏事，最终好事也会传播并成为新的规范。引入正和思维、催化参与的积极实践（不仅仅是鸡尾酒会和颁奖晚宴），以及对召集和联系的彻底拥抱是至关重要的。我们以杰基·罗斯的故事作为结尾，她的成功是因为她在科罗拉多州的创新社区发现了许多早期的创新活动。

结语

你刚刚读到的这本书与我们两人最初撰写书籍时的设想大不相同。我们的出发点很简单，就是扩大创业社区并使其现代化。随着我们最初的想法汇集在一起，与更多的人交谈，我们意识到我们肩负着不同的使命。我们知道，人们最需要的是一本书，它令人信服地说明了为什么我们应该以不同的方式看待和参与创业社区。我们希望我们已经做到了这一点。

一开始，我们甚至没有注意到复杂性这个问题，也未曾想到它成了本书的核心内容。这本书的发展是令人愉快的循环过程，并代表了复杂系统的本质。遵循我们最初的目标、大纲和时间表，我们创造出了比我们艰难前行在一个线性、受控的过程中更好且大不相同的东西。我们之所以强调这一点，是因为在我们的生活中，复杂性无处不在。我们越能将复杂的事情正常化，就越容易使创业社区在对创业者有益的工作中接受复杂性。围绕复杂性的规范化和桥梁建设应该成为创业社区参与者前进的核心焦点。近年来，随着世界在数字和物理上变得更加一体化，复杂性呈指数级增长。在可预见的未来，这一趋势将继续下去。要意识到，在任何情况下，当成功和程序的客观定义不明确、难以控制时，你都在处理涉及人员互动或协调的复杂问题。

那么，这就是本书所涵盖的内容，我们漏掉了什么呢？

首先，《创客社区实践指南》不像我们最初计划的那样以实践为基础。注意，我们没有说实用，而是实践。尽管得到了理论和证据的有力支持，但这本书主要面向从业者。我们希望我们的工作对这些人具有教育意义和实用性，为他们提供一个框架和语言工具，向支持者解释为什么自上而下的控制不起作用，为什么自下而上的实践是唯一有效的方法。然而，这本书并不是以实践为基础的，因为它的中心重点是列出一系列关键问题，并将它们映射到切实的解决方案中。

通过使用本书牢固地建立起创业社区和复杂系统之间的联系，我们为更多基于实践的工作提供了空间。然而，重要的是要理解，任何基于实践的方法仍然需要针对每个创业社区和创业生态系统进行定制。每种情况都是不同的，只有通过反复试验才能得出解决方案。由于几乎不可能设想及描述出所有可能出现的各类场景。因此使用 Y 解决方案去解决 X 问题的"操作方法"手册过于简单，但我们相信大量结构化的故事讲述可以阐明路径和创造力。

当我们对本书进行迭代并决定围绕复杂性进行组织时，我们丢弃了后半部分，即基于实践的部分。这导致了我们这本书的第二个局限性：来自更广泛人群的故事事例比我们希望的要少。我们原打算在本书中加入更多的引文。这本书的后半部分附带了部分引文，并围绕关键实践领域进行组织，包括创业支持组织（加速器、孵化器、工作室）、社区建设组织、大学、政府、大公司、服务提供商、农村创业社区和充满挑战的地方创业社区。随着围绕复杂性的内容逐渐成型，我们意识到那些内容应属于单独的出版物。我们坚信故事的力量，这就是为什么我们在每一章中至少加入了一个故事。然而，我们在坚持我们的核心使命的同时，根本无法适应这些挑战的广度，这是在我们的写作过程中发现的。一本包含一切的书可能会显得笨拙和杂乱无章，但幸运的是，还有其他载体可以刊载我们无法在此处加入的故事。

此外，我们充分意识到，本书中收录的引文缺乏我们所希望的多样性，尤其是在地理方面（在全球意义上）。部分原因是运气欠佳。在出版前两年，我们征集了很多投稿，因此本书的主题和关键话题发生了变化。我们收录了最符合书籍最终结构的文章。但碰巧的是，许多来自美国以外地区的投稿都与书中被删减的领域一致。这是不幸的，我们将寻找方法展示这些文章，并在未来的出版物中引用更多内容，尤其是在网络上。

最后，我们相信这本书所倡导的行为、态度、规范和价值观在职业、个人和公民生活的许多领域都是有用的。任何涉及人类合作解决复杂问题的情况，如果没有明确的成功定义或实现结果的路线图，都可以从采用《创客社区实践指南》的原则中受益。在这方面，我们希望这是人们努力改善企业文化、人际关系或任何重要的人际互动的起点。复杂性视角为我们更好地理解和参与创业社区指明了道路。这也是在这本书的写作过程中促使我们产生不可预测创造力的潜在力量。它又将为您做些什么？

关于作者

自 1987 年以来，布拉德·菲尔德一直是早期投资者和企业家。在共同创建 Foundry Group 之前，他曾是 Mobius 风险投资公司合伙人之一，并在此之前创建了 Intensity Ventures。同时他也是科技之星的联合创始人。

布拉德是风险投资和创业主题的作家和演讲者。他写过很多书，包括《风投的技术》《创业唯快不破》《创业板》《创业生活》和《创业机会》。

布拉德拥有麻省理工学院管理科学理学学士和理学硕士学位。他还是一名艺术收藏家和长跑运动员，完成了 25 场马拉松比赛，这是他在全美 50 个州各完成一场马拉松比赛的目标的一部分。

布拉德和妻子艾米·巴彻勒以及两只名叫布鲁克斯（Brooks）和库珀（Cooper）的金毛犬住在科罗拉多州的博尔德。

你可以在布拉德的博客 www.feld.com 或在推特上@bfeld 关注他。

伊恩·哈撒韦是一名分析师、战略顾问、作家和企业家。他曾在创新、战略和公共政策方面为科技、媒体和金融领域的领导者提供咨询；同时为美国和欧洲的软件、媒体和消费类初创公司提供建议和投资。

伊恩还是一位经验丰富的研究人员、作家和企业家，创新和经济主题的演讲者。他的作品已在著名的研究机构发表，并经常出现在《纽约时报》《经济学人》《金融时报》和《华尔街日报》等主流新闻媒体上。

伊恩在芝加哥大学获得经济学和政治经济学硕士学位，在戴顿大学获得历史和政府学士学位。与此同时，他还是一位业余厨师，也是钓鱼乐队（the band Phish）的忠实粉丝，自 1997 年以来已观看了 100 多场演出。

伊恩和他的妻子苏西、他们的两个儿子泰迪（Teddy）和查理（Charlie）以及他们的猎犬弗兰基（Frankie）住在加利福尼亚州的圣巴巴拉。他们以前住在伦敦和旧金山。

在伊恩的博客 www.ianhathaway.org 上可以阅读更多他的作品，你也可以在推特上@IanHathaway 关注他。

致谢

没有很多人的帮助，我们不可能完成这本书。

首先，我们要感谢我们的家人。布拉德感谢艾米对他的写作的支持。这是他们两人都热爱并将在余生一起做的事情。

伊恩感谢苏西在整个写作过程中给予他的爱和支持："没有你我做不到。泰迪和查理，谢谢你们选择我做你们的爸爸。我希望你们能为我的工作感到骄傲。弗兰基，你是一个忠诚的朋友，无论如何都爱我。爸爸妈妈，谢谢你们向我灌输努力工作的价值观。"

布拉德在 Foundry Group 的合伙人 Lindel Eakman、Seth Levine、Jason Mendelson、Ryan McIntyre 和 Chris Moody 都是本书的支持者，他们也是在世界各地建立创业社区的实践者。布拉德的助手 Annie Heissenbuttel 为我们提供了非凡的帮助，她忍受了我们两人对各种随机事物的无休止的要求。我们还要感谢布拉德的前助理 Mary Weingartner 的所有努力，她在我们开始合作一年后退休。

伊恩感谢无数通过写作、讨论或鼓励影响这项工作的人。有太多的名字，但他特别感谢几位重要的合作者。Chris Heivly，他永远不会忘记他们每周一次的聊天，因为他们都在荒野中寻找出路。感谢 Nicolas Colin、Rhett Morris 和 Scott Resnick 使他的思维更加敏锐和开阔。John Dearie，指导他克服写作状态的起伏。

Wiley 的团队，包括 Bill Falloon 和 Purvi Patel，始终是优秀的合作伙伴。在流程接近尾声时，科技之星出版社的主管 Rachel Meier 也加入进来，帮助我们完成所有工作。还要感谢 Phanat Nen 对本书图片绘制的帮助，以及 Christina Verigan 对本书文本编辑的帮助。

许多朋友和同事对本书的初稿发表了评论与建议。他们包括 Brad Bernthal、David Brown、David Cohen、Richard Florida、Chris Heivly、Bob Litan、Jason Mendelson、Rhett Morris、Marc Nager、Zach Nies、Scott Resnick 和 Phil Weiser。感谢诸位在百忙之中抽出时间来改进这项工作。

现在拥有 300 多人的科技之星的整个团队一直是本书内容的重要组成部分。如果没有科技之星，我们所了解的许多东西就不太可能存在，或者至少我们对它们的了解会受到限制。

我们从许多对本书提交投稿的人那里受益匪浅。虽然最后，我们无法将它们全部发布（其中一些将包含在《创客社区：构建一座城市的创业生态》第 2 版中），但我们对每一位贡献者都表示最诚挚的感谢。感谢大家：Bill Aulet、John Beadle、Brad Bernthal、Bobby Burch、Jennifer Cabala、David Cohen、Kim Coupounas、Troy D'Ambrosio、Oko Davaasuren、Scott Dorsey、Jenny Fielding、Cameron Ford、Greg Gottesman、Andrew Greer、Arlan Hamilton、Chris Heivly、Matt Helt、Vikram Jandhyala、Rebecca Lovell、Jason Lynch、Brian McPeek、Monisha Merchant、Ben Milne、Lesa Mitchell、Chris Moody、Marc Nager、Saed Nasef、Tom Nastas、Akintude Oyebode、Scott Resnick、Miriam Rivera、Greg Rogers、Chris Schroeder、Geoffrey See、Zachary Shulman、Jeremy Shure、Dianna Somerville、Pule

Taukobong、Rick Turoczy 和 Ben Wiener。Eric Ries 撰写的《精益创业：新创企业的成长思维》启发了我们的写作、思考，甚至我们的书名。当我们询问 Eric 是否可以仿照他的书名时，他很亲切地说可以，并热情地同意为这本书撰写前言。

最后，我们致力于传播创业和创业社区的信息，无论我们走到哪里，我们都与成千上万的创业者合作过，一路上我们遇到了很多人。感谢有机会认识您，与您一起工作，并向您学习。

注释

前言

1. Casnocha (2008), "Start-up Town," *The American*, American Enterprise Institute, October 10, available at: https://www.aei.org/articles/start-up-town/.

2. The Kauffman Foundation (2012), Kauffmann Sketchbook 12, "StartupVille,"October 8, Available at: https://www.youtube.com/watch?v=zXD5vt0xhyI.

3. 你可以在 YouTube 上观看视频：https://www.youtube.com/watch?v=C7mV_Xk2gw0.

4. Brown and Mason (2017), "Looking inside the spiky bits: A critical review and conceptualization of entrepreneurial ecosystem," *Small Business Economics*, Volume 49, pages 11–30.

5. Allen (2016), "Complicated or complex–knowing the difference is important," *Learning for Sustainability*, February 3, available at: https://learningforsustainability.net/post/complicated-complex/.

第一章

1. 参见 Hathaway (2018), "America's Rising Startup Cities," *Center for American Entrepreneurship*; Florida and Hathaway (2018), "Rise of the Global Startup City: The New Map of Entrepreneurship and Venture Capital," *Center forAmerican Entrepreneurship*.

2. Gross (1982), *An Elephant Is Soft and Mushy*, Avon Books.

3. 这一点尤其适用于伊恩，尽管我阅读了伊恩发给我的大部分信息。我还向伊恩发送了任何我发现的与我们的结论相矛盾的内容。这确保了我们能够克服任何潜移默化地进入大脑的确认偏误.

4. World Bank (2020), available at: https://data.worldbank.org/indicator/SI.POV.DDAY.

5. International Labour Organization (2019), *Unemployment and Underemployment Statistics*; Global Entrepreneurship Monitor (2020), *Global Report 2019/2020*.

6. 更多例证参见 Audretsch, Falck, Feldman, and Heblich (2012), "Local Entrepreneurship in Context," *Regional Studies* 46:3 (2012), 379–389; Figueiredo, Guimaraes, and Woodward (2007), "Home-Field Advantage: Location Decisions of Portuguese Entrepreneurs," *Journal of Urban Economics* 52:2 (2002), 341–361; and Michelacci and Silva (2007), "Why So Many Local Entrepreneurs?," *Review of Economics and Statistics* 89:4 (2007), 615–633.

7. Jolly (2015), *Systems Thinking for Business: Capitalize on Structures Hidden in Plain Sight*, Systems Solutions Press.

8. McKelvey (2004), "Toward a Complexity Science of Entrepreneurship," *Journal of Business Venturing*, 19, 313–341; and Hwang and Horowitt (2012), *The Rainforest: The Secret to Building the Next Silicon Valley*, Regenwald.

9. *The Irish Times* (2015), "Harvard MBAs Give Up on Wall Street," August 6, available at: https://www.irishtimes.com/business/work/harvard-mbas-give-up-on-wall-street-1.2308774.

10. 关于利率影响风险投资的更多讨论，参见 Gompers and Lerner (1998), "What Drives Venture Capital Fundraising?" *Brookings Papers on Economic Activity: Microeconomics*. 关于低利率环境、它对风投行业的影响以及它的历史背景，见 Janeway (2018), *Doing Capitalism in the Innovation Economy: Reconfiguring the Three-Player Game between Markets, Speculators and the State*, Cambridge University Press.

11. Stanford and Le (2019), "Nontraditional Investors in VC Are Here to Stay," *PitchBook Analyst Note*.

12. Hathaway (2019), "The Rise of Global Startup Investors," *Ian Hathaway Blog*, January 14, http://www.ianhathaway.org/blog/2019/1/14/the-rise-of-global-startup-investors.

13. Hathaway (2018), "Startup Communities Revisited," *Ian Hathaway Blog*, August 30, http://www.ianhathaway.org/blog/2018/8/30/startup-communities-revisited.

14. 参见 Hathaway (2018), "America's Rising Startup Cities," *Center for American Entrepreneurship*; Florida and Hathaway (2018), "Rise of the Global Startup City: The New Map of Entrepreneurship and Venture Capital," *Center for American Entrepreneurship*.

15. Hathaway (2018), "America's Rising Startup Communities," *Center for American*

Entrepreneurship; Hathaway (2018), "High-Growth Firms and Cities in the US: An Analysis of the Inc. 5000," *Brookings Institution*; and Hathaway (2016), "Accelerating Growth: Startup Accelerator Programs in the United States," *Brookings Institution*.

16. Florida and Hathaway (2018), "Rise of the Global Startup City: The New Map of Entrepreneurship and Venture Capital," *Center for American Entrepreneurship*.

17. Taylor (1911), *The Principles of Scientific Management*, Harper & Brothers; Burrows, Gilbert, and Pollert (1992), *Fordism and Flexibility: Divisions and Change*, St. Martin's Press.

18. 更多关于复杂性理论的参考材料，参见：Melanie Mitchell (2009), *Complexity: A Guided Tour*, Oxford University Press.

19. Ries (2011), *The Lean Startup: How Constant Innovation Creates Radically Successful Businesses*, Portfolio Penguin.

第二章

1. Center for American Entrepreneurship, "What Is Entrepreneurship?" available at: http://www.startupsusa.org/what-is-entrepreneurship/.

2. Blank (2010), "What's a Startup? First Principles," *Steve Blank*, January 25, available at https://steveblank.com/2010/01/25/whats-a-startup-first-principles/.

3. 事实上，大约四分之三的美国新生企业家在创业时并没有成长的意图。相反，他们专注于创业中的非金钱类原因，例如工作的灵活性以及成为老板的愿望。请参阅 Hurst and Pugsley (2011), "What Do Small Businesses Do?" *Brookings Papers on Economic Activity*.

4. Wise and Feld (2017), *Startup Opportunities: Know When to Quit Your Day Job* (second edition), Wiley.

5. Romer (1986), "Increasing Returns and Long Run Growth," *Journal of Political Economy*, 94, 1002–37; Lucas (1988), "On the Mechanics of Economic Development,"*Journal of Monetary Economics*, 22, 3–42; Romer (1990), "Endogenous Technological Change," *Journal of Monetary Economics*, 98, S71–S102.

6. Audretsch, Keilbach and Lehmann (2006), *Entrepreneurship and Economic Growth*, Oxford University Press; Acs, Braunerhjelm, Audretsch and Carlsson (2009), "The Knowledge Spillover Theory of Entrepreneurship," *Small Business Economics*, 32(1), 15–30; and Audretsch and Keilbach (2007), "The Theory of Knowledge Spillover Entrepreneurship," *Journal of Management Studies*, 44 (7), 1242–1254.

7. 更多例证参见Andretsch (2012), "Determinants of High-Growth Entrepreneurship," *Organisation for Economic Cooperation and Development*; Haltiwanger, Jarmin, Kulick, and Miranda (2016), "High Growth Young Firms: Contribution to Job, Output and Productivity Growth," *U.S. Census Bureau, Center for Economic Studies*.

8. 参见Hathaway (2018), "High-Growth Firms and Cities in the US: An Analysis of the Inc. 5000," *Brookings Institution*; Motoyama (2015), "The State-Level Geographic Analysis of High-Growth Companies," *Journal of Small Business & Entrepreneurship,* 27(2), 213 227; Li, Goetza, Partridge, and Fleming (2015), "Location Determinants of High-Growth Firms," *Entrepreneurship & Regional Development*; and Haltiwanger, Jarmin, Kulick, and Miranda (2017), "High Growth Young Firms: Contribution to Job, Output, and Productivity Growth," *Measuring Entrepreneurial Businesses: Current Knowledge and Challenges*, NBER.

9. Teece, Pisano, and Shuen (1997), "Dynamic Capabilities and Strategic Management," *Strategic Management Journal,* 18(7), 509–533.

10. Teece (1992), "Organizational Arrangements for Regimes of Rapid Technological Progress," *Journal of Economic Behavior and Organization*, 18, 1–25.

11. Pfeffer and Salancik (1978), *The External Control of Organizations: A Resource Dependence Perspective*, Harper & Row. For a summary, see Hillman, Withers, and Collins (2009), "Resource Dependence Theory: A Review," *Journal of Management*, 35(6) 1404–1427.

12. 参见McChrystal, Silverman, Collins, and Fussel (2015), *Team of Teams: New Rules of Engagement for a Complex World*, Portfolio Penguin; Hathaway (2018), "The New York Yankees and Startup Communities," *Ian Hathaway blog*.

13. Hwang and Horowitt (2012), *The Rainforest: The Secret to Building the Next Silicon Valley*, Regenwald.

14. Fukuyama (1997), *Social Capital*, The Tanner Lectures on Human Values, Oxford University.

15. Baker (1990), "Market Networks and Corporate Behavior," *American Journal of Sociology*, 96, pp. 589–625; Jacobs (1965), *The Death and Life of Great American Cities*, Penguin Books; Putnam (1993), "The Prosperous Community: Social Capital and Public Life," *American Prospect*, 13, pp. 35–42; Putnam (1995), "Bowling Alone: America's Declining Social Capital," *Journal of Democracy*, 6: 65–78; and Fukuyama (1995), *Trust: Social Virtues and the Creation of Prosperity*, Hamish Hamilton.

16. Hwang and Horowitt (2012), *The Rainforest: The Secret to Building the Next Silicon Valley*, Regenwald.

17. 更多关于集聚经济的探讨，参见Brueckner (2011), *Lectures in Urban Economics*, The MIT Press, and O'Sullivan (2011), *Urban Economics*, McGraw-Hill Education.

18. 更多信息参见Carlino and Kerr (2014), "Agglomeration and Innovation," *National Bureau of Economic Research.*

19. Feld (2010), "Entrepreneurial Density," *Feld Thoughts blog*, August 23; Feld (2011), "Entrepreneurial Density Revisited," *Feld Thoughts blog*, October 11.

20. Cometto and Piol (2013), *Tech and the City: The Making of New York's Startup Community*, Mirandola Press.

21. Rosenthal and Strange (2013), "Geography, Industrial Organization, and Agglomeration," *Review of Economics and Statistics*, 85:2, pp. 377–393.

22. Arzaghi and Henderson (2008), "Networking off Madison Avenue," *Review of Economic Studies*, 75, pp. 1011–1038.

23. Feldman (2014), "The Character of Innovative Places: Entrepreneurial Strategy, Economic Development, and Prosperity," *Small Business Economics*, 43, pp. 9–20.

24. Catmull and Wallace (2014), *Creativity, Inc.: Overcoming the Unseen Forces That Stand in the Way of True Inspiration*, Bantam Press; McChrystal, Silverman, Collins, and Fussel (2015), *Team of Teams: New Rules of Engagement for a Complex World*, Portfolio Penguin.

25. Endeavor Insight (2014), *What Do the Best Entrepreneurs Want in a City? Lessons from the Founders of America's Fastest-Growing Companies*; Florida (2002), *The Rise of the Creative Class: And How It's Transforming Work, Leisure, Community and Everyday Life*, Basic Books.

26. Hathaway (2017), "The Amazon Bounce Back," *Ian Hathaway blog*, October 22; Feld (2018), "What Denver Should Do When Amazon Doesn't Choose It For HQ2," *Feld Thoughts blog*, February 1.

27. Chatterji, Glaeser, and Kerr (2013), "Clusters of Entrepreneurship and Innovation," *National Bureau of Economic Research.*

28. Hathaway (2018), "High-Growth Firms and Cities in the US: An Analysis of the Inc. 5000," *Brookings Institution.*

29. Lee, Florida, and Acs (2004), "Creativity and Entrepreneurship: A Regional Analysis of New Firm Formation," 38(8), 879–891; Boschma and Fritsch (2009), "Creative Class and Regional Growth in Europe: Empirical Evidence from Seven European Countries," 85(4), 391–423; Florida, Mellander, and Stolarick (2008), "Inside the Black Box of Regional Development," *Journal of Economic Geography* 8(5), 615–649.

30. Endeavor Insight (2014), *What Do the Best Entrepreneurs Want In A City? Lessons from the Founders of America's Fastest-Growing Companies.*

31. 更多例证参见Figueiredo, Guimaraes, and Woodward (2007), "Home-Field Advantage:

Location Decisions of Portuguese Entrepreneurs," *Journal of Urban Economics* 52.2 (2002), 341–361; and Michelacci and Silva (2007), "Why So Many Local Entrepreneurs?", *Review of Economics and Statistics* 89:4 (2007), 615–633.

32. Baird (2017), *The Innovation Blind Spot: Why We Back the Wrong Ideas—and What to Do About It,* BenBella Books.

33. Hickenlooper's final State of the State speech is available from *The Denver Post* at: https://www.denverpost.com/2018/01/11/john-hickenlooper-coloradostate-of-state-text/.

第三章

1. 参见 Renando (2019), "Roles and Functions in Innovation Ecosystems," *LinkedIn*; Renando (2019), "Network Analysis of an Entrepreneur Ecosystem—Ph.D. in progress," *LinkedIn*.

2. 我们认为克里斯·海夫利和马特·海尔特是发起人这个词的开创者。

3. Morris and Török (2018), "Fostering Productive Entrepreneurship Communities: Key Lessons on Generating Jobs, Economic Growth, and Innovation," *Endeavor*; Goodwin (2014), "The Power of Entrepreneur Networks: How New York City Became the Role Model for Other Urban Tech Hubs," *Endeavor*.

4. Motoyama, Konczal, Bell-Masterson, and Morelix (2014), "Think Locally, Act Locally: Building a Robust Entrepreneurial Ecosystem," *Kauffman Foundation*.

5. 我目前正在写这本书，书名为*#GiveFirst: A New Philosophy for Business in The Era of Entrepreneurship*.

6. Feld (2012), *Startup Communities: Building an Entrepreneurial Ecosystem in Your City*, John Wiley & Sons, pp. 147–148.

7. Bernthal (2017), "Who Needs Contracts? Generalized Exchange Within Investment Accelerators," *Marquette Law Review*, 100: 997.

8. 比尔·坎贝尔是硅谷时代最著名的创业教练之一，更多信息参见 *Trillion Dollar Coach: The Leadership Handbook of Silicon Valley's Bill Campbell*, written by Eric Schmidt, Jonathan Rosenberg, and Alan Eagle. https://www.trilliondollarcoach.com/.

9. Reboot (https://www.reboot.io/)由 Jerry Colonna 创立，Jerry 是我的一位老朋友，他在 20 世纪 90 年代是 Flatiron Partners（与 Fred Wilson 一起）的一位成功的风险投资家。参见 Jerry 的书 *Reboot: Leadership and the Art of Growing Up*, Harper Business (2019).

10. Calacanis (2017), *Angel: How to Invest in Technology Startups: Timeless Advice from an Angel Investor Who Turned $100,000 into $100,000,000*, Harper Business.

11. Hathaway (2017), "The Amazon Bounce Back," *Ian Hathaway blog*, October 22; Feld (2018), "What Denver Should Do When Amazon Doesn't Choose It For HQ2," *Feld Thoughts blog*.

12. Lach (2019), "Wisconsin's Foxconn Debacle Keeps Getting Worse," *The New Yorker*, January 30, available at: https://www.newyorker.com/news/current/wisconsins-foxconn-debacle-keeps-getting-worse.

13. Kanter (2018), "Apple Threw Shade on Amazon with New Campus in Austin, Texas," *Business Insider*, December 16, available at: https://www.businessinsider.com/apple-threw-shade-on-amazon-with-new-campus-inaustin-texas-2018-12?r=US&IR=T.

14. Auerswald (2015), "Enabling Entrepreneurial Ecosystems: Insights from Ecology to Inform Effective Entrepreneurship Policy," *Kauffman Foundation*.

15. Lerner (2012), *Boulevard of Broken Dreams: Why Public Efforts to Boost Entrepreneurship and Venture Capital Have Failed—and What to Do about It*, The Kauffman Foundation Series on Innovation and Entrepreneurship.

第四章

1. Kim and Kleinbaum (2016), "Teams and Networks," *State of the Field*; Ruef (2010), *The Entrepreneurial Group: Social Identities, Relations, and Collective Action*, Princeton University Press.

2. Stangler and Bell-Masterson (2015), "Measuring an Entrepreneurial Ecosystem," *Kauffman Foundation*.

3. Motoyama (2014), "Do's and Don'ts of Supporting Entrepreneurship," *Kauffman Foundation*.

第五章

1. Pennings (1982), "The Urban Quality of Life and Entrepreneurship," *Academy of Management Journal*, 25, 63–79.

2. 参见 Dubini (1989), "The Influence of Motivations and Environment on Business Start-Ups: Some Hints for Public Policies," *Journal of Business Venturing*, 4, 11–26; Van de Ven (1993), "The Development of an Infrastructure for Entrepreneurship," *Journal of Business Venturing*, 8, 211–230.

3. 参见 Aldrich (1990), "Using an Ecological Perspective to Study Organizational Founding

Rates," *Entrepreneurship: Theory and Practice*; Moore (1993), "Predators and Prey: A New Ecology of Competition," *Harvard Business Review,* May–June, 75–86.

4. 参见 for example, Spilling (1996), "The Entrepreneurial System: On Entrepreneurship in the Context of a Mega-Event," *Journal of Business Research*, 36(1), 91–103; Neck et al. (2004), "An Entrepreneurial System View of New Venture Creation," *Journal of Small Business Management*, 42(2), 190–208; Isenberg (2010), "The Big Idea: How to Start an Entrepreneurial Revolution," *Harvard Business Review*, June; Isenberg (2011), "The Entrepreneurship Ecosystem Strategy as a New Paradigm for Economic Policy: Principles for Cultivating Entrepreneurship," *The Babson Entrepreneurship Ecosystem Project*.

5. 这些定义来自谷歌搜索（https://www.google. com/search?q=define%3A+community/0），韦氏词典在线（https://www.merriam-webster.com/dictionary/community），和我们的改编。

6. 参见 Hathaway (2017), "#FoundersFirst," *Startup Revolution Blog*, available at: https://www.startuprev.com/foundersfirst/; Birkby (2017), "What it means to put founders first," *Startup Stories Blog*, available at: https://medium.com/startup-foundationstories/what-it-means-to-put-founders-first-fa6f19921f61.

7. Meadows (2008), *Thinking in Systems: A Primer*, Chelsea Green Publishing.

8. Hathaway (2017), "#FoundersFirst," *Startup Revolution*, available at: https://www.startuprev.com/foundersfirst/.

9. Meadows (2008), *Thinking in Systems: A Primer*, Chelsea Green Publishing.

10. Griffin (2107), "12 Things about Product-Market Fit," *a16z blog*, February 18, available at: https://a16z.com/2017/02/18/12-things-about-product-market-fit/.

11. Florida and Hathaway (2018), "Rise of the Global Startup City: The New Map of Entrepreneurship and Venture Capital," *Center for American Entrepreneurship*.

第六章

1. 关于系统理论的简要介绍，可参见 Carter and Gómez (2019), *Introduction to Systems Thinking*, Carnegie Mellon University.

2. Christaskis (2009), *Connected: The Surprising Power of Our Social Networks and How They Shape Our Lives: How Your Friends' Friends' Friends Affect Everything You Feel, Think, and Do*, Little, Brown Spark.

3. 参见 Motoyama and Watkins (2017), "Examining the Connections within the Entrepreneurial ecosystem: A Case Study of St. Louis," *Entrepreneurship Research Journal* 7(1): 1–32.

4. Nason (2017), *It's Not Complicated: The Art and Science of Complexity in Business*, Rotman-UTP Publishing.

5. Nason (2017), *It's Not Complicated: The Art and Science of Complexity in Business*, Rotman-UTP Publishing.

6. 参见 Kahneman (2012), *Thinking, Fast and Slow*, Penguin.

7. Horowitz (2019), *What You Do Is Who You Are: How to Create Your Business Culture*, Harper Business.

第七章

1. 本章站在复杂性科学领域许多先驱的肩膀上，他们的工作对我们的工作产生了不可估量的影响。其中包括 Waldrop (1992), *Complexity: The Emerging Science at the Edge of Order and Chaos*, Simon & Schuster; Miller and Page (2007), *Complex Adaptive Systems: An Introduction to Computational Models of Social Life*, Princeton University Press; Mitchell (2009), *Complexity: A Guided Tour*, Oxford University Press; Page (2010), *Diversity and Complexity*, Princeton University Press; Holland (2012), *Signals and Boundaries: Building Blocks for Complex Adaptive Systems*, MIT Press; Holland (2014), *Complexity: A Very Short Introduction*, Oxford University Press; Colander and Kupers (2014), *Complexity and the Art of Public Policy: Solving Society's Problems from the Bottom Up*, Princeton University Press; West (2017), *Scale: The Universal Laws of Growth, Innovation, Sustainability, and the Pace of Life in Organisms, Cities, Economies, and Companies*, Penguin Press.

2. Weaver (1948), "Science and Complexity," *American Scientist*, 36: 536.

3. Santa Fe Institute (n.d.), "History," Santa Fe Institute website, available at https://www.santafe.edu/about/history.

4. Meadows (2008), *Thinking in Systems: A Primer*, Chelsea Green Publishing.

5. 同上.

6. https://www.vocabulary.com/dictionary/emerge.

7. Miller and Page (2007), *Complex Adaptive Systems: An Introduction to Computational Models of Social Life*, Princeton University Press.

8. Johnson (2001), *Emergence: The Connected Lives of Ants, Brains, Cities, and Software*, Scribner.

9. Complexity Labs (2017), *Complex Adaptive Systems*, Systems Innovation.

10. 1990 年我被赶出了博士项目，与博士这个身份相比，我还是更适合当企业家。

11. Von Hippel (1978), "A Customer-Active Paradigm for Industrial Product Idea Generation," *Research Policy*, 1978, vol. 7, issue 3, 240–266.

12. 更多信息，参见 Blank (2005), *The Four Steps to the Epiphany: Successful Strategies for Products That Win*, K & S Ranch; and Ries (2011), *The Lean Startup: How Constant Innovation Creates Radically Successful Businesses*, Portfolio Penguin.

13. Seward (2013), "The First-Ever Hashtag, @-reply, and Retweet, as Twitter Users Invented Them," *Quartz*, October 13, available at: https://qz.com/135149/thefirst-ever-hashtag-reply-and-retweet-as-twitter-users-invented-them/.

14. 更多信息，参见 https://systemsinnovation.io/.

15. 更多信息，参见 Clauset, Shalizi, and Newman (2009), "Power-Law Distributions in Empirical Data," *Society for Industrial and Applied Mathematics Review* 51(4): 661–703.

16. Bonabeau, Dorigo, and Theraulaz (1999), *Swarm Intelligence: From Natural to Artificial Systems*, Oxford University Press.

17. Jolly (2015), *Systems Thinking for Business: Capitalize on Structures Hidden in Plain Sight*, Systems Solutions Press.

18. 同上.

19. Jolly (2015), *Systems Thinking for Business: Capitalize on Structures Hidden in Plain Sight*, Systems Solutions Press.

20. 同上.

21. Forrester (1989), "The Beginning of System Dynamics," *Sloan School of Management, MIT*, Banquet Talk at the international meeting of the System Dynamics Society, Stuttgart, Germany, July 13, available at: https://web.mit.edu/sysdyn/sd-intro/D-4165-1.pdf.

22. Jolly (2015), *Systems Thinking for Business: Capitalize on Structures Hidden in Plain Sight*, Systems Solutions Press.

23. Emery and Clayton (2004), "The Mentality of Crows: Convergent Evolution of Intelligence in Corvids and Apes," *Science*, 306(5703): 1903–7.

24. See, for example, Kahneman (2012), *Thinking, Fast and Slow*, Penguin.

25. Winslow (1996), *The Making of Silicon Valley: A One Hundred Year Renaissance*, Santa Clara Valley Historical Association.

26. Feld (2018), "Binary Star Startup Communities," *Brad Feld Blog*, July 18, available at: https://feld.com/archives/2018/07/binary-star-startup-communities.html.

27. Jolly (2015), *Systems Thinking for Business: Capitalize on Structures Hidden in Plain Sight*, Systems Solutions Press.

28. 同上.

29. Lerner (2012), *Boulevard of Broken Dreams: Why Public Efforts to Boost Entrepreneurship and Venture Capital Have Failed—and What to Do about It*, The Kauffman Foundation Series on Innovation and Entrepreneurship.

第八章

1. Azoulay, Jones, Kim, and Miranda (2018), "Age and High-Growth Entrepreneurship," *NBER Working Paper*.

2. Motoyama (2014), "The State-Level Geographic Analysis of High-Growth Companies," *Journal of Small Business & Entrepreneurship* 27: 2; Hathaway (2018), "High-Growth Firms and Cities in the US: An Analysis of the Inc. 5000," *Brookings Institution*; Qian and Yao (2017), "The Role of Research Universities in U.S. College-Town Entrepreneurial Ecosystems," *SSRN Working Paper*; Hathaway (2016), "Accelerating Growth: Startup Accelerator Programs in the United States," *Brookings Institution*; Motoyama and Bell-Masterson (2014), "Beyond Metropolitan Startup Rates: Regional Factors Associated with Startup Growth," *Kauffman Foundation*.

3. Feldman and Zoller (2012), "Dealmakers in Place: Social Capital Connections in Regional Entrepreneurial Economies," *Regional Studies* 46.1: 23–37.

4. Chatterji, Glaeser, Kerr (2013), "Clusters of Entrepreneurship and Innovation," *NBER Working Paper*.

5. Saxenian (1994), *Regional Advantage: Culture and Competition in Silicon Valley and Route 128*, Harvard University Press; O'Mara (2019), *The Code: Silicon Valley and the Remaking of America*, Penguin Press.

6. Hwang and Horowitt (2012), *The Rainforest: The Secret to Building the Next Silicon Valley*, Regenwald.

7. Schroeder (2013), *Startup Rising: The Entrepreneurial Revolution Remaking the Middle East*, St. Martin's Press.

8. Schroeder (2017), "A Different Story from the Middle East: Entrepreneurs Building an Arab Tech Economy," *MIT Technology Review*, August 3. https://www.technologyreview.com/s/608468/a-different-story-from-the-middleeast-entrepreneurs-building-an-arab-tech-economy/.

9. 参见 Shaw and Sorensen (2017), "The Productivity Advantage of Serial Entrepreneurs," *National Bureau of Economic Research*. See also Eesley and Roberts (2012), "Are You Experienced or Are You Talented?: When Does Innate Talent versus Experience Explain Entrepreneurial Performance?" *Strategic Entrepreneurship Journal*, 6(3): 207–219; and Parker (2013), "Do Serial Entrepreneurs Run Successively Better-Performing Businesses?" *Journal of Business Venturing*, 28(5): 652–666. 关于创始人年龄与实现高增长可能性的

正相关关系。见 Azoulay, Jones, Kim, and Miranda (2018), "Age and High Growth Entrepreneurship," *National Bureau of Economic Research.*

10. Feldman and Zoller (2012), "Dealmakers in Place: Social Capital Connections in Regional Entrepreneurial Economies," *Regional Studies*, Vol 46.1: 23–37.

11. Kemeny, Feldman, Ethridge, and Zoller (2016), "The Economic Value of Local Social Networks," *Journal of Economic Geography*, 16, 1101–1122.

12. Feldman and Zoller (2012), "Dealmakers in Place: Social Capital Connections in Regional Entrepreneurial Economies," *Regional Studies* 46.1: 23–37; Kemeny, Feldman, Ethridge, and Zoller (2016), "The Economic Value of Local Social Networks," *Journal of Economic Geography* 16(5), 1101–1122.

13. 参见 Mulas, Minges, and Applebaum (2016), "Boosting Tech Innovation Ecosystems in Cities: A Framework for Growth and Sustainability of Urban Tech Innovation Ecosystems," *Innovations.*

14. Morris and Török (2018), "Fostering Productive Entrepreneurship Communities: Key Lessons on Generating Jobs, Economic Growth, and Innovation," *Endeavor*; Goodwin (2014), "The Power of Entrepreneur Networks: How New York City Became the Role Model for Other Urban Tech Hubs," *Endeavor.*

15. Mulas and Gastelu-Iturri (2016), "New York City: Transforming a City into a Tech Innovation Leader," *World Bank*; Mulas, Qian, and Henry (2017), "Tech Start-up Ecosystem in Dar es Salaam: Findings and Recommendations," *World Bank*; Mulas, Qian, and Henry (2017), "Tech Start-up Ecosystem in Beirut: Findings and Recommendations," *World Bank*; Mulas, Qian, Garza, and Henry (2018), "Tech Startup Ecosystem in West Bank and Gaza: Findings and Recommendations," *World Bank.*

第九章

1. Taylor (1911), *The Principles of Scientific Management*, Harper & Brothers; Burrows, Gilbert, and Pollert (1992), *Fordism and Flexibility: Divisions and Change*, St. Martin's Press.

2. 参见 Wolfe (1987), *Bonfire of the Vanities*, Farrar, Straus, and Giroux; and Nason (2017), *It's Not Complicated: The Art and Science of Complexity in Business*, Rotman-UTP Publishing.

3. Colander and Kupers (2014), *Complexity and the Art of Public Policy: Solving Society's Problems from the Bottom Up*, Princeton University Press.

4. Page (2017), *The Diversity Bonus: How Great Teams Pay Off in the Knowledge Economy*, Princeton University Press.

5. Hathaway (2019), "The J-Curve of Startup Community Transition," *Ian Hathaway blog*, January 15, available at: http://www.ianhathaway.org/blog/2019/1/15/the-j-curve-of-startup-community-transition. It was inspired by: Bremmer (2006), *The J Curve: A New Way to Understand Why Nations Rise and Fall*, Simon & Schuster.

6. Taleb (2012), *Antifragile: Things That Gain from Disorder*, Random House.

7. 同上.

8. Nason (2017), *It's Not Complicated: The Art and Science of Complexity in Business*, Rotman-UTP Publishing.

第十章

1. 参见 Motoyama and Bell-Masterson (2013), "Beyond Metropolitan Startup Rates: Regional Factors Associated with Startup Growth," *Kauffman Foundation*; Chatterji, Glaeser, and Kerr (2013), "Clusters of Entrepreneurship and Innovation," *National Bureau of Economic Research*; Qian and Yao (2017), "The Role of Research Universities in U.S. College-Town Entrepreneurial Ecosystems," *working paper*; Motoyama and Mayer (2017), "Revisiting the Roles of University in Regional Economic Development," *Growth and Change*, 48(4): 787–804.

2. 更多案例，参见 Motoyama and Watkins (2017), "Examining the Connections within the Entrepreneurial ecosystem: A Case Study of St. Louis," *Entrepreneurship Research Journal*, 7(1): 1–32; Motoyama, Fetsch, Jackson, and Wiens (2016), "Little Town, Layered Ecosystem: A Case Study of Chattanooga," *Kauffman Foundation*; Motoyama, Henderson, Gladen, Fetsch, and Davis (2017), "A New Frontier: Entrepreneurship Ecosystems in Bozeman and Missoula, Montana."

3. Lorenz (1972), "Does the Flap of a Butterfly's Wings in Brazil Set Off a Tornado in Texas?", presented before the American Association for the Advancement of Science, December 29; Lorenz (1993), *The Essence of Chaos*, University of Washington Press.

4. Thomas C Schelling (1969), "Models of Segregation," *American Economic Review*, 59(2): 488–493.

5. Colander and Kupers (2014), *Complexity and the Art of Public Policy: Solving Society's Problems from the Bottom Up*, Princeton University Press.

6. McLaughlin, Weimers, and Winslow (2008), *Silicon Valley: 110 Year Renaissance*. Santa

Clara Valley Historical Association

7. Vogelstein (2003), "Mighty Amazon Jeff Bezos has been hailed as a visionary and put down as a goofball. He's proved critics wrong by forging a winning management strategy built on brains, guts, and above all, numbers," *Fortune* magazine, May 26.

8. Hathaway (2018), "Startup Communities Revisited," *Ian Hathaway Blog*, August 30.

9. Kahneman (2011), *Thinking, Fast and Slow*, Farrar, Straus, and Giroux.

10. Ariely, (2009), *Predictably Irrational: The Hidden Forces That Shape Our Decisions*, Harper.

11. Hume (1739), *A Treatise of Human Nature*.

12. Jolly (2015), *Systems Thinking for Business: Capitalize on Structures Hidden in Plain Sight*, Systems Solutions Press.

13. Nassim Nicholas Taleb (2007), *The Black Swan: The Impact of the Highly Improbable*, Random House.

14. See Janeway (2018), *Doing Capitalism in the Innovation Economy: Reconfiguring the Three-Player Game between Markets, Speculators and the State*, Cambridge University Press.

15. Hickenlooper (2018), State of the State speech, January 11, available at: https://www.denverpost.com/2018/01/11/john-hickenlooper-colorado-state-ofstate-text/.

16. Feldman, Francis, and Bercovitz (2005), "Creating a Cluster While Building a Firm: Entrepreneurs and the Formation of Industrial Clusters," *Regional Studies* 39(1).

17. Feldman (2001), "The Entrepreneurial Event Revisited: Firm Formation in a Regional Context," *Industrial and Corporate Change* 10(4): 861–891.

第十一章

1. 参见 Zak (2013), "Measurement Myopia," Drucker Institute website, July 4, available at: https://www.drucker.institute/thedx/measurement-myopia/. Credit to Danny Buerkli of BCG's Centre for Public Impact for inspiring the framing of this section: Buerkli (2019), "What Gets Measured Gets Managed—It's Wrong and Drucker Never Said It," Medium, April 8, available at: https://medium.com/centre-for-public-impact/what-gets-measured-gets-managed-its-wrong-anddrucker-never-said-it-fe95886d3df6.

2. Zak (2013).

3. Caulkin (2008), "The Rule is Simple: Be Careful What You Measure," *The Guardian*, February 10, available at: https://www.theguardian.com/business/2008/feb/10/businesscomment1.

4. 参见 Isenberg (2011), "The Entrepreneurship Ecosystem Strategy as a New Paradigm for Economic Policy: Principles for Cultivating Entrepreneurship," *The Babson Entrepreneurship Ecosystem Project.* 也可参见 Aspen Network of Development Entrepreneurs (ANDE) (2013), "Entrepreneurial Ecosystem Diagnostic Toolkit," *The Aspen Institute*; Global Entrepreneurship Network and Global Entrepreneurship Development Institute (2019), *Global Entrepreneurship Index*; Organisation for Economic Co-operation and Development (2008), *OECD Entrepreneurship Measurement Framework*; World Economic Forum, *Entrepreneurship Ecosystem*; and Stangler and Bell-Masterson (2015), "Measuring an Entrepreneurial Ecosystem," Kauffman Foundation.

5. Renando (2017, 2018, 2019), LinkedIn, available at: https://www.linkedin.com/in/chadrenando/detail/recent-activity/posts/.

6. Startup Status (n.d.), www.startupstatus.co.

7. Global Entrepreneurship Network and Global Entrepreneurship Development Institute (2019), Global Entrepreneurship Index; and Startup Genome (2019), *Global Startup Ecosystem Report*. In addition to these, see Aspen Network of Development Entrepreneurs (ANDE) (2013), "Entrepreneurial Ecosystem Diagnostic Toolkit," *The Aspen Institute*; World Economic Forum (2013), *Entrepreneurship Ecosystem*; Organisation for Economic Co-operation and Development (2008), *OECD Entrepreneurship Measurement Framework*; and Szerb, Acs, Komlosi, and Ortega-Argilés (2015), "Measuring Entrepreneurial Ecosystems: The Regional Entrepreneurship and Development Index (REDI)," *Henley Centre for Entrepreneurship, University of Reading.*

8. 针对现代、技术和风险投资支持的初创公司的其他模式包括 StartupBlink（https://www.startupblink.com/）和 Startup Meter（http://startup-meter.org）。

9. Feldman and Zoller (2012), "Dealmakers in Place: Social Capital Connections in Regional Entrepreneurial Economies," *Regional Studies*, Vol 46.1, pp 23-37; Kemeny, Feldman, Ethridge, and Zoller (2016), "The Economic Value of Local Social Networks Role: ProductionEditor," *Journal of Economic Geography*, 16(5), 1101–1122.

10. Morris and Török (2018), "Fostering Productive Entrepreneurship Communities: Key Lessons on Generating Jobs, Economic Growth, and Innovation," *Endeavor*; Goodwin (2014), "The Power of Entrepreneur Networks: How New York City Became the Role Model for Other Urban Tech Hubs," *Endeavor*; Mulas and Gastelu-Iturri (2016), "New York City: Transforming a City into a Tech Innovation Leader," *World Bank*; Mulas, Qian, and Henry (2017), "Tech Start-up Ecosystem in Dar es Salaam: Findings and Recommendations," *World Bank*; Mulas, Qian, and Henry (2017), "Tech Start-up Ecosystem in Beirut: Findings and Recommendations," *World Bank*; Mulas, Qian, Garza,

and Henry (2018), "Tech Startup Ecosystem in West Bank and Gaza: Findings and Recommendations," *World Bank*.

11. Endeavor Insight (2013), *The New York City Tech Map*, http://nyctechmap.com/.

12. Mack and Mayer (2016), "The Evolutionary Dynamics of Entrepreneurial Ecosystems," *Urban Studies*, 53(10): 2118–2133.

13. 更多例子参见 Braunerhjelm and Feldman (eds.) (2006), *Cluster Genesis: Technology-Based Industrial Development*, Oxford University Press.

14. 参见 Mack and Mayer (2016), "The Evolutionary Dynamics of Entrepreneurial Ecosystems," *Urban Studies*, 53(10): 2118–2133; and Brown and Mason (2017), "Looking Inside the Spiky Bits: A Critical Review and Conceptualization of Entrepreneurial Ecosystems," *Small Business Economics*.

15. Lamoreaux, Levenstein, and Sokoloff, (2004). "Financing Invention During the Second Industrial Revolution: Cleveland, Ohio, 1870–1920," *National Bureau of Economic Research*.

16. Saxenian (1996), *Regional Advantage: Culture and Competition in Silicon Valley and Route 128*, Harvard University Press.

17. Pool and Van Itallie (2013), "Learning from Boston: Implications for Baltimore from Comparing the Entrepreneurial Ecosystems of Baltimore and Boston," Canterbury Road Partners; Stam (2015), "Entrepreneurial Ecosystems and Regional Policy: A Sympathetic Critique," *European Planning Studies*, 23(9); Spigel (2017), "The Relational Organization of Entrepreneurial Ecosystems," *Entrepreneurship Theory and Practice*, 41(1): 49–72; Stam and Spigel (2017), "Entrepreneurial Ecosystems," in Blackburn, et al. (Eds.), *The Sage Handbook of Small Business and Entrepreneurship*, forthcoming.

18. 案例参见 Carayannis, Provance, Grigoroudis (2016), "Entrepreneurship Ecosystems: An Agent-Based Simulation Approach," *The Journal of Technology Transfer* 41(3): 631–653.

19. Anderson (2010), "The Community Builder's Approach to Theory of Change: A Practical Guide to Theory Development," *The Aspen Institute Roundtable on Community Change*; Innovation Network, Inc. (2010), *Logic Model Workbook*.

20. Wilensky and Rand (2015), *An Introduction to Agent-Based Modeling: Modeling Natural, Social, and Engineered Complex Systems with NetLogo*, The MIT Press.

21. 更多参见 Santa Fe Institute, Introduction to Agent-Based Modeling, available at: https://www.complexityexplorer.org/courses/101-introductionto-agent-based-modeling.

22. Schelling (1969), "Models of Segregation," *American Economic Review*, 59(2):488–493.

23. McKelvey (2004), "Toward a Complexity Science of Entrepreneurship," *Journal of Business Venturing*, 19(3): 313-341; Carayannis, Provance, and Grigoroudis (2016),

"Entrepreneurship Ecosystems: An Agent-Based Simulation Approach," *The Journal of Technology Transfer*, 41: 631–653; Carayannis and Provance (2018), "Towards 'Skarse' Entrepreneurial Ecosystems: Using Agent-Based Simulation of Entrepreneurship to Reveal What Makes Regions Tick *Entrepreneurial Ecosystems and the Diffusion of Startups, Carayannis, Dagnino, Alvarez, and Faraci (eds.)*, Edward Elgar.

24. Roundy, Bradshaw, Brockman (2018), "The Emergence of Entrepreneurial Ecosystems: A Complex Adaptive Systems Approach," *Journal of Business Research*, 86: 1–10.

第十二章

1. Hwang and Horowitt (2012), *The Rainforest: The Secret to Building the Next Silicon Valley*, Regenwald.

2. Hathaway (2017), "Colorado and the Importance of Startup Density," *Startup Revolution*, available at: https://www.startuprev.com/colorado-and-theimportance-of-startup-density/.

3. Motoyama, Konczal, Bell-Masterson, and Morelix (2014), "Think Locally, Act Locally: Building a Robust Entrepreneurial Ecosystem," *Kauffman Foundation*.

4. Andreessen, Horowitz, and Cowen (2018), "Talent, Tech Trends, and Culture," *a16z* podcast, December 29, available at: https://a16z.com/2018/12/29/talent-tech-trends-culture-ben-marc-tyler-cowen-summit-2018/.

5. Stroh (2015), *Systems Thinking for Social Change: A Practical Guide to Solving Complex Problems, Avoiding Unintended Consequences, and Achieving Lasting Results*, Chelsea Green Publishing Co.

6. Stroh (2015), *Systems Thinking for Social Change: A Practical Guide to Solving Complex Problems, Avoiding Unintended Consequences, and Achieving Lasting Results*, Chelsea Green Publishing Co.

7. Meadows (2008), Stroh (2015).

8. da Costa (2013), "Exploring Pathways to Systems Change," *Sustainability Leaders Network*; and Meadows (1999), "Leverage Points: Places to Intervene in a System," *Sustainability Institute*.

9. Meadows (1999), "Leverage Points: Places to Intervene in a System," *Sustainability Institute*.

10. Meadows (1999).

11. 同上.

12. Meadows (1999).

13. 指导自 da Costa (2013), "Exploring Pathways to Systemic Change," *Sustainability Leaders Network*, which distills these 12 leverage points into four for environmental systems.

14. Putnam (2000), *Bowling Alone: The Collapse and Revival of American Community*, Simon & Schuster.

15. Meadows (1999).

16. Meadows (2008).

17. Stroh (2015).

18. Senge (1990), *The Fifth Discipline: The Art & Practice of The Learning Organization*, Random House.

19. Aulet and Murray (2013), "A Tale of Two Entrepreneurs: Understanding Differences in the Types of Entrepreneurship in the Economy," *Kauffman Foundation*.

20. Eesley and Roberts (2017), "Cutting Your Teeth: Learning from Entrepreneurial Experiences," *Academy of Management*.

21. Aulet (2017), "Entrepreneurship Is a Craft and Here's Why That's Important," *Sloan Management Review*, July 12, available at: https://sloanreview.mit.edu/article/entrepreneurship-is-a-craft-heres-why-thats-important/.

22. Wasserman (2013), *The Founder's Dilemmas: Anticipating and Avoiding the Pitfalls That Can Sink a Startup*, Princeton University Press.

23. Aulet (2015), "The Most Overrated Things in Entrepreneurship," *The Sloan Experts Blog*, December 17, available at: http://mitsloanexperts.mit.edu/themost-overrated-thing-in-entrepreneurship/.

24. Aulet (2013), "Teaching Entrepreneurship Is in the Startup Phase: Students Are Clamoring for Instruction, but It's Hard. There Are No Algorithms for Success," *The Wall Street Journal*, September 11, https://www.wsj.com/articles/teaching-entrepreneurship-is-in-the-startup-phase-1378942182.

第十三章

1. 虽然学术研究还处于萌芽阶段，但强有力的研究包括 Sanchez-Burks, Brophy, Jensen, and Milovac (2017), "Mentoring in Entrepreneurial Ecosystems: A Multi-Institution Empirical Analysis from the Perspectives of Mentees, Mentors and University and Accelerator Program Administrators," *Ross School of Business Paper*, No. 1376; and Hallen, Cohen, and Bingham (2016), "Do Accelerators Accelerate? If So, How? The Impact of Intensive Learning from Others on New Venture Development," *SSRN*. Program surveys

include MicroMentor (2016) *Impact Report.*

2. Sanchez-Burks, Brophy, Jensen, and Milovac (2017).

3. Sanchez-Burks, Brophy, Jensen, and Milovac (2017).

4. Techstars (n.d.), "Mentoring at Techstars," available at: https://www.techstars.com/mentoringattechstars/.

5. Memon, Rozan, Ismail, Uddin, and Daud (2015), "Mentoring an Entrepreneur: Guide for a Mentor," *SAGE Open*, 5(1).

6. Bosma, Hessels, Schutjens, Van Praag, and Verheul (2012), "Entrepreneurship and Role Models", *Journal of Economic Psychology*, 33, pp. 410–424.

7. Easley and Wang (2014), "The Effects of Mentoring in Entrepreneurial Career Choice," *University of California, Berkeley working paper*; Easley and Wang (2017), "The Effects of Mentoring in Entrepreneurial Career Choice," *Research Policy,* 46(3): 636–650.

8. Dr. Seuss (1971), *The Lorax*, Random House. Ian thanks Jack Greco for bringing this idea to startup communities.

9. Feldman (2014), "The Character of Innovative Places: Entrepreneurial Strategy, Economic Development, and Prosperity," *Small Business Economics*, 43: 9–20; Feldman, Francis, and Bercovitz (2005), "Creating a Cluster While Building a Firm: Entrepreneurs and the Formation of Industrial Clusters," *Regional Studies*, 39(1): 129–141.

10. Stroh (2015), *Systems Thinking for Social Change: A Practical Guide to Solving Complex Problems, Avoiding Unintended Consequences, and Achieving Lasting Results*, Chelsea Green Publishing Co.

第十四章

1. 美国人被分为婴儿潮一代、X 一代、千禧一代和 Z 一代。每一代人的年龄相差 15 岁到 20 岁不等,但实际情况比这要微妙得多。参阅 Kasasa (2019), "Boomers, Gen X, Gen Y, and Gen Z Explained," Kasasa.com, July 29, available at: https://www.kasasa.com/articles/generations/gen-x-gen-y-gen-z.

2. Colander and Kupers (2014), *Complexity and the Art of Public Policy: Solving Society's Problems from the Bottom Up*, Princeton University Press.

3. 这三家公司分别是 Zayo(IPO,目前正在私有化)、Rally Software(IPO,被 CA 收购)和 Datalogix(被 Oracle 收购)。这三家公司创造了转折点,而博尔德其他公司,如 SendGrid(IPO,被 Twilio 收购),也已成功退出。

4. Winslow (1996), *The Making Of Silicon Valley: A One Hundred Year Renaissance*, Santa

Clara Valley Historical Association

5. Leslie and Kargon (1996), "Selling Silicon Valley: Frederick Terman's Model for Regional Advantage," *The Business History Review*, 70:04.

6. Weber (1905), *The Protestant Ethic and the Spirit of Capitalism*, Charles Scribner's Sons.

第十五章

1. Jacobs (1961), *The Death and Life of Great American Cities*, Random House; Jacobs (1984), *Cities and the Wealth of Nations*, Random House; Glaeser, Kallal, Scheinkman, and Shleifer (1992), "Growth in Cities," *Journal of Political Economy*, 100(6), 1126–1152; Quigley (1998), "Urban Diversity and Economic Growth," *Journal of Economic Perspectives*, 12(2): 127–138; and Page (2008), *The Difference: How the Power of Diversity Creates Better Groups, Firms, Schools, and Societies*, Princeton University Press.

2. Reynolds and Lewis (2017), "Teams Solve Problems Faster When They're More Cognitively Diverse," *Harvard Business Review*, March 30, available at: https://hbr.org/2017/03/teams-solve-problems-faster-when-theyre-more-cognitively-diverse.

3. Hong and Page (2004), "Groups of Diverse Problem Solvers can Outperform Groups of High-Ability Problem Solvers," *Proceedings of the National Academy of Sciences*; Page (2008), *The Difference: How the Power of Diversity Creates Better Groups, Firms, Schools, and Societies*, Princeton University Press; and Page (2017), *The Diversity Bonus: How Great Teams Pay Off in the Knowledge Economy*, Princeton University Press.

4. 来自体育产业的案例，参见 Hathaway (2018), "The New York Yankees and Startup Communities," *Ian Hathaway Blog*.

5. Feld (2017), "Go for Culture Add, Not Culture Fit," Feld Thoughts blog, June 12, available at: https://feld.com/archives/2017/06/go-culture-add-notculture-fit.html.

6. Page (2017), *The Diversity Bonus: How Great Teams Pay Off in the Knowledge Economy*, Princeton University Press.

7. Hathaway (2018), "High-Growth Firms and Cities in the US: An Analysis of the Inc. 5000," *Brookings Institution*; Haltiwanger, Jarmin, Kulick, and Miranda (2017), "High Growth Young Firms: Contribution to Job, Output, and Productivity Growth," *National Bureau of Economic Research*; and Audretsch (2012), "Determinants of High-Growth Entrepreneurship," *Organisation for Economic Cooperation and Development*.

8. 你可以访问 https://www.bencolorado.org/ 了解更多关于黑石企业家网络的信息.

第十六章

1. 有关复杂系统中的规模属性的更多信息，请参见 West(2017), *Scale: The Universal Laws of Growth, Innovation, Sustainability, and the Pace of Life in Organisms, Cities, Economies, and Companies*, Penguin Press.

2. Colander and Kupers (2014), *Complexity and the Art of Public Policy: Solving Society's Problems from the Bottom Up*, Princeton University Press.

3. 我们在《创业人生》一书中对此进行了更详细的讨论，但简而言之，在我 30 岁来临前的几个月，艾米说："我要搬家了，如果你愿意，欢迎你和我一起走。"我们已经结婚一段时间了，所以这对我来说是一个并不难的决定.

4. 现在被称为创业者机构（https://www.eonetwork.org/），我在 1994 年初创办了青年创业者组织（Youth Entrepreneurs Organization）的波士顿分会，也是出于一个非常相似的原因，目的是了解更多的创业者.

5. BizWest (1999), "Keiretsu: A Who's Who of Local Net Experts," May 9, available at: https://bizwest.com/1999/05/01/keiretsu-a-whos-who-of-local-net-experts/.

6. Feld (2000), "The Power of Peers," *Inc.*, July, available at: https://www.inc.com/articles/2000/07/19767.html.

7. 有关博弈论的介绍，请参见 Binmore(2007), *Game Theory: A Very Short Introduction*, Oxford University Press. For works on evolutionary game theory, see Smith (1982), *Evolution and the Theory of Games*, Cambridge University Press.

8. 有关她工作的总结，请参见 Ostrom(2000), "Collective Action and the Evolution of Social Norms," *Journal of Economic Perspectives*, 14(3), 137-158; and Ostrom (2009), "Beyond Markets and States: Polycentric Governance of Complex Economic Systems," *Nobel Prize Presentation*.

9. Hathaway (2018), "The Nobel Prize in Startup Communities," *Ian Hathaway blog*, March 12.

10. Feld (2012), *Startup Communities: Building an Entrepreneurial Ecosystem in Your City*, John Wiley & Sons: 49–50.

11. Feld (2016), "#GivingThanks: David Cohen and the Techstars Foundation," *Feld Thoughts blog*, November 25, available at: https://feld.com/archives/2016/11/givingthanks-david-cohen-techstars-foundation.html.